제중원
세브란스
이야기

제중원 濟衆院

세브란스 SEVERANCE

신규환·박윤재 지음

이야기

역사공간

이 책은 2011년부터 2014년까지 4년여에 걸쳐 월간 『세브란스병원』
에 연재한 「세브란스 인물열전」과 「제중원·세브란스 이야기」를 바
탕으로 엮은 것이다. 한국 최초의 서양식 근대병원인 제중원의 탄생
부터 해방과 6·25전쟁을 거쳐 1980년대에 이르기까지, 제중원과 세
브란스병원에서 활동했던 의료선교사와 한국인 의료진의 활동 및 일
대기가 이 책의 주된 내용이다.

　1부는 갑신정변 이후 제중원의 탄생부터 세브란스연합의학전문
학교 성립을 전후한 시기까지 주요 사건과 인물들을 중심으로 다뤘
다. 2부는 세브란스병원의학교 제1회 졸업생부터 1970~1980년대까
지 활약했던 인물 중에서 한국의료계를 주도했던 인물들을 중심으로
다뤘다. 1부는 신규환 교수가 전담했고, 2부의 전반부는 박윤재 교수
가, 후반부는 신규환 교수가 각각 분담했다.

한말에서 한국근현대 시기 제중원과 세브란스병원의 의료진들은 단순히 질병으로 고통받는 환자만을 치료한 것은 아니었다. 그들은 일제강점기, 전쟁, 개발독재 등의 암울한 시기에도 시대와 고통을 함께했고, 계몽운동, 독립운동, 난민구호, 민주화, 산업화 등을 주도했다. 또한 시대의 선각자이자 애국자로서 대중을 계몽하고 선도하며 많은 이들의 사표가 되었다.

이들 중에는 알렌, 헤론, 에비슨 등과 같은 제중원 초기의 인물과 박서양, 김필순 등 최초의 면허의사, 독립운동에 참여했던 프랭크 스코필드 등 대중에게 잘 알려진 인물도 있다. 하지만 묵묵히 진료, 연구, 교육 분야에서 자신의 일을 수행했던 적지 않은 인물들은 상대적으로 덜 알려져 있던 것이 사실이다. 이번 기회에 기존에 주목받지 못했던 인물들이 새롭게 재조명될 수 있기를 기대해 본다.

이런 역사적인 인물들의 일대기와 행적을 찾아내는 일은 결코 녹록지 않았다. 몇몇 예외적인 인물을 제외하면 대개는 자서전이나 일기 등을 통해 기록을 남긴 경우가 많지 않고, 식민지, 전쟁, 산업화를 겪으면서 먹고살기도 바쁜 시대에 일상의 기록에 남다른 열정을 갖기란 쉽지 않았을 것이다. 여기에서 조명된 인물들은 그나마 신문, 잡지, 선교 관련 기록, 회고록 등에서 최소한의 행적을 찾아냈기 때문에 발굴이 가능했다. 앞으로도 적지 않은 인물들이 후학들의 발굴을 기다리고 있을 것이다.

이 책이 나오기까지 많은 분들의 도움이 있었다. 우선 월간『세브란스병원』에 연재하는 4년 동안 많은 지원을 해주신『세브란스병원』의 편집위원장과 편집위원들께 감사드린다. 그중에서도 영상의학과 김진아 교수는 「제중원·세브란스 이야기」의 기획과 연재가 지속될 수 있도록 지원을 아끼지 않았고, 이나경 작가는 문장 하나하나까지 신경을 써줬다. 의사학과 주임교수이자 동은의학박물관 관장인 여인석 교수는 이 책의 발간을 위해 발로 뛰며 도왔을 뿐만 아니라 관련 사진을 아낌없이 지원했다. 이 책의 출판을 지원해준 정남식 의료원장과 이병석 학장께도 감사드린다. 모든 분들의 지원과 협력 없이는 이 책이 나오기 어려웠을 것이다. 이 자리를 빌려 다시 한 번 감사의 말씀을 드리고 싶다.

세브란스병원이 내려다보이는
안산을 돌아보며
신규환·박윤재 씀

차례

1

제중원에서
세브란스까지

갑신정변과 알렌의 등장

미국공사관의 무급의사로 신분을 감추고 활동하던 알렌은 갑신정변이라는 극적인 사건을 통해서 한말 조선의 정치무대에 등장했다. 이 사건이 한국 최초의 서양식 근대병원 도입을 이끈 사건이 될 줄은 아무도 예상하지 못했다.

우정국 개국연과 갑신정변의 발발

1884년 12월 4일 오후 7시, 우정국 개국 축하연회가 우정국 청사에서 개최되었다. 축하연을 준비한 홍영식을 비롯하여 국내외 정계의 실력자들이 한자리에 모였다. 연회가 끝나갈 무렵 "불이야!"라고 소리치는 목소리가 들렸다. 잠시 후 민영익을 비롯한 몇몇 온건개화파 인사들이 화재를 피해 뒷마당으로 자리를 옮기자, 사관장 서재필의 신호에 맞추어 자객들이 나와 그들을 제거하기 위한 살육을 시작했다.

김옥균, 박영효, 서광범, 홍영식, 서재필 등 급진개화파(이른바

개화당)는 청에 기대어 온건개혁을 추진하던 한규직, 윤태준, 이조연, 조영하 등과 민영익을 비롯한 민영목, 민태호 등 민씨 일파를 제거하고 급진개혁을 서두르고자 했다. 그들이 목표로 한 것은 내각 중심의 정치제도 개편, 신분제의 타파, 조세제도의 개혁 및 자유로운 상공업의 발전 등이었다.

개화당의 표적이 되었던 민영익은 민태호의 아들로, 명성황후의 오빠인 민승호가 암살되자 흥선대원군에 의해 민승호의 양자로 입적되었다. 그 결과, 명성황후는 민영익의 고모가 되었다. 민영익은 1877년 과거 급제 이후 고종과 명성황후의 총애를 받아 통리기무아문과 별기군의 책임자로 조선의 개화정책을 주도하는 위치에 있었다. 그는 민씨 일파 중 예외적으로 개화당에 참여해 김옥균, 박영효 등과 정치적 동반관계를 형성했다.

1882년 임오군란이 일어나자 개화당은 급진개화파와 온건개화파로 갈라설 조짐을 보였다. 임오군란은 구식군인들이 신식군인들과의 차별과 임금체불 등에 불만을 품고 일으킨 반란으로, 실각한 흥선대원군이 복권하는 계기가 되었다. 개혁을 주도하던 민씨 일파는 충주까지 쫓겨 내려가면서 청에 원병을 요청했고, 이에 청이 흥선대원군을 납치하면서 난리가 진정되었다. 이 사건을 계기로 청의 정치적 영향력이 강화되면서 민씨 일가와 조영하, 김윤식 등은 청에 의지하고자 했다. 이들은 김옥균, 박영효 등 일본에 기대어 급진개혁을 추구했던 급진개화파와 대립하게 되었다.

미국대통령 접견을 받기 위해 안내를 받는 보빙사 일행(1883. 9.)

보빙사와 미국형 근대화의 추구

임오군란 이후 조선 정부는 청에 의존하던 기존의 외교노선을 탈피
하고 선진문물을 도입하는 한편, 민영익을 전권대신으로 하는 외교
사절단 보빙사를 미국에 파견했다. 이는 1882년 5월 조미수호통상
조약의 체결과 1883년 5월 주한 미국공사관의 개설에 따른 조선 정
부의 외교적 답례이기도 했다. 1883년 9월 민영익은 부사 홍영식,
종사관 서광범을 비롯해 유길준, 최경석, 변수, 고영철, 현흥택 등
5명의 수행원과 중국인 통역관 우리탕(吳禮堂), 일본인 통역관 미야
오카(宮岡恒次郞), 주일 미국공사관 서기관 로웰(P. Lowell) 등을 데
리고 40일간의 미국여행을 시작했다. 적어도 이 당시까지는 민영익

아서(Chester Arthur) 미국 대통령에게 인사하는 보빙사 일행

이 여전히 개화당과 우호적인 관계를 유지하고 있었다.

귀국 후 미국시찰의 경험을 바탕으로 홍영식은 우정국 운영의 책임을 맡았고, 보빙사 일원들은 개화의 주체로 성장해 나갔다. 반면 민영익은 개화당과 대립하는 정치적 행보를 보이기 시작했다. 개화당은 청에 의존적인 수구세력을 제거하지 않고서는 전격적인 개화가 불가능하다는 데에 공감했다. 개화당은 일본군의 도움을 받아 정변을 성공시키고자 했지만, 그들이 추구한 길은 미국형 근대화를 지속하는 길이기도 했다.

개화당 내에서 무장세력을 이끌었던 사람은 서재필이었다. 서재필은 훗날 일본과 미국에서 망명생활을 하다가 컬럼비아 의과대학을 졸업하여 한국 최초의 의사가 되었으며, 『독립신문』의 주필로 더 유명해졌다. 그는 일찍이 문과에 급제하였으나 사회개혁을 위해서는 무력이 필요함을 인식하고 도쿄 도야마 육군학교에 유학하여 무관으로 변신했다.

알렌의 등장

갑신정변으로 자객의 갑작스런 칼날에 민영익은 비명도 지르지 못하고 그 자리에 쓰러졌다. 무려 열세 번이나 칼에 찔렸다. 자객 중 한 명이 마지막으로 민영익의 목을 내리치려는 순간, 자객의 칼날을 막은 사람은 다름 아닌 우정국 총판 홍영식이었다. 얼마 전까지만 해도 민영익을 보좌하는 신분으로 미국에 다녀왔던 그였다. 한때나마 조선의 개혁을 위해 한배를 탔던 동지의 처참한 죽음을 목도하고 싶지는 않았을 것이다.

죽어가는 민영익을 그대로 두고 개화당 사람들은 서둘러 자리를 떠났다. 죽기 일보 직전의 민영익은 죽을힘을 다해 자신이 아직 살아있음을 알리고자 했다. 귀에서 볼까지 베여 얼굴 뼈가 드러나고 살이 덜렁거리고 있었는데, 그런 그를 알아본 것은 미국공사 푸트(L. H. Foote)와 외교고문 묄렌도르프였다. 공포의 살육이 계속되는 동안 다들 숨을 곳을 찾기에 바빴지만, 푸트와 묄렌도르프는 민영익의 보호에 적극적이었다. 그들이 적극적으로 나선 것은 우연이 아니었다. 푸트는 민영익의 미국방문을 적극적으로 주선했던 사람이고, 묄

보빙사 일행
왼쪽부터 주한 미국공사 푸트, 민영익, 로웰, 서광범, 홍영식, 미국공사관 부관 폴크(G. Foulk)다.

렌도르프는 조선의 외교권을 좌우하던 리훙장(李鴻章: 1823~1901)이 추천한 인물로 청의 이해를 대변하던 사람이었다. 따라서 푸트와 묄렌도르프는 민영익이 조선 정부의 외교활동에서 얼마나 중요한 역할을 수행하는 인물인지 누구보다도 잘 알고 있었다.

그들은 우선 민영익을 가까운 묄렌도르프의 집으로 옮기고, 얼마 전 조선에 온 미국인 의사 알렌에게 왕진을 요청했다. 이것은 묄렌도르프와 푸트가 타협한 결과이기도 했다. 묄렌도르프와 알렌은 서로 껄끄러워하던 사이로 묄렌도르프는 알렌을 부르고 싶지 않았다. 반면 푸트는 민영익을 묄렌도르프의 집에 옮기는 대신 알렌을 부르자고 주장했다. 물론 그보다 더 나은 대안도 없었다. 알렌이 묄렌도르프 집에 도착했을 때는 14명의 한의사들이 민영익을 치료하고 있었다. 그런데 한의사들은 꿰매야 할 상처부위에 일종의 고약인 송진 꿀을 집어넣으려 하고 있었다. 알렌은 그들을 물리치고 외과 치료를 시작했다.

그 시각 급진개화파는 창덕궁에 있던 고종과 왕비를 수비하기 좋은 경우궁으로 옮겼다. 그리고 홍영식을 중심으로 개화당은 재정에 김옥균, 군사에 박영효와 서재필, 외교에 서광범, 국왕의 비서실장에 박영교 등 새로운 내각을 발표했다. 그러나 급진개화파의 무장세력과 그들을 지원한 일본군의 무력은 청군에 중과부적이었고, 결국 얼마 버티지 못하고 삼일천하로 막을 내렸다.

이 혼란의 와중에 외국인 사회는 공포와 긴장의 분위기로 가득 찼다. 일본인들은 청군과 조선인들의 테러 대상이 되었고, 서양인들도 난리를 피해 다들 서울을 벗어나 제물포로 떠났다. 알렌의 가족도 두려움과 공포에 떨지 않을 수 없었다. 게다가 자신들을 돕던 일본인 하인들이 살해당하자 얼른 서울을 벗어나고 싶었다.

그러나 알렌은 서울을 떠나지 않았다. 우선은 민영익의 수술을 마치고 치료와 간호를 맡길 사람이 없었고, 정변으로 인해 여기저기서 쏟아지는 총상 및 자상 환자들에 대한 치료로 바빴기 때문이다. 알렌은 자신에게 주어진 소명을 피하지 않았고, 이것은 조선 왕실이 알렌을 신뢰하게 된 중요한 계기가 되었다. 더욱이 한국인 최초로 미국을 공식 방문했던 민영익의 목숨이 알렌의 손에 맡겨지면서 알렌의 눈앞에는 새로운 운명이 다가오고 있었다.

알렌의 의료선교와
제중원의 탄생

민영익을 성공적으로 치료하면서 조선에는 알렌 신화가 생겼다. 그러나 알렌
은 묵묵히 자기의 일을 하면서 제중원 건립에 결정적인 역할을 했다. 제중원
은 알렌의 제안과 그를 신임한 고종의 지원을 통해 탄생했다.

신화 속의 알렌과 현실 속의 알렌

제가 몇 차례에 걸쳐 수술을 한 것이 이곳 사람들에게 좋은 인상
을 주었습니다.……그들은 제가 동맥을 묶고 상처를 꿰매는 것
을 보고 매우 놀랐습니다. 그들은 병원 계획에 관심을 갖고 수
용이 되는 숫자만큼 병원에 와서 교육을 받고 싶어 합니다. 오
늘 아침 민영익은 그들이 저를 위대한 의사라고 생각하며, 제가
미국에서 왔다는 것을 믿지 않고 이번 일을 통해 하늘에서 내려
온 사람으로 생각한다고 말했습니다.

1885년 2월 4일자 엘린우드에게 보낸 편지에서

갑신정변에서 입은 자상으로 거의 죽어가던 민영익을 살려낸 알렌의 의술은 조선 왕실과 백성에게 서양의학의 효과를 알리는 데 전혀 부족함이 없었다. 심지어 조선 사람들은 알렌을 하늘에서 내려온 사람이라고 여길 정도였다. 한의사들이 지혈조차 못 하고 있을 때, 동맥을 잇고 깊은 상처를 봉합하여 사람을 살려낸 서양의술은 조선인들에게 경이로워 보였다.

알렌(Horace Newton Allen: 1858~1932, 한국명 安連)

알렌은 1858년 4월 23일 미국 오하이오 주 델라웨어에서 태어났다. 엄격한 청교도 가정에서 자란 그는 1881년 오하이오 웨슬리안 대학을 우등으로 졸업했다. 졸업 후 의료선교사가 되길 원했던 그는 콜럼버스와 마이애미 의과대학에서 공부하고 2년 만에 의사자격증을 취득했다. 결혼 후 중국 선교를 위해 태평양을 건넜던 그가 다시 조선에 왔을 때, 그의 나이는 고작 스물여섯이었다. 그는 임상 경험이 거의 없었고, 무엇보다도 외과는 자신이 없었다. 그런 그가 난도질로 생긴 상처를 치료하고 죽을 게 뻔한 환자를 살려냈으니 그 스스로도 놀랄 일이었다. 그야말로 기적이었다. 기적은 곧 신화를 만들어냈다. 서양의학이 죽어가는 사람을 살려내고, 위기에 빠진 조선을 강한 국가로 만들어줄 것이라는 신화였다.

그의 신화가 만들어지는 가운데, 알렌은 더욱 냉정하게 자신의 역할과 길을 탐색해 나갔다. 바로 근대 조선에 선교를 합법화하고,

왕진을 나가는 알렌과 조선인 요리사(1885)

의료활동을 위한 공간을 확보하는 일이었다. 그는 병원건설안을 제
안해 제중원의 건립을 이끌어냈다. 또, 제중원이 병원으로 자리를
잡자 미국 외교관으로 변신해 한미외교를 이끄는 수장이 되었다.

알렌과 동아시아 의료선교

19세기 중반부터 서양 각국은 해외선교에서 의료와 교육의 역할을
강조하기 시작했고, 미국은 의료선교에서 두드러진 활동을 보였다.
피터 파커(Peter Parker: 1804~1888)는 미국 교회가 동아시아에 파견
한 초기 의료선교사 중 한 명이었다. 1834년 중국 광저우에 도착한

그는 안과병원을 열었고, 중국에 서양의학을 도입하고 의학교육에서 선구적인 역할을 담당했다. 그 후 파커는 미국의 외교업무에도 관여하면서 외교관의 길을 걸었다.

알렌이 의료선교의 본보기로 삼았던 인물이 파커였다. 알렌은 처음 선교지로 중국 베이징을 선택했지만, 25일간의 긴 항해 끝에 도착한 곳은 상하이였다. 상하이를 거쳐 난징에 머물렀던 알렌은 처음 접하는 이국생활에 적응하지 못했다. 중국의 반기독교 정서 때문에 중국인들의 공격을 받기 일쑤였고, 그의 아내 패니(Fannie)의 건강상태도 악화되고 있었다. 이런 상태로는 파커 같은 선구자적 인물이 될 수 없었다. 그의 좌절과 방황을 지켜본 동료들은 서울에 의사가 필요하니 그곳에서 "그 나라와 함께 성장하는 게" 좋겠다고 조언했고, 알렌도 새 출발을 위해 그 제안을 받아들였다.

병원건설안의 제안

조선 정부가 만약 병원을 건설한다면, 저는 마땅히 최고 책임자의 역할을 다할 것이며, 귀 정부가 제공하는 급여는 한 푼도 받지 않겠습니다. 단지 몇 가지 요구되는 일이 있습니다.
첫째, 서울에 공기 좋고 청결한 가옥 한 채.
둘째, 병원 운영에 필요한 등촉 및 연료와 보조원·간호사·하인 등의 월급, 그리고 가난한 환자들에게 제공하기 위한 음식 등.
셋째, 각종 약재비 삼백 원 정도 등.

조선 정부가 이것들에 대해 허락할 뜻이 있다면, 저는 또한 의사 1명을 자비로 초청하겠으며, 6개월 후에는 이 병원에 근무하게 될 것입니다. 저와 그 의사는 조선 정부로부터 급여를 받지 않겠습니다. 급여를 받지 않는 까닭은 다른 데 있는 것이 아닙니다. 미국에는 백성을 돕기 위해 설립한 병원사(病院社)라는 조직이 있는데, 저와 그 의사는 그 조직에서 급여를 받고 있습니다. 이와 같은 병원은 청의 베이징, 톈진, 상하이, 광저우 등과 다른 나라에도 많이 있습니다. 그중 두 개의 병원은 리훙장 자신이 스스로 운영하고 있습니다. 서울에 병원을 건설하는 것이므로 이 병원은 조선 정부의 병원이며, 백성들은 병이 생기면 삼가 몸을 살필 수 있으니 걱정이 없을 것입니다. 이러한 일에 조선의 대군주께서 만약 동의해 주신다면 흔쾌히 처리될 거라 생각합니다. 「조선 정부 경중건설병원절론」에서

갑신정변으로 혼란스러웠던 정국에서도 알렌은 환자치료를 위해 서울을 떠나지 않은 데다, 민영익이 완쾌하면서 알렌에 대한 조선 왕실의 신임은 더욱 두터워졌다. 민영익은 알렌에게 우정의 표시로 10만 푼에 달하는 사례금을 제공하고 의형제를 맺자고 제의했다. 고종과 왕비 역시 알렌에게 선물로 감사를 표시하며 그동안의 노고를 치하했다. 또 알렌을 조선 왕실의 시의로 임명했다.

조선 왕실의 전폭적인 지지를 받게 되자 알렌은 이 기회를 이용해 새로운 일을 도모했다. 바로 선교의 합법화와 병원 건설이었다. 조선에 온 첫 선교사니만큼 선교의 합법화를 누구보다도 원했지만,

Proposal for founding an Hospital
for the Government of His Majesty, the
King of Korea in Seoul.

Since the recent troubles, I have been called
upon by many Corean people to remove
bullets, and repair injuries done by fire
arms, as also to treat people sick from
other causes.

I have done what I could. But
many of these people lived at a distance
from my place, which prevented my
attending them, owing to my time be-
ing taken up with His Excellency Min
Yong IK and the wounded Chinese
Soldiers. In a few cases the patients
were rich and hired rooms near to
my place, so that I could see them
daily. Many of the poorer ones had
to be turned away for lack of proper
facilities. As an American citizen, I

알렌의 병원건설안(1885. 1. 27.)

알렌의 병원건설안은 미국 대리공사 폴크의 공문서와 함께 민영익을 통해 외아문 앞으로 보내
졌다.

자칫 잘못하면 병원 건설을 비롯해 모든 일이 한순간에 어그러질 수도 있었다. 알렌은 병원건설안에서 선교회를 병원사(benevolent society)라고 모호하게 표현했지만, 리훙장이 운영하고 있는 병원에 대해서도 언급했다. 1880년 리훙장이 의료선교사 존 매켄지(John K. Mackenzie: 1850~1888, 중국명 馬根濟)의 도움으로 톈진에 시의원 (施醫院)이라는 서양식 병원을 건설한 일은 당시 정계에 잘 알려진 일이었다. 말하자면 알렌은 자신이 의료선교사임을 의도적으로 드러내면서 동시에 전략적으로는 조선 왕실의 관심사인 병원 건설에 전력을 다했던 것이다.

조선 왕실의 지원과 제중원의 성격

1885년 1월 말, 미국 공사관 대리공사 폴크를 통해 병원건설안을 정식으로 제안받은 조선 왕실은 병원 건설에 적극적인 태도를 보였다. 당시 조선 왕실의 대표적 의료기구인 삼의사(내의원, 전의감, 혜민서)가 해체되는 시점이었기에 새로운 병원이 대민의료의 창구 역할을 해줄 것이라는 기대가 컸다. 고종은 우선 병원 설립을 도울 한국인 책임자를 내정하고, 적극적으로 돕겠다는 의사를 표명했다.

한국인 책임자는 외교 사무를 총괄하는 외아문 독판 김윤식이었다. 김윤식은 재동에 위치한 홍영식의 가옥을 새로운 병원건물로 낙점했다. 그곳은 침대를 들이지 않고 온돌을 사용하면 40명을 수용할 수 있는 규모였다.

재동 제중원(1885. 4. 10.)
현 헌법재판소 자리에 홍영식의 가옥을 개조하여 한국 최초의 서양식 병원이 들어섰다.

알렌은 새로 생긴 병원에서 4월 9일부터 진료를 시작하고, 4월 10일에 병원을 공식 개원했다. 4월 12일, 고종은 '광혜원'이라는 명칭을 하사했다. 그러나 '은혜를 널리 베푸는 집'이라는 뜻의 광혜원 명칭은 4월 26일까지 단 2주 동안만 사용되었다. 4월 27일부터는 '사람을 구하는 집', 즉 제중원으로 개명되었다. '제중'의 뜻은 『논어』 「옹야편」에서 자공이 공자에게 "박시제중(博施濟衆: 은혜를 널리 베풀고 사람들을 구제하다)한다면 어질다고 하겠습니까?"라고 묻자, 공자가 "어질 뿐 아니라 성인일 것이다."라고 대답하는 대목에서 유래된 것이다. 의사(의료선교사)나 환자들(백성)에게 광혜원에서 제중원으로의 명칭 변화가 큰 의미를 지니는 것은 아니었지만, 고종의

고종(1852~1919)
고종은 제중원의 든든한 지원자였다.

입장에서는 명칭 변화를 통해 새로운 병원에 대한 세심한 관심을 나타냈던 것이다.

제중원은 알렌의 제안과 조선 정부의 지원이 결합해 탄생한 일종의 합자병원이었지만, 알렌을 비롯해 관련된 여러 이들 간에 입장차가 있었다. 우선 병원 건설을 중재한 미국 정부는 제중원을 한미우호의 상징이자 미국 정부가 설립한 병원으로 간주했다. 그러나 알렌과 북장로교에게는 의료선교사가 세운, 서양식 의료를 주도하는 선교병원이었다. 한편 조선 정부에게 제중원은 백성을 구제할 정부 병원이었다. 이에 중국 정부는 그들의 이해를 관철할 또 다른 병원과 의학교를 설립하고자 했다.

제중원 설립과정에서 최대의 걸림돌이 된 것은 묄렌도르프였다. 청의 리훙장이 추천했던 외교고문 묄렌도르프는 자신이 주도하는 의학교를 설립할 계획을 가지고 있었다. 알렌은 자신의 제안을 묄렌도르프가 방해하거나 묵살할 것이라는 걱정에 휩싸여 있었다. 실제로 묄렌도르프는 알렌이 주도하는 병원을 없애겠다고 공언하고 다녔다. 결국 개원을 며칠 앞두고서야 알렌은 그에게서 병원 설립을 돕겠다는 약속을 얻어낼 수 있었다. 이 밖에 영국과 일본도 제중원을 차지하기 위해 갖은 노력을 전개했다. 제중원은 단순히 환자의 치료만을 위한 공간을 넘어, 열강의 침략적 이미지를 완화하고 조선에서의 주도권을 상징하는 공간이었기 때문이다.

알렌의 외교활동

알렌은 고종의 신임을 받으며 비공식적 자문활동을 통해 조선 정부의 반청자주외교를 지원했다. 미국에 공사관을 설치하는 것 역시 자주외교를 강화하는 일이었다. 1887년 고종은 알렌에게 참찬관이라는 관직을 하사하고, 주미 한국공사관원의 파견부터 공사관 설치에 이르는 전 과정에 관여하도록 했다. 1890년 알렌은 선교사직을 사임하고, 미국 공사관의 서기관이 되었다. 그로부터 7년 후인 1897년에는 미국 공사관의 최고 책임자인 미국 공사가 되었다. 전문적인 외교관으로서 훈련받은 경험은 없었지만 알렌은 외교가에서 승승장구할 수 있었다. 알렌만큼 조선 정부의 신임을 받고 있고, 한국 사정에 밝은 외교관이 없었기 때문이다.

알렌의 외교활동에서 가장 중요한 공헌은 당시 동아시아의 외교 현실을 정확히 인식하고 그 해법을 제시했다는 점이다. 청일전쟁으로 한반도에서 중요한 경쟁자인 중국을 물리친 일본은 아관파천 이후 러시아와 대결했다. 당시 미국 대통령 루스벨트는 친일적인 동아시아 정책을 유지했는데, 알렌은 미국과 한국의 이익을 위해서는 반일·친러 외교노선을 유지해야 한다고 역설했다. 이를 위해 1903년

남산 일본공사관에 초대된 각국 공사들
왼쪽에서 네 번째가 알렌이다.

9월 직접 워싱턴을 방문하여 루스벨트와 외교노선에 관한 논쟁을
벌였으며, 자신의 주장이 받아들여지지 않자 언론을 통해 공개논쟁
을 벌이기도 했다. 1905년 루스벨트는 미국의 공식 외교노선에 반
하는 성향을 가진 외교관을 그대로 둘 수 없다는 이유로 알렌을 미
국 공사에서 해임했다. 28년간 동아시아에서 외교활동을 주도했던
알렌은 공직을 떠나 낙향해 만년을 보낼 수밖에 없었다. 루스벨트
이후 윌리엄 태프트가 알렌의 반일 외교노선을 정식 외교노선으로
채택했지만, 이미 조선은 식민지화의 길을 걷고 있었다.

재동 제중원에서
도동 세브란스병원까지

재동 제중원에서 1년 넘게 진료활동을 전개한 알렌은 좀 더 넓고 쾌적한 공간
으로 병원을 옮기고 싶었다. 그리하여 제중원은 처음에는 구리개 일대로, 그
다음에는 남대문 밖 도동으로 이전을 거듭하면서 규모가 확대되었고, 점차 독
자적인 선교병원의 모습으로 완성되어 갔다.

재동 제중원의 규모와 공간 운영

재동(잿골) 제중원은 개원 당시 40병상 600평 규모였으며, 1886년
제중원의학교가 들어서면서 북쪽으로 260여 평을 확장했다. 지금
은 그곳에 헌법재판소가 들어서 있는데, 백송나무만이 그 자리가
제중원이었음을 알려주고 있다. 제중원의 내부구조와 의학적 공
간 운영은 1886년 작성된 〈제중원 일차년도 보고서〉를 통해 알 수
있다.

먼저 제중원의 출입문은 동남쪽, 북동쪽, 북서쪽 등 세 곳에 나

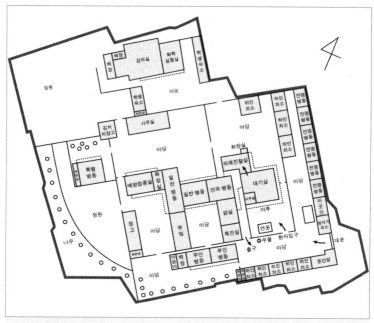

재동 제중원 배치도(1886)

있었는데, 실질적으로는 동남쪽 문을 대문으로 사용하고, 나머지 문은 거의 사용하지 않았다. 대문으로 들어가 하인 처소가 있는 마당을 지나 문 하나를 열면 연못과 외래진찰실이 보였는데, 외래진찰실은 원래 사랑채로 쓰이던 곳이었다. 외래진료를 마치면 수술실과 약국을 지나게 되는데, 또 다른 출구로 나가면 처음에 들어온 하인 처소가 있는 마당으로 연결되었다. 제중원의 외래환자들은 비교적 단순한 동선으로 서양식 진료를 경험할 수 있었다.

수술 혹은 장기적인 치료를 요하는 환자들은 병동에 입원했다.

정중앙에 있던 안채는 외과병동으로 개조되었고, 그 옆은 일반병동, 앞뒤 좌우로는 부인병동과 독방, 특별병동 등이 설치되었다. 각 병동이 병원 전체의 3분의 2를 차지했다.

병실은 1인실, 2인실, 다인실로 나뉘어 치료비를 차등적으로 받았고, 일반병동에는 무료 환자들이 주로 입원했다. 부인병동에는 1년 동안 36명의 여성 환자들이 입원했다. 이는 신체 노출과 외부 접촉을 꺼리는 당대 조선 여성들의 사정을 고려한 특별한 조치였다. 각 병동에는 마당, 부엌, 창고 등이 있어 환자 가족들이 스스로 식사를 준비할 수 있었다.

개원 1년 후에는 의학교의 정식 개교에 따라 북쪽에 3동을 건축했다. 중앙에는 강의실과 실험실을, 남쪽과 동쪽에는 학생기숙사를 건립했다. 이 밖에도 고종이 말 두 필을 하사함에 따라 하인 처소 일부를 마구간으로 개조했고, 콜레라 및 발진티푸스 유행으로 전염병동이 필요하자 하인 처소 한쪽을 전염병동으로 개조했다. 또 환자 대기공간이 부족해져 진료실을 환자 대기실과 사무실로 변경하고, 기존의 수술실과 약국을 진료실로 개조했다. 대부분의 입원환자가 외과환자였기 때문에 외과병동이라는 명칭은 없어지고, 안과병동이 새로 설치되었다. 이는 개원 후 1년 동안 적지 않은 수의 백내장 수술과 홍채 절제술을 시행한 결과이기도 했다. 한편, 일반병동 일부가 예방접종실로 바뀌었는데 여기서는 주로 우두접종이 이루어졌다.

구리개 제중원(1887~1904)

구리개 제중원의 건립

병원을 깨끗이 유지하는 일이 어렵다. 병원 건물은 너무 작고
병상은 대개 외과 환자로 가득 찬다. 사실 우리는 병원 전체가
외과 환자로 찼기 때문에, 순수한 내과 환자의 대부분에 대해
입원을 거절해야만 했다. 또한 우리는 다른 환자를 위해 가능한
한 빨리 입원 환자를 퇴원시켜야 했다. 병원에서는 엄격하게 절
약했는데, 이것이 당국에 더욱 호감을 주었다. 그리 오래지 않
아 적절하게 갖추어진 외국식 건물이 우리에게 주어질 것을 희
망한다. 그러나 현재 우리는 우리가 할 수 있는 모든 방법을 동
원해 최선을 다하는 것을 목표로 삼고 있다.

도동 세브란스병원(1904)

　보고서에서 알렌은 재동 제중원의 상황을 이렇게 보고했다. 새롭게 변화된 환경에 적응하기 위해 병원 확장과 개조 등 다양한 조치를 행했지만, 장소가 비좁아 외래진료와 입원 환자 수용에 어려움이 많았다. 1887년 초 새롭게 정해진 병원 부지는 현재 을지로의 옛 지명인 구리개(진고개)였다. 구리개 지역은 조선의 대표적인 대민의료기구인 혜민서가 있던 곳이다. 조선 정부로서는 제중원의 구리개 이전이 대민의료기구를 부활시킨다는 상징적 의미도 있었을 것이다. 현재의 을지로 2가에서 명동성당까지 이르는 구리개 제중원 부지는 최대 5,000여 평 규모로 추산된다.

부지는 넓었으나 건물이 작고 분산되어 있었기 때문에 구리개 제중원에는 여러 개의 건물과 병동이 새로 건립될 필요가 있었다. 우선 병실, 수술실, 세탁소, 부엌 등이 확보되었고 진료실, 대기실, 창고 등이 차례로 건립되었다. 병상 규모는 이전처럼 40병상 정도였는데, 온돌병상 이외에 침대병상이 새롭게 추가되었다. 침대병상은 간호에 편리할 뿐만 아니라 위생관리에도 유리해 근대적 병원체제 도입과정에서의 중요한 상징적 변화였다.

구리개 제중원은 한동안 번영을 누렸지만, 알렌에 이어 제중원 운영을 책임지던 헤론이 사망하면서 위기를 맞았다. 한동안 책임자를 구하지 못했고, 이후 새로 임명된 빈턴은 제중원 운영과 선교문제로 조선 정부와 대립했다. 제중원의 병원 기능은 사실상 중지되었으며, 1893년 에비슨이 제중원 책임자로 임명되었을 때는 약국만이 제 기능을 다하고 있었다.

세브란스병원 시대의 개막

1894년 9월, 에비슨은 조선 정부와의 담판을 통해 제중원의 운영권을 완전히 이관받았다. 에비슨은 병원의 발전을 위해서는 완전히 서양식으로 지어진 일정한 규모를 갖춘 새로운 병원이 필요하다고 생각했고, 1900년 만국선교대회에서 세브란스를 만나 새로운 병원에 대한 지원을 약속받았다. 알렌과 에비슨은 구리개에 새로운 병원을 짓고 싶었지만, 구리개에 새 병원을 지은 후 나중에 이전하게 되면 조선 정부가 병원건축비 등을 포함한 모든 비용을 보상해야 하는 부담이 있었다. 이 때문에 새 병원 건설안이 지지부진해지자, 세브란스는 차라리 새로운 부지를 구입하여 새 병원을 건설하기를 희망했다. 그렇게 해서 1904년 새로 건립된 세브란스병원은 서울역 앞에 위치한 남대문 밖 도동(복숭아골)에 세워졌다. 그리고 사람들은 그 병원을 여전히 제중원이라 불렀다.

제중원 규칙의
제정과정

제중원의 운영방침은 〈병원 규칙〉과 〈공립의원 규칙〉에 의해 규정되었다. 제중원 운영규칙의 원안과 수정안을 만드는 데는 알렌과 조선 정부뿐만 아니라 일본공사관도 개입했다. 〈병원 규칙〉의 제정 및 수정에는 병원 운영권을 둘러싼 알렌 측과 정부 측의 대립과 타협과정이 고스란히 드러나 있다.

〈병원 규칙〉의 제정

제중원은 알렌의 제안과 조선 정부의 지원 속에 탄생했지만, 병원의 실제 운영방침은 〈병원 규칙〉을 통해 정해지게 되었다. 이러한 규칙 제정에 경험이 없던 조선 정부와 알렌은 일본공사관 의사였던 가이세 도시유키(海瀨敏行)의 도움을 받았다. 현재 〈병원 규칙〉의 한문 원본은 전해지고 있지 않지만, 알렌의 1885년 4월 3일자 일기에 전체 12개조로 구성된 〈병원 규칙〉 초안(영문본)이 남아 있다.

제1조 조선 관리 가운데 병원을 담당할 책임자를 임명한다.

제2조 관리 2명을 임명한다. 그 가운데 1명은 상임으로 병원 운영에 참여한다.

제3조 학도 4명을 임명한다.

제4조 이 학도들은 의사를 보조한다. 의사의 감독하에 의약품을 조제·투약한다. 그리고 외국인 의사가 사용하는 의료기구의 사용법을 습득한다. 학도들은 환자들을 간호하며 의사의 지시를 따른다.

제5조 병원 운영의 기록과 경리를 담당할 주사 2명을 임명한다. 이들은 1년에 2번씩 책임자에게 업무 보고를 해야 한다.

제6조 병원 내부를 돌볼 2명을 임명한다. 이들은 병원 시설물을 깨끗이 정돈하고 유지해야 하며 동시에 의사의 소지품 보관에 대해서 책임진다.

제7조 문지기 2명을 임명한다. 한 사람은 병원 외문과 안내 업무를 담당하는 동시에 패(순번표)를 발급한다. 다른 한 사람은 병원 내문을 책임지면서 패를 접수한다.

제8조 병원에는 잡역을 담당할 하인 5명을 고용한다. 두 사람은 주방 업무를 담당한다. 두 사람은 병원 내부 및 구내 마당을 청소하고 심부름꾼 노릇도 한다. 나머지 한 사람은 물 긷는 일을 담당한다.

제9조 자기 집에서 진료받기 위해 의사를 부르는 환자는 의사에게 개인적으로 5,000푼을 지불해야 한다.

제10조　입원 환자는 다음 4등급으로 분류한다. 1등급: 개인전
　　　　용 병실, 하루에 1,000푼. 2등급: 1병실에 환자 1명을
　　　　수용하며, 하루에 500푼. 3등급: 1병실에 환자 3명 이
　　　　상을 수용하며, 하루에 300푼. 극빈환자용 병실: 무료.
제11조　모든 치료비는 회복 후에만 지불한다.
제12조　모든 내원 환자는 원활한 치료를 위해 안전을 보장해
　　　　주어야 한다.

　일본인 의사 가이세는 조선 정부와 알렌의 입장을 만족시킬 수
있는 〈병원 규칙〉의 초안을 완성했다. 외아문에서 알렌에게 보내
온 〈병원 규칙〉 초안은 조선 정부의 입장이 다소 많이 반영되어 있
었으며, 이는 제1조와 제2조 규정에서 잘 드러난다. 조선 정부의 관
리를 책임자로 삼을 뿐만 아니라 병원 운영에 상시적으로 개입하는
관리를 별도로 두고, 병원에서 잡일을 담당하는 하인들의 역할까지
구체적으로 규정해 놓은 것이다. 반면 의사들의 지위나 보수에 대
한 규정은 명시하지 않음으로써 의사들의 독립성을 보장해 주었다.
　가장 문제가 된 것은 병원의 책임자에 대한 규정이었다. 〈병원
건설안〉에서 알렌은 자신이 병원의 최고 책임자가 될 것이라고 제
안했지만, 외국인을 책임자로 규정해 놓으면 병원을 없애겠다고 공
언해온 묄렌도르프 역시 병원의 책임자가 될 가능성이 있었다. 결
국 가이세는 묄렌도르프가 끼어들 여지가 없도록 아예 조선인을 책
임자로 규정하는 묘안을 짜냈다. 알렌은 묄렌도르프가 책임자가 되
는 것을 막기 위해 이 안에 동의했지만, 초안대로 확정된다면 본인

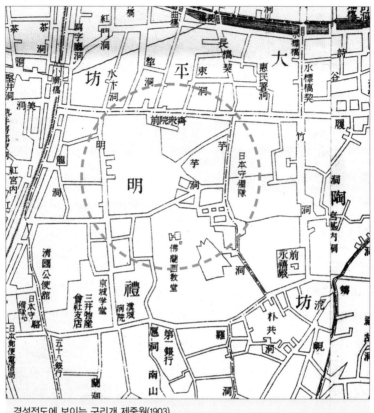

경성전도에 보이는 구리개 제중원(1903)

도 병원의 공식적인 책임자가 될 수 없었다. 그것은 또한 조선 정부로부터 병원 운영의 자율성을 침해받을 가능성이 높다는 것을 의미하는 것이기도 했다.

〈공립의원 규칙〉의 제정

알렌으로서는 병원 운영의 자율성을 확보하기 위해서는 묄렌도르프를 설득하는 것이 최선이었다. 마침내 묄렌도르프로부터 병원건립을 지지해 주겠다는 약속을 받아낸 알렌은 〈병원 규칙〉의 수정안을 마련했다. 수정안은 1885년 4월 〈공립의원 규칙〉이라는 이름으로 전국에 공포되었다. 흥미로운 점은 광혜원·제중원이란 명칭 대신에 '공립의원'이라는 명칭을 사용했다는 점이다. 아마도 병원 명칭이 확정되기 전에 가이세가 병원 규칙 제정에 관여하면서, 이 병원이 온전한 형태의 정부병원도 아니고 선교사 세운 선교병원도 아니라는 일본인의 시각이 반영된 듯하다. 일본에서 공립의원은 정부가 재정을 전적으로 지원하는 비영리병원을 뜻한다. 일본인의 시각에서는 정부가 재정을 지원하지만 직접 운영하는 것은 아닌, 공적기관이 운영하는 비영리병원에 가깝다고 판단한 것이었다.

주목할 것은 논란의 여지가 있던 제중원의 책임자와 운영권에 관한 제1조와 제2조 항목이 새로운 규칙에서는 삭제되었다는 점이다. 또, 치료비는 회복이 되었을 때만 지불한다는 전통적인 방식에서 무의탁자를 제외한 전원이 치료비를 내야 한다는 새로운 방식으로 전환되었다. 그 밖에 서기, 당직, 문지기, 사환 등에 관한 업무 규정이 보다 세분화되었는데, 생도들의 공부시간(오전 7시~오후 4시)과 간병시간(오후 2시~4시) 등도 상세하게 규정되었다. 이에 따라 일부 조항이 삭제되었음에도 불구하고, 전체 조항은 이전의 12개조에서 14개조로 늘어났다.

設濟衆院　今年正月二十五日에 統理衙門에셔

聖諭를 奉ᄒᆞ야 病院을 齊洞西邊에 設ᄒᆞ고 院號ᄂᆞᆫ 濟衆이라ᄒᆞ고 官員을 設ᄒᆞ며 學徒를 募ᄒᆞ와 院中의 두고 美國堅敎師와 議論兩人을 延請ᄒᆞ며 西國에 各種藥水를 만이 購貿ᄒᆞ여 本院에 두고 民間各樣病人을 조셔이 看護ᄒᆞ야 극진이 治療ᄒᆞ나 每日와서 診前호고 가ᄂᆞᆫ 스룸이 或 二十八或三十人도되고 此院中에 恒留ᄒᆞ여 治療ᄒᆞᄂᆞᆫ 스룸이 或十餘人 或二十餘人도되ᄂᆞᆫᄃᆡ 醫師의 治病ᄒᆞᄂᆞᆫ 곳國家에 發

機械로 다시리고 藥水도덕이 有ᄒᆞᆫ故로 大抵運常과 腫瘇等症에ᄂᆞᆫ 效驗이 神通ᄒᆞ니 이ᄂᆞᆫ 國家에 發政施仁ᄒᆞᆫ 一端이요 또ᄒᆞᆫ 博施濟衆ᄒᆞᄂᆞᆫ 功德이니 그院中 規則을 左에 記載ᄒᆞ노라

公立醫院規則

　第一條ᄂᆞᆫ 生徒幾員이 每日學業ᄒᆞᄂᆞᆫ 時間은 午前七時로부터 午後四時에止ᄒᆞ고 休日外에 不得浪遊ᄒᆞ며 그術通이 異等ᄒᆞᆯ 時ᄂᆞᆫ 公薦表揚ᄒᆞ노라　第二條에ᄂᆞᆫ 生徒가 藥을 製合ᄒᆞ며 器械等項을 掌ᄒᆞ야 醫師의 指揮ᄒᆞᆯ 一一이 詳明ᄒᆞ여 六七朔月로씨 通計ᄒᆞᆫ 後院中各官에 考鑑ᄒᆞᄂᆞᆫ各項交涉計算ᄒᆞᄂᆞᆫ바 슐을 掌ᄒᆞ되 一이 官房를 淨潔ᄒᆞ고 院藥諸員와 院內에 物品을 守直ᄒᆞ되 民일闕失ᄒᆞ니라　第四條ᄂᆞᆫ 食堂直 二人이 官房를 淨潔ᄒᆞ고 院藥諸員와 院內에 物品을 守直ᄒᆞ되 民일闕失되면 勒罪케ᄒᆞᄂᆞ니라　第五條ᄂᆞᆫ 大應所이 二八에 一운大應所에 잇ᄂᆞᆫ 姓名을 記錄ᄒᆞ야次給牌로ᄒᆞ고 民許入ᄒᆞ느니라　第六條ᄂᆞᆫ 病客이 門外에 受牌標紙 先入者ᄂᆞᆫ 号을 考取호후 醫士를 許入ᄒᆞ고 員字牌ᄅᆞᆯ가진者ᄂᆞᆫ 先牌盡人호후에 許入ᄒᆞ느니라　第六絛ᄂᆞᆫ 病客이 門外에 受牌標紙 後의 持入ᄒᆞᆯ形을 考ᄒᆞ니라

고無에 某字牌를 給ᄒᆞ여 許入ᄒᆞ고 民牌期考驗後의 持入形을 考ᄒᆞ니라　第七條ᄂᆞᆫ 使頒五名을 두어 二人은 廚房雜務를 掌ᄒᆞ고 二人은 病院諸護護을 掌ᄒᆞ고 民各突에 点火을 掌ᄒᆞᄂᆞᆫ 一人은 藥을 掌ᄒᆞ고 一人은澆水를 寧ᄒᆞ느니라　第八條ᄂᆞᆫ 病客이 能이 運動치못ᄒᆞ고 醫士를 請發호즉 東街ᄂᆞᆫ 每度에 銅錢五両을 先納호후 醫士를 邀去ᄒᆞ느니라　第九條ᄂᆞᆫ 留院病客이 自買料를 怨持來ᄒᆞ되 上等客은日發鐵錢이 十兩이요 中等은 五兩이요 下等은 三兩이요 그 無家無依한者ᄂᆞᆫ 院中으로 辦爲ᄒᆞ느니라　第十絛ᄂᆞᆫ 院中에 諸般任事를 三保를 ᄒᆞ고 價値을 棒入ᄒᆞ고 廚入ᄒᆞ되 만일物品을 闕失ᄒᆞ면

辦給ᄒᆞ느니라　第十一絛ᄂᆞᆫ 絲料를 上中下等家에 饗其所用ᄒᆞ여 價值을 棒入ᄒᆞ되 만일物品을 闕失ᄒᆞ면라　第十一絛ᄂᆞᆫ 絲料를 上中下等家에 饗其所用ᄒᆞ여 價值을 棒入ᄒᆞ되 民일물품을 闕失ᄒᆞ면 辦給ᄒᆞ느니라　第十二絛ᄂᆞᆫ 該人의게 徵受ᄒᆞ고 該掌人이 其價도不勤抵當ᄒᆞ면 곳三保屬人의게 徵受ᄒᆞ니라　第十三絛ᄂᆞᆫ 間病人外에 或學徒와 幹事人을 來看ᄒᆞᄂᆞᆫ 즈ᄂᆞᆫ 門外에 잇셔物品代價를 該人을 重罰ᄒᆞᆫ이라　第十四絛ᄂᆞᆫ 間病人外에 或學徒와 幹事人을 來看ᄒᆞᄂᆞᆫ 즈ᄂᆞᆫ 門外에 잇셔門直이로 通奇ᄒᆞ고 入來ᄒᆞ느니라

『한성주보』1886년 2월 1일자에 실린 〈공립의원 규칙〉

구리개 제중원의 주사와 학도들

이렇듯 의사의 지위와 급여, 직제와 운영권에 대한 명확한 규정
이 없던 탓에 제중원은 누가 책임자를 맡느냐에 따라 운영이 크게
달라질 가능성이 있었다. 이것은 조선 정부나 알렌 모두 병원 출범
초기에 불필요한 신경전을 원하지 않았기 때문에 만들어진 일종의
타협안인 셈이었다.

제중원 규칙의 실제 운영

〈공립의원 규칙〉에서 책임자가 누구인지를 규정해 놓지 않았기 때
문에, 제중원의 공식적인 책임자는 없었다. 다만 외아문 독판 김윤
식이 제중원 설립을 도왔고, 제중원의 중요사안을 외아문 독판과

협판(오늘날 외교부 장관과 차관) 등이 결정했기 때문에, 형식적인 책임자는 외아문의 고급관리였던 것으로 보인다. 그러나 그들은 제중원에 상주한 것도 아니고, 실제 운영에 개입할 수 있는 형편도 아니었다. 제중원의 실질적인 운영책임은 알렌을 비롯한 의료선교사들에게 있었다. 다른 한편, 조선 정부에서 파견한 주사들이 제중원의 살림을 지원하고 있었기 때문에 의료선교사들과 주사들 사이에는 제중원의 운영을 둘러싼 미묘한 갈등이 내재되어 있었다.

불편한 동거의 시작,
제중원의 운영

제중원의 실제 운영과 재정 관리는 의료선교사들과 조선인 주사들에 의해 이원화되었다. 의사들은 진료와 그에 필요한 활동비를 직접 관리했고, 주사들은 건물, 음식, 의복, 연료 등 일반적인 살림살이를 담당했다. 제중원이 전성기를 누렸을 때는 의사들과 주사들이 한몸처럼 평화롭게 지냈지만, 재정적인 어려움에 처하자 자신들의 목소리를 높이고 이해관계를 따져가면서 점차 불편한 동거인으로 변해갔다.

제중원 담당 관리의 임명

"외아문에서 (제중원을) 전적으로 담당하도록 하고, 당상관, 낭관의 임명 및 일체의 사무는 모두 외아문에서 간단히 보고해 재가를 받는 것이 어떻겠습니까?" 라고 하자, (고종께서) 비답을 통해 윤허하였다.

외아문의 관리들(1888)

1882년 근대적 관제개혁으로 외교업무를 담당하는 통리교섭통상사무아문(외아문이라 통칭)
이 설치되었다. 1894년에는 외무아문, 1895년에는 외부라 개칭했고, 1905년 을사늑약으
로 외교권이 박탈되기 전까지 외교업무를 전담했다.

1885년 4월 10일 의정부는 고종에게 새로 짓는 병원의 명칭을
제중원이라고 할 것을ㆍ주청하고, 제중원을 외아문에서 담당하도록
하자는 의견을 냈다. 고종도 이에 동의했다. 이에 따르면 조선 정부
는 제중원의 중요사안은 외아문 독판 혹은 협판이 담당하게 하고,
몇 명의 하급관리를 파견하도록 했다. 실제로 알렌과 헤론 등 제중
원 의사들은 일체의 중요 사무에 대해 외아문 독판이나 협판 등과
협의했다.

1893년과 1894년에는 외아문 독판과 협판이 책임자급에 해당
하는 제중원 당랑에 두 차례에 걸쳐 임명되었다. 이때는 제중원 운
영상 최악의 시기로, 제중원은 존폐 기로에 처해 있었다. 따라서 제

중원 당랑의 임명은 위기의 제중원을 구할 조선 정부 최후의 대책이었던 듯하다. 그러나 외교 분야의 최고 책임자가 제중원의 책임자가 된다는 사실은 제중원 운영상 큰 의미를 가지지는 못했다. 병원에 상주하면서 일상적인 병원업무를 책임졌던 것은 의료선교사들이었기 때문이다. 결국 조선 정부는 제중원의 운영권을 에비슨에게 전권 위임하는 것으로 사태를 마무리 지었다.

제중원의 재정구조

제중원 운영의 가장 어려운 점은 고정적인 재원이 없는 것이었다. 정부지원금, 진료비, 개인 기부금 등이 주요 수입원이었으나 병원은 언제나 만성적인 재정 적자에 허덕였다. 병원 설립 초기에는 이곳저곳에서 발생하는 잡세로 병원 재정을 충당했다. 그래도 병원 재원이 부족하면 조선 정부는 환자 급식을 중단하거나 하인 고용을 중단하는 등 임의적인 조치를 취했다. 알렌은 조선 정부의 이러한 편의적 조치에 항의했으며, 각종 용품을 절약하는 것으로 비용절감에 나서기도 했다. 1887년 이후 얼마간은 개항장에서 발생한 해관 수입으로 제중원을 위한 안정적인 재원이 확보되었다.

제중원의 재정 관리는 이원화되어 있었다. 건물설비, 부식비, 의복비, 연료비 등은 조선인 주사들이 관리했고, 의약품비, 기구비, 발전기, 학교기자재 등은 알렌이 직접 관리했다. 알렌은 진료활동비 이외에 필요경비를 외아문에서 직접 받아 집행할 수 있었다.

대한제국의 황제와 대신들(1897)
가운데 고종 황제가 보이고, 왼쪽에서 세 번째가 외부대신 김윤식이다.

    알렌과 다른 의료선교사들은 선교회 본부로부터 별도의 월급을
받았기 때문에 조선 정부로부터 월급을 받지 않았다. 그러나 조선
정부는 의료선교사들에 대한 감사의 표시로 부정기적인 보조금을
제공했다. 선교부는 원칙적으로 의료선교사들이 진료비를 받고 외
국인을 진료하는 것을 금지했으나, 조선에 있는 의료선교사들의 경
우에는 외국인 거류민들의 지원을 받을 필요가 있다고 판단해 이들
을 치료할 수 있도록 허락했다. 치료비는 전액 선교부 재정으로 환
수되었으며, 선교부는 일부 금액을 약품구입비로 지원하기도 했다.

구리개 제중원의 의료진과 주사들(1890년대)

주사들과의 갈등과 마찰

제중원 주사는 제중원의 살림살이를 담당하는 실무자로, 동문학(일
종의 통역관 양성소) 생도나 종8품 봉사가 임명되는 조선 정부의 말단
관리였다. 제중원 주사는 의료선교사와 의사소통을 해야 했기 때문
에, 외국어 능력이 필요했고, 몇몇 인물들은 이런 능력을 바탕으로
제중원 주사를 거쳐 외교가의 고위직으로 나아가기도 했다. 〈병원
규칙〉 등에는 이들의 지위, 역할, 규정인원 등에 대해 명확한 언급
이 없었다. 그러다 보니 첫해에 5명의 주사가 발령되었으나 보통은
2명 내외가 상주했다. 2년 반 이상의 규정 임기를 채우고 떠나는 제

중원 주사는 극소수였고, 대부분 2~4개월 동안 잠시 근무하고 전출될 때가 많았다.

제중원의 어려운 재정 상황은 주사들에게도 부담이었다. 주사들에게는 월급이 지급되지 않았기 때문에, 이들은 암암리에 제중원 운영비를 횡령하거나 착복했다. 제중원 예산의 25%만이 의료비로 사용될 정도였다. 이 때문에 의료선교사들과 주사들 사이의 마찰과 갈등은 커져만 갔다. 에비슨 활동 시기에는 주사들이 재원 충당을 빌미로 제중원 일부를 일본인 의사에게 임대해 주는 등, 그 전횡이 극에 달했다.

한국 최초 서양의학교육의 시작,
제중원의학당

제중원 개원 이후 알렌은 의학당을 개설해 근대적 의학교육을 시작했다. 조선 정부도 알렌의 의학교 건립안을 적극 지지했다. 조선 정부는 학생 선발과 재정 지원을 담당했고, 의료선교사들은 학교 운영과 교과 과정을 전담했다.

알렌의 의학교육 계획

알렌은 〈병원건설안〉에서 "만약 조선 정부가 제게 병원 설비를 갖추어준다면, 저 또한 서양학문으로 조선의 군인 환자와 일반 환자를 치료할 수 있는 길이 열리게 됩니다. 이와 같이 병원 시설을 갖추게 된다면 이곳은 장차 조선 청년들에게 서양의학 및 공중위생학을 가르치는 기관이 될 것입니다."라고 밝힌 바 있다. 이것은 알렌이 제중원 설립 초기부터 의학교육을 염두에 두고 있었다는 것을 뜻한다. 또 〈병원 규칙〉 제3조는 "학도 4명을 임명한다."고 했고, 〈공립의원 규칙〉 제1조는 "생도 약간 명이 매일 배우는 시간은 오전 7시부터 오후 4시까지로 한다. 휴일을 제외하고는 마음대로 놀 수 없다. 정통함이 탁월해 중망이 있는 자는 공천해 표양한다."고 했다.

그러나 제중원은 개원과 동시에 일손이 달렸고, 알렌의 수술 등을 도와줄 인력이 필요했다. 따라서 학도(혹은 생도)들은 순전히 학업에만 열중할 수는 없었고, 의료선교사들의 진료활동을 도와주는 의학 조수로서 역할을 담당해야 했다.

최종악

그는 제중원의학당에 입학한 최초의 의학생 중 한 명이었다. 의학당 중퇴 후 공주 전보사(전신사무소) 주사로 활동했으며, 공주군 탄천면장과 이인 금융조합 사장을 지냈다.

1년 후, 헤론과 언더우드 등이 제중원에 참여하면서 의학교육이 본격화되었다. 고종은 알렌의 의학교 건립안을 적극 지지했다. 알렌에게도 제중원에서 거둔 성공을 극대화하는 방안은 의학교를 개교해 교육과 진료를 확대하는 것이었다. 고종은 즉각 명령을 내려 제중원에 인접한 가옥을 매입하게 했고, 그곳에 의학교를 세웠다. 바로 제중원 북쪽에 위치한 가옥들이었다. 이 중 동쪽과 남쪽 건물은 학생 숙소로 사용하고, 두 건물 사이의 큰 건물을 의학교 건물로 사용했다. 당시 사람들은 이를 제중원의학당 혹은 제중원학당이라고 불렀다.

제중원의학당 개교를 앞두고 본격적인 의학생 선발이 이루어졌다. 외아문은 팔도 관찰사들에게 똑똑하고 성실한 14~18세의 청년을 모집하라는 공문을 내렸다. 1886년 3월 시험을 통한 경쟁을 거쳐서 16명의 의학생이 선발되었다. 먼저 4개월간의 수련 기간을 거쳐 이 중 4명은 탈락시키고 12명만 정규과정에 편입시킬 예정이었다. 이들 의학생은 3~5년 정도의 교육과정을 거쳐 수료하면 주사의 직책을 가진 정부 관리나 군의관으로 등용될 것이며, 식비·기숙사비·학비 등이 무상으로 제공될 예정이었다. 특혜가 제공되는 만큼 학생들은 마음대로 그만둘 수 없었다.

조선 정부는 학생 모집과 재정 지원을 담당했고, 의료선교사들은 학칙 제정과 학교 운영을 주도했다. 1886년 6월, 예정대로 12명의 학생들만이 정규과정에 편입되었다. 그 명단이 도쿄의 『조야신문(朝野新聞)』에 실렸다.

의학교육은 알렌, 헤론, 언더우드, 헐버트, 기퍼드 등 선교사들이 주도했다. 그러나 실제로 의학교육이 짜임새 있게 지속되기는 어려웠다. 의료선교사들은 진료로 바빴고, 다른 선교사들도 각자의 고유 업무가 있었기 때문에, 의학교육은 우선 순위에서 밀렸다. 게다가 의학교육에 가장 열성이었던 알렌이 제중원을 떠났고, 헤론이 사망하면서 의학교육은 사실상 중단되었다. 따라서 제중원의 의학교육은 한국 최초의 근대적 서양의학교육이었음에도 불구하고 그 결실을 맺지 못했다.

○朝鮮通報

此此朝鮮官吏中ニて重立ちたる敍任を舉
ぐるに(任日の前後ゝ依り位階ゝ依らず)

金晩植授漢城判尹　李載完
炳佐授禮曹參議　成大永授兵曹參知
朴周陽授城右尹　金英錫授親軍營使
事閔泳翊　特授兵曹參書　魚允中授
授漢城左尹　李應夏授刑曹參判
斗授戶曹參判

李承旨　金永穆
徐相雨授大司　保丙

以上大略を舉ぐるのみ此他日々ゝ敍任交替せられど詳記す
るに堪へざれバ略す○聞きたる醫學堂を漢城院ニ設け子弟の
英才あるもの十三人を選びて化學英文醫術製藥等の事を
習ハしけるが其藝道の精通するを待て普く世民を救恤そ
る目的ありと云ふ今十三人の姓名を舉ぐれバ

木宜植　金鎭成　邸濟翌　李根澔　崔李聖
崔鍾岳　尹鎬　李鉉鎭　秦學洵　尙濟　高鴻來　一八
欠

又教師より
化學教師　安綸　醫師　蕙綸　英語教師　元德馬時
又東萊府使兼監理釜山港通商事務金鎭より騰報せる三月
中(陰歷)釜山港關稅商を見るゝ

『조야신문』 1886년 7월 29일자 기사
제중원의학당 제1회 입학생 12명의 명단과 의학당 교사들의 명단이 실렸다.

의사가 아닌 다른 길로 간 의학생들

1886년 6월, 조선 정부는 의학생인 이의식을 주사에 임명하고, 주
사 김의환은 학도에 임명했다. 이것은 3~5년이라는 일정한 교육과
정을 마친 자에게 주사직을 주기로 한 의학당 규정을 넘어서는 파격
적인 조치였으며, 주사를 학도로 임명한 것도 매우 이례적인 조치
였다. 하지만 실제로는 주사와 학도의 지위가 비슷했기 때문에 가
능한 조치였을 것이다. 이의식은 제중원 주사와 중추원 원외랑 등
을 거쳐, 연천군수, 강령군수 등을 지냈다. 김의환은 5년여 동안 제
중원에 재직하다가 사망했다.

教日督辨交渉通商事務金允植為一疋賜給

主事戊㺌永金奎熙全良默徐相袒頭朴永培承

兩恭學明朴㳂為申洛均孫鵬九並陞六金宜煥

㘴叙學徒孝宜植主事㘴差美醫安連蕙論並業

精志善施療泉民特加堂上階以表嘉興之意

丙戌五月

학도 이의식을 제중원 주사에
임명하고, 주사 김의환을 학
도에 임명한다는 기사(1886)

　　의학교 졸업생들은 정부 관리나 군
의로 나아갈 예정이었으나 졸업이 요원
하게 되자 각자 살길을 모색해야 했다.
제중원 주사가 영어실력을 사회진출에
활용했던 것처럼, 졸업자격을 얻지 못
한 의학생들에게 영어실력은 사회에서
활용할 수 있는 최대의 자산이었다. 제
중원 의학생들 중 일부는 자신의 어학
실력을 활용하여 외부 교섭국장, 참서
관 등 외교가의 실력자로 부상하기도
했고, 면장, 군수, 장교 등 다양한 진로
로 나아갈 수 있었다.

19세기 조선의 질병양상 분석,
제중원 일차년도 보고서

〈제중원 일차년도 보고서〉는 서양식 질병 분류와 통계에 의거해 작성한 우리 나라 최초의 근대식 의료통계로, 19세기 조선인의 질병양상을 살펴볼 수 있 는 귀중한 자료다.

제중원 일차년도 보고서

알렌은 개원 후 6개월 동안 7,234명의 제중원 진료기록을 바탕으 로 〈서울 사람들의 건강에 관한 의사 알렌의 보고서(1885. 9. 30.)〉를 작성했다. 이에 따르면, 개별 질병 중에서는 말라리아(11.0%), 매독 (8.0%), 소화불량(7.0%) 순으로 내원 환자가 많았다.

1년 후, 알렌과 헤론은 〈제중원 일차년도 보고서(1886. 4. 10.)〉 를 작성했다. 이 보고서는 제중원에 내원한 10,460명을 18가지 대 분류로 나눈 뒤, 이를 다시 개별 질병으로 분류했다. 이 보고서를 통해 19세기 조선인의 몸과 건강상태에 대해서 살펴볼 수 있다. 개

제중원 일차년도 보고서(1886)

별 질병은 1885년 보고서와 마찬가지로 말라리아(11.0%), 매독(8.0%), 소화불량(6.0%) 순으로 많았다. 대분류로 나눌 경우에는 소화기질환(19.4%), 성병(18.3%), 말라리아(10.1%) 순이었다.

19세기에 쌀보리와 잡곡류를 주식으로 삼은 동아시아인들에게 가장 일상적인 질병은 소화기질환이었다. 그중에서도 소화불량, 설사, 치질 순으로 많았다. 특히 서민층은 초근목피로 연명할 때가 많아 만성적인 소화불량과 위장 장애를 겪었던 것으로 보인다.

성병은 개항 이후 인천과 부산 등 일본인 거류지의 향락문화 등장과 더불어 급속하게 퍼진 질병으로, 일종의 도시화된 문명병이었다. 성병 환자 중에는 매독 환자가 가장 많았고 연성하감, 임질 순으로 많았다. 보통은 임질 환자가 다른 성병에 비해 2배 이상 많고, 매독과 연성하감은 비슷한 비율을 보이는데, 제중원 내원 환자 중에는 매독 환자가 많은 편이었다. 1910년 파울 에를리히에 의해 살바르산(606호)이 개발되기 전까지 매독 치료는 주로 수은과 발열 치료에 의존했다. 수은 치료의 효과가 크지 않았음에도 불구하고, 제중원에서 치료가 가능하다는 입소문 때문에 매독 환자가 적지 않게 몰려들었다.

금계랍 광고

금계랍은 우리나라 최초로 광고된 약품으로 말라리아 치료에 특효약이었다. 제중원에서는
본래 약값을 받지 않았지만, 금계랍은 그 인기 때문에 약값을 받을 수밖에 없었다.

말라리아 역시 한말 조선의 대표적인 풍토병으로 많은 사람들에
게 고통을 주었다. 알렌은 매일열, 삼일열, 사일열 등 풍토성 열병
을 말라리아로 간주했다. 당시는 말라리아가 아노펠레스 원충에 감
염된 모기에 의해 감염된다는 사실을 몰랐기 때문에, 고열에 따른
주기적 열병을 말라리아로 진단했다. 사일열은 한국에서 흔하지 않
은 질병인데, 알렌의 보고서에는 사일열이 압도적으로 많은 비중을
차지하고 있다. 당시의 사일열은 열성 전염병으로 추정된다.

퀴닌을 주성분으로 한 금계랍은 말라리아에 특효약이었다. 금계
랍은 제중원에서 제공되는 약품 중 가장 인기가 많았다. 인기 때문
에 무료로 제공되던 다른 약과는 달리 제값을 받고 팔아야 할 정도

였다. 그 덕에 〈1901년도 제중원 연례보고서(1901. 9.)〉에서 말라리아 치료환자는 18건(0.6%)에 불과했다. 이 점에 대해 에비슨 박사는 말라리아 환자 수가 줄어든 것이 아니라 환자들이 금계랍을 구입해 자가치료를 하고 있기 때문이라고 지적했다.

한국인의 질병과 급성전염병

통계적으로 보고되지 않았지만, 〈제중원 일차년도 보고서〉에서 실질적으로 가장 많은 사망자를 초래한 질병으로 지목한 것은 두창(천연두)이었다. 두창 환자는 전체 전염병 환자의 3분의 2에 달할 정도였으며, 조선인의 사망원인 중 절반은 두창으로 인한 것이었다고 여겨질 정도였다. 두창은 치료법은 없었지만 인두와 우두라는 확실한 예방법이 존재했기 때문에, 조선 정부와 제중원 의사들은 우두 접종에 적지 않은 관심을 기울였다.

콜레라는 80%에 이르는 압도적인 치사율로 19세기 최대의 전염병으로 등극했다. 각국은 콜레라를 예방하는 과정에서 검역제도와 근대국가체제를 정비해 나갔다. 조선의 근대적 전염법령도 콜레라 방역과정에서 제정되었다. 조선 정부는 콜레라 유행에 대비하기 위해 제중원 의사들에게 방역행정을 책임지도록 했으며, 1899년에는 〈전염병예방규칙〉을 제정해 두창과 콜레라 이외에도 장티푸스, 발진티푸스, 이질, 디프테리아 등에 대비하고자 했다.

조선을 위해 불꽃 같은
삶을 산 존 헤론

제중원의 설립에 결정적인 역할을 했던 것은 알렌이었지만, 미국 북장로교회
에서 조선의 의료선교사로 정식 임명을 받아 파송된 의사는 헤론이 최초였다.
헤론은 당시 선교사들 사이에서 가장 존경받는 선교사 중의 한 사람이었으며,
5년 동안 한국에서 불꽃 같은 삶을 살다가 서른넷의 나이로 요절했다.

교수직 제안을 거절하고 조선으로

그의 성격은 오래 사귄 뒤에야 그 진가를 알 수 있다. 그는 의지
가 강한 사람이며 자기 책임을 철저하게 완수했다. 더욱이 그는
의사로서 강한 희생정신과 사랑, 인술로 모든 어려운 의료사업
을 감당해냈고 절대로 불평하지 않았다. 주사들이 공금을 허비
하는 사례가 가끔 있었는데, 그때도 그들을 용서하고 도리어 딴
데서 돈을 벌어 공금을 메워 주었다. 자기 몸을 아끼는 법이 없
었던 그는 결국 과로와 정신적 긴장으로 기진맥진해 질병의 희

생양이 되고 말았다. 열화와 같은 이런 정신력 때문에 조선인들
은 가끔 그 앞에서 쩔쩔맬 때도 있었지만, 그들은 그의 사랑과
열정을 잘 알고 있었기 때문에 그를 무척 존경했다.

동료 선교사인 기포드(Daniel L. Gifford: 1861~1900)가 위와 같이
회고한 사람은 바로 5년 동안 한국에서 의료선교를 위해 일하다가
요절한 의료선교사 존 헤론이다.

존 헤론은 1856년 6월 15일, 영국 더비서(Derbyshire)에서 스코
틀랜드 출신 회중교회 목사의 장남으로 태어났다. 그가 14세 되던
1870년 5월, 헤론 일가는 미국 남부의 테네시 주 녹스빌로 이주했
다. 헤론은 테네시 주에 있는 메리빌 대학을 졸업한 후 4년간 공립
학교 교사로 일했으며, 1883년 테네시 의과대학을 수석으로 졸업
했다. 그 후 장래가 촉망되는 젊은이였던 그는 해외선교사로 활동
한 의사 깁슨(Dr. Gibson)과 아칸소 주 존스보로(Jonesboro)에서 18
개월 동안 개업의로 동업했고, 뉴욕 의과대학 병원에서 1년간 수련
을 받았다. 깁슨의 아내도 해외선교로 35년 이상을 활동한 경험 많
은 선교사여서 헤론은 이들과의 교류를 통해 해외선교에 대한 깊은
열망을 갖게 되었다. 깁슨 부부에게는 딸 해티가 있었는데, 그녀 역
시 해외선교에 관심을 갖고 있었다. 헤론은 가까운 장래에 그녀와
함께 해외선교를 가고 싶다는 소망을 키웠다.

해외선교를 준비하는 동안에 그는 모교로부터 교수로 부임해 달
라는 제안을 받았다. 그러나 기도 중에 "이제 준비가 끝났으니 땅끝
으로 가라."는 음성을 들었고, 모교의 교수직 제의를 거절할 수밖에

없었다. 헤론은 한 기독교 선교잡지를
보던 중 한국 최초의 세례교인인 이수
정이 조선에 선교사가 부임하기를 열
망한다고 쓴 편지를 보고 조선 선교를
지원했다.

1884년 4월, 미국 북장로회는 조선
에 파견할 최초의 의료선교사로 헤론
을 지목했다. 1년 뒤 그는 선교사로 파
송되기 전에 해티 깁슨과 결혼하고 그

존 헤론(John W. Heron: 1856∼
1890, 한국명 惠論)

해 5월 9일 함께 샌프란시스코에서 조선으로 향하는 배에 올랐다.
헤론은 요코하마를 거쳐 6월 20일 제물포에 도착했고, 다음 날 서
울 도성 안으로 들어갈 수 있었다. 북장로교회가 파견한 선교사 중
에서는 알렌, 언더우드에 이어 세 번째 입국이었다.

정식으로 파송된 최초의 의료선교사

헤론은 정식으로 파견된 최초의 의료선교사였지만, 이미 알렌이 세
운 제중원이라는 병원이 있었고, 두 살 연하의 알렌이 제중원을 좌
지우지하는 상황이었다. 이로 인해 알렌과 약간의 갈등이 있었던
것은 사실이지만, 알렌의 뒤를 이어 그는 제2대 제중원 원장으로서
의료와 선교사업에만 몰두했다. 희생정신과 선교에 대한 열정으로
가득했던 헤론은 당시 많은 선교사들로부터 존경을 받았다.

아내 해티가 눈을 다쳐 치료차 중국에 잠시 여행한 것을 제외하고, 헤론은 5년 동안 거의 하루도 쉬지 않고 환자 진료와 선교활동에 전력을 기울였다. 그는 진료활동 외에도, 교육사업과 고아원 설립, 성서번역 등으로 쉴 틈이 없었다. 헤론의 활동은 왕실로부터 높은 평가를 받았고, 고종은 그에게 가선대부(嘉善大夫)라는 벼슬을 내렸다. 그때부터 사람들은 그를 혜참판(惠參判)이라고 불렀다.

당시 많은 선교사들이 한국의 기후와 위생상황에 잘 적응하지 못했고, 특히 여름이면 원인을 알 수 없는 풍토병에 시달렸다. 따라서 선교사들은 건강회복과 재충전을 위해 주기적으로 중국과 일본으로 여행을 떠났다. 그것이 어려우면 여름 동안만이라도 도심 가까운 근교에서 혹서기를 보냈다. 1890년 7월, 헤론의 가족 역시 더위와 풍토병을 피해 남한산성 부근으로 떠났지만 헤론은 병원에 남아 방역과 진료활동으로 동분서주했다. 결국 헤론은 이질에 걸려 쓰러졌고, 아내와 두 딸을 남겨놓고 세상을 떠났다.

헤론의 죽음과 양화진

헤론이 죽은 후 외국인 선교사의 묘지 문제를 두고 논쟁이 일었다. 조선을 위해 봉사하다가 죽어간 선교사에게 묘지를 제공해야 한다는 입장과 외국인에게 묘지를 제공할 수 없다는 입장이 대립했다. 조선 정부는 외국인의 매장을 허락하지 않는 방향으로 결론을 냈다. 그러나 선교회와 미국 공사는 성 밖의 양화진을 묘지로 내줄 것

연세대 용재관(왼쪽)과 양화진(오른쪽)의 헤론 묘비

연세대 용재관에 있던 구 헤론 묘비는 현재 의과대학으로 이전되었다. 헤론의 묘비에는 "우리가 예수의 죽었다가 다시 사심을 믿을진대 이와 같이 예수 안에서 자는 자들도 하나님이 저와 함께 데리고 오시리라(데살로니가전서 4:14)."라는 구절이 적혀 있다.

을 요구했고, 미국 공사관은 공사관 경내에 헤론의 가묘를 정하기에 이르렀다. 외국인의 시체를 공사관 경내에 묻을 것이라는 소문이 퍼지면서 한바탕 소동이 일기도 했다. 결국 미국 공사를 비롯하여 영국, 프랑스, 독일, 러시아 등 5개국이 공동 명의로 양화진을 외국인 공동묘지로 허락해 줄 것을 재차 청원했고, 1893년 10월 조선 정부는 정식으로 이를 허락했다. 양화진은 고종의 아버지인 홍선대원군이 천주교를 박해하고 그 주모자를 처형한 역사적인 장소이기도 했다. 현재 양화진 외국인선교사묘원에는 헤론 이후 한국에서 활동했던 550여 명의 선교사와 그 가족들이 잠들어 있다.

신앙의 원칙을 고수한
찰스 빈턴

빈턴은 알렌과 헤론에 이어 세 번째로 제중원 원장이 되었다. 그는 제중원의 자유로운 선교활동과 병원운영을 보장받고자 했다. 그로 인해 빈턴 재임시기에는 선교부와 조선 정부의 갈등이 최고조에 이르렀다.

위기의 제중원

1890년 7월, 헤론이 갑작스럽게 사망하자, 제중원은 혼란에 빠졌다. 선교부는 알렌의 동의하에 두 달 동안 제중원의 문을 닫았다. 그 후 반년 동안은 알렌이 제중원의 책임자로 활동하기도 했다. 1891년 북장로교 선교부가 찰스 빈턴을 책임자로 임명하면서 혼란은 마무리되는 듯했다.

그러나 빈턴은 알렌이나 헤론과는 달랐다. 그는 의료와 교육을 선교와 동일시하지 않았고, 독자적인 선교사업을 중요하게 여겼다. 이것은 빈턴이 조선 정부와 마찰을 일으킬 가능성이 높았다는 것을

의미하기도 했다. 게다가 조선 정부의
재정 악화로 제중원이 파행적으로 운
영되고 있던 실정이었다.

찰스 빈턴(Charles C. Vinton:
1856~1936, 한국명 賓頓)

1891년 4월, 제중원에 부임한 빈턴
은 제중원 주변에 전도지와 성경 등을
비치하고, 약품 구입 등을 위해 제중원
경비를 자유롭게 사용할 수 있도록 해
줄 것을 요구했다. 외아문 독판이었던
민종묵은 처음에는 빈턴의 제안을 수
용하는 듯했으나 얼마 후 약속을 백지화했다. 빈턴의 제안을 수용
할 수 있는 재정도 부족했고, 그의 선교활동도 마뜩찮게 보였기 때
문이다.

1891년 5월, 빈턴은 제중원 경비에 관한 자유로운 사용을 요구
하며 진료를 거부했다. 외아문은 제중원 운영규칙을 함부로 바꿀
수 없으며, 이 때문에 일을 할 수 없다면 다른 의사로 교체할 수 있
다는 강력한 경고를 보냈다. 하지만 재정 악화로 약품 구입을 위한
자금이 거의 바닥난 상태인 데다가 선교도 불가능한 환경이었기 때
문에 빈턴은 조선 정부의 경고를 대수롭지 않게 여겼다.

그러나 선교부나 미국 정부의 입장에서 보면 빈턴의 이러한 처
신은 지금까지 쌓아온 신뢰를 한순간에 무너뜨릴 수 있는 위험한 행
동이었다. 실제로 이런 갈등을 알게 된 영국 성공회는 자신들이 제
중원을 운영할 의사가 있음을 피력하기도 했다. 사태가 악화되는
것을 원하지 않았던 미국 공사 오거스틴 허드(Augustine Heard)가

빈턴의 의도는 약품 구입에 한한 것이었다고 해명하면서 사태는 일단락되었다. 빈턴은 제중원에 복귀했지만, 그는 제중원의 상황이 여전히 불만스러웠다. 제중원이 이런 상황이라면 차라리 자신의 집 안에 진료소를 차리고 진료와 선교를 병행하는 것이 낫다고 생각했다. 개인진료소에서 활동하는 시간이 많아지면서 빈턴은 제중원 운영에 소홀해질 수밖에 없었다.

복음주의에 대한 유별난 사명감

제중원의 운영이 소홀해진다는 것은 선교사들의 입지가 그만큼 줄어들고, 주사들의 할 일이 많지 않다는 것을 의미했다. 선교사들은 빈턴의 사임을 요구했으며, 조선 정부는 1893년 8월과 11월 두 번에 걸쳐 주사 7명을 해임했다. 빈턴이 제중원에서 공식적인 업무를 수행한 것은 1893년 10월 말까지였다. 결국 제중원은 병원의 구실을 할 수 없었고, 제4대 원장인 에비슨이 내한했을 때는 약국만이 제 기능을 하고 있을 뿐이었다.

1893년 11월, 에비슨이 제중원 원장으로 임명되자 빈턴은 제중원을 떠났다. 빈턴은 1891년 4월 이후 119일 동안 제중원에서 근무하면서 1,633명의 환자를 치료했고, 67명의 환자를 입원시켰다. 또 74회의 소수술과 19회의 대수술을 집도했다. 1892년에는 191일 동안 제중원에서 근무하며 2,573명의 환자를 진료했다.

빈턴은 1856년 12월 미국 보스턴에서 태어나 1880년 프린스턴

대학을 졸업한 후, 1885년 뉴욕 컬럼비아 의과대학을 졸업했다. 그 후 그는 뉴욕 이민국 의무관으로 이민자들의 신체검사를 하고 격리수용소에서 근무하다가 1891년 선교사의 소명을 받고 조선 땅에 첫 발을 내디뎠다. 빈턴은 "육체를 치유하는 것보다 영혼의 구제가 더 중요하다."는 신념을 가지고 의료활동과 선교활동을 병행했다. 빈턴의 복음주의에 대한 사명감은 유별나다고 할 정도였다.

빈턴 엽서(1905. 9.)
사무엘 무어 선교사가 빈턴에게 보낸 엽서다. 당시에는 '서울 연동의 빈돈 씨'라는 표기만으로 엽서가 전달될 수 있었다.

한번은 러시아 공관의 요청으로 몇 명의 일꾼들이 빈턴의 사택과 러시아 공사관 마당 사이를 가르는 담을 쌓고 있었다. 일꾼들은 그저 자신의 일을 열심히 하고 있었을 뿐이었는데 빈턴은 주일에 일하는 것은 주님을 모독하는 행위라며 그들을 쫓아내고 그들이 남겨둔 도구들은 모조리 창고에 넣고 잠가버렸다. 이 일은 러시아와 미국 사이의 외교 문제를 일으킬 수 있는 중대 사안이었다. 알렌의 중재로 빈턴은 일꾼들의 물건을 돌려주었고, 선교부 땅이 아닌 곳에서 일하는 일꾼들의 작업에는 간섭하지 않겠다는 약속을 할 수밖에 없었다. 이 일화가 보여주는 것처럼, 빈턴은 복음주의와 주일성수에 충실한 의료선교사였다.

양화진의
빈턴 일가 묘소
왼쪽에 레티샤 빈턴(Le-
titia Vinton)의 묘비가
있고, 오른쪽에 세 아
들 캐뒤(Cadwy), 토미
(Tommy), 월터(Walter)
의 묘비가 보인다.

　빈턴은 제중원에서 치료와 더불어 선교도 하고 싶어 했다. 나아
가 제중원에 교회를 세우려고 했다. 이런 그의 열망은 조선 정부와
의 끊임없는 갈등 요인으로 작용했다. 그렇지만 빈턴은 선교부의
요청이 있을 때마다 제중원 진료를 거절하지 않았다. 또한 1899년
에비슨이 안식년을 떠났을 때, 1900년 12월 에비슨이 장티푸스로
쓰러졌을 때, 1901년 에비슨이 평양에 방문했을 때 등 제중원 사임
이후에도 에비슨이 제중원을 비울 때는 언제든 선교부의 요청에 따
라 제중원의 진료를 맡았다.

　정치적으로 많은 갈등에 시달렸던 그를 가장 힘들게 한 일은 가
족과의 사별이었다. 사랑하는 아내와 세 아들 모두 조선에서 세상
을 떠났지만, 빈턴은 자신에게 주어진 사명을 다하고자 했다. 제중
원을 떠난 후에도 그는 부산의 나환자 수용소 건립운동과 성서공회
활동을 하면서 의료선교와 한글성경 보급운동을 지속했다.

제중원 최초의 여의사,
릴리어스 호턴

릴리어스 호턴은 제중원 부인과에서 근무한 최초의 여의사였으며, 명성황후의 시의 역할도 담당했다. 그녀는 반평생을 조선의 의료활동과 선교활동에 헌신하면서 여성교육과 여성운동에도 관심을 가졌고, 이를 위해 스스로 모범적인 여성이 되고자 노력했다.

푸른 눈의 여의사

예민한 감수성을 가졌던 그녀는 피비린내를 유독 싫어했다. 그래서 설령 눈에 보이지 않더라도 육체의 불구, 혹은 혈육이 있는 피조물이 날 때부터나 혹은 사고로 인해서 불구가 되는 것을 차마 생각하지 못하고, 냄새조차 맡지 못했다. 이런 것들을 그녀가 얼마나 싫어하고 혐오했는지 우리는 잘 안다. 수술 이야기를 듣는 것조차 싫어했고, 죽은 것은 무엇이든지 거부감을 느꼈다.

릴리어스 호턴 언더우드
(Lillias Horton Underwood:
1851~1921)

가족들은 그녀가 작은 것에도 잘 놀라고 겁이 많은 평범한 여성임을 잘 알고 있었기에, 그녀가 의료사역을 잘 감당할 수 있을지 걱정이 많았다. 그러나 의료선교사로서의 삶을 결심한 뒤 그녀는 전혀 다른 사람이 되었다. 죽은 사람을 해부하고, 며칠씩 해부실에서 지내면서도 불평 한마디 하지 않았다. 어떻게 이런 일이 가능한지를 주변 사람들이 물으면, 그녀는 "내게 능력 주시는 그리스도 안에서 모든 것을 할 수 있노라."라고 대답했다.

그녀는 바로 한국 최초의 여자 의료선교사 릴리어스 호턴이다. 호턴의 조선 파송으로 제중원은 천군만마를 얻은 셈이었다. 조선에서 남성 의사가 여성 환자를 진료하는 일은 쉽게 받아들여지지 않았고, 특히 외지인이나 낯선 남자와의 접촉을 꺼리는 조선 여성들 때문에 제중원에서 여의사의 존재는 절실했다.

알렌이나 헤론은 여의사 중에서도 가급적 독신녀를 선호했는데, 그래야 가사와 육아로부터 자유로워 선교사역을 보다 효과적으로 수행할 수 있기 때문이었다. 호턴은 이런 점에서 제중원에서 기대할 만한 인물이었다.

호턴의 부임으로 제중원 부인과의 진료는 활기를 띠었다. 하루에 6명에서 16명의 여성 환자를 진료했고, 하루 2시간씩 제중원의 학당에서 이루어지던 학생교육에도 참여했다. 제중원 활동을 하면서 왕비와 친분을 쌓게 된 호턴은 왕비의 주치의가 되었다. 이로써 이제는 왕비의 건강상태를 확인하기 위해 손목에 실 한쪽 끝을 묶고 다른 방에서 그 실을 통해 전해오는 맥박을 손끝으로 잡아내려는 수고를 할 필요가 없어졌다.

호턴은 제중원의 경험을 통해 독자적인 여성진료소의 필요성도 느끼게 되었다. 제중원에는 많은 환자들이 오가기 때문에, 여성 환자들의 불편함을 해소하기 위해서는 여성진료소가 필요했던 것이다. 그녀는 우선 자신의 집을 중심으로 진료소를 개설하고, 모화관 진료소(훗날 휴 오닐 진료소)와 프레더릭 언더우드 진료소 등에서 여성 환자를 주로 진료했다. 그뿐만 아니라 장안에 전염병이 유행했을 때는 방역을 위해 사력을 다하기도 했다.

조선을 사랑한 여인

호턴은 1851년 미국 뉴욕 주의 알바니에서 출생했다. 부친이 철물 도매상을 운영했으나 사업에 실패해 집도 없이 남의 집에 얹혀살아야 하는 어려운 시절을 보냈다. 어느 날 영국 여선교사의 경험담을 듣고 의료선교사가 되기로 결심하여 뒤늦게 시카고여자의과대학을 졸업했으며, 시카고 부녀아동병원에서 인턴으로 일했다. 1888년 3월, 조선에 들어와 제중원의 부녀과를 담당하고 이듬해 호러스 언더우드(Horace Underwood: 1859~1916) 목사와 결혼했다.

호턴은 어려서부터 류머티즘 관절염 때문에 고통을 받아왔다.

언더우드 부부의 서북지방 신혼여행에 편의를 제공하라는 조선 정부의 관문(1889)

그럼에도 불구하고 외국인으로서는 최초로 한국의 북부지방으로 신혼여행을 다녀오고, 지방순회 여행을 했다. 당시 지방 여행은 안전과 안락함을 보장할 수 없는 것이었기 때문에 남자선교사들도 꺼려했던 일이다. 그러나 호턴은 여성도 여행에 나설 수 있다는 것을 보여주고 싶었고, 선교와 진료활동을 위해서는 꼭 필요하다고 보았다.

호턴은 가부장제에서 고통받는 조선의 여성들을 구원하기 위해 교육, 선교 등 다양한 활동을 전개했다. 언더우드와 그녀의 평등한 결혼생활과 선교활동은 한국인들뿐만 아니라 선교사 세계에도 충격과 감동을 주었다. 당시만 해도 부부가 함께 길을 나서고 함께 예배를 본다는 사실을 상상하기 어려웠고, 선교사 사회에서도 남성이 육아나 가사에 참여하는 일이 거의 없었기 때문이다.

1916년 언더우드가 폐병으로 애틀랜틱시티에서 요양 중 사망했는데, 많은 사람들은 평생을 조선 선교에 헌신한 언더우드를 조선 땅에서 영면케 하는 게 도리라고 생각했다. 그러나 호턴은 그

언더우드 부부의 선교여행(1896)

비용으로 고아원을 짓는 것이 언더우드의 뜻일 거라며 반대했다.
1888년 내한 이래로 1921년 사망하기까지 33년을 한국에서 보낸
호턴은 남편이 없는 묘지에 혼자 쓸쓸하게 묻혔다. 그녀는 양화진
묘역에 묻힌 최초의 여선교사였다. 미국 뉴저지에 안장된 언더우드
의 묘역은 1999년 이장되어 양화진에 잠든 호턴과 합장되었다.

조선의 간호교육과
간호사업을 개척한 에스더 쉴즈

에스더 쉴즈는 안나 제이콥슨에 이어 제중원에서 근무한 두 번째 간호사였다.
제이콥슨의 순직으로 단절될 수밖에 없었던 간호교육과 간호사업은 세브란스
병원에서 40년을 근무한 쉴즈에 의해 꽃필 수 있었다.

간호사 생활수칙

청결하라. 침묵하라. 낙관적으로 생활하라. 상식을 활용하라.
최선을 다하라. 이름을 기억하라. 물품을 아껴라. 협동하라. 환
자에게 적극적인 관심을 가져라. 환자에 대한 험담을 하지 말라.
인성을 길러라. 항상 활기차게 생활하고, 자주 미소 지어라.

세브란스병원의 간호교육을 책임진 에스더 쉴즈가 정한 간호사
의 12가지 생활수칙이다. 당시 간호교육에 참여했던 한국 여성들은
주체적인 자기 인식과 전문 직업인으로서의 자의식을 갖고 있지 않

았다. 쉴즈는 간호사 생활수칙에 준
하는 생활습관을 통해 간호사의 직
업의식이 몸에 밸 수 있도록 독려
했다.

에스더 쉴즈(Esther L. Shields: 1868~1940)

그러나 생활수칙의 제정과 지속
적인 교육으로도 넘어설 수 없는 선
이 있었으니 바로 남성 환자를 돌보
는 일이었다. 당시의 심한 내외습속
과 조혼풍속 등으로 인해 여성이 남
성 환자를 돌보는 것은 몹시 꺼려지
는 일이었다. 이러한 인식을 바꾸
기 위해서는 오랜 시간이 필요하다는 점을 선교사들은 인정하고 있
었다.

남성 환자의 간호

놀랍게도 남성간호에 대한 인식의 변화는 1907년 구한국군 강제해
산 사건을 통해서 갑작스럽게 찾아왔다. 군대 해산 당일 일본군과
대치하며 총격전을 벌였던 한국군 부상병 50여 명이 세브란스병원
에 몰려온 것이다. 처음에 여성 간호사들은 이들을 어떻게 다뤄야
할지 몰라 구경만 했다. 그중 한 여성이 자신도 모르게 부상자를 간
호하기 시작했고, 너도나도 참여한 간호는 밤새도록 이어졌다. 그

我主 衆人
나눈쥬의압파 즁인의압헤셔 좌의 네됴젼으로 밍셔 左 四條件 盟誓
ᄒᄂ이다

一、 清潔 心 眞實 意 職務 行
청결ᄒᆞᆷ으로 진실ᄒᆞᆫ뜻으로 직무를 힝ᄒᆞ며 自己 人 服用

二、 藥害
악이해잇는줄알고는 ᄌᆞᄀᆡ나사ᄅᆞᆷ의게 복용
케ᄒᆞ거나 시슐치아니ᄒᆞ며 施術

三、 勤勉 本職 高貴 位 致
근면ᄒᆞ야 본직으로 고귀ᄒᆞᆫ위에 일위졔ᄒᆞ며
病人 自己 身分 害
병인과 ᄌᆞᄀᆡ만아ᄂᆞᆫ바 병인의 신분에 해로ᄂᆞᆫ
一切事 口外 出
일졀일은 구외에 내지아니ᄒᆞ며

四、 心忠 醫士 輔助
충심으로 의ᄉᆞ를 보조ᄒᆞ며 自己擔當 病人
ᄌᆞᄀᆡ담당ᄒᆞᆫ병인
心 身 盡
의ᄆᆞ음과 몸을 다ᄒᆞ기로ᄒᆞᆷ

1930년대 간호사 생활수칙(간호맹세)
4가지 수칙으로 이전 간호사 생활수칙보다 간결해졌다.

들은 며칠간 정신없이 간호에만 열중했고, 시간이 좀 지나서야 자신들이 지극 정성으로 간호했던 사람들이 남성 환자라는 사실을 깨달았다. 조선의 여성 간호사들이 남성 환자를 간호하려면 적어도 20년은 걸릴 것이라는 세간의 예상과 달리 불과 24시간 만에 수세기를 지켜온 인습이 허물어진 것이다.

1901년 환자들과 어울리고 있는 에스더 쉴즈(오른쪽 두 번째)와 에바 필드(오른쪽 첫 번째)
동년배인 그들은 한국에서 선교사업을 함께 시작했고 평생 단짝 친구이자 동지로 지냈다.

전문 간호인력 양성

제중원 개원 직후 조선 정부는 여성 간호인력을 확충하기 위해 총명한 기녀 중에서 간호사를 선발했다. 그러나 그들은 기녀와 간호사 사이에서 정체성의 혼란을 겪었고, 결국 그 계획은 실패하고 말았다. 남자 간호사를 선발하기도 했으나 그 역시 실패해 간호업무는 대체로 의료선교사 부인들의 몫이었다.

에비슨의 요청에 따라 북장로교회는 1895년 4월 안나 제이콥슨 (Anna P. Jacobson: 1868~1897)을 파견했다. 그러나 그녀는 조선에서 근무한 지 2년이 채 안 된 1897년 1월 간농양 수술을 받고 스물아홉의 꽃다운 나이에 순직했다. 그해 10월 북장로교회는 에스더 쉴즈를 제중원에 파견했다. 쉴즈가 활동하던 시기의 조선에는 간호교육을 받은 간호사가 거의 없었기 때문에 전문 간호인력의 양성은 의료선교계의 숙원사업이기도 했다. 1902년에는 감리교에서 마거릿 에드먼즈(Margaret J. Edmunds) 간호사를 조선에 파견했다. 쉴즈와 에드먼즈는 간호교육을 위해 협력하기로 하였는데, 뒤늦게 한국에 온 에드먼즈가 먼저 간호교육을 시작해 1903년 보구녀관에 간호원 양성학교를 개설했다. 세브란스병원에는 1906년 9월에 간호부양성소가 개설되었으며, 교육기간은 3년 3개월로 정해졌다. 1910년 6월, 세브란스병원 간호부양성소에서 배출한 첫 졸업생은 김배세였다.

세브란스 간호부양성소 졸업사진(1918)

왼쪽에서 네 번째가 간호부양성소의 초대 소장인 에스더 쉴즈 교수이다. 가운데 앉은 캠벨 교수가 십자가와 태극문양이 그려진 교포를 보이고 있다. 오른쪽 맨 끝은 세브란스연합의 학전문학교 교장인 에비슨 박사이고, 왼쪽 끝은 산부인과 허스트 교수이다.

한국 간호역사에 한 획을 그은 쉴즈

1868년 12월 미국 펜실베이니아 주에서 태어난 쉴즈는 필라델피아 종합병원 간호학교를 졸업하고 그 병원에서 근무했다. 1897년 선교 의사인 에바 필드(Eva H. Field Pieters: 1868~1932)를 만나 선교활동에 관심을 갖게 되었고, 그해 10월 에바 필드와 함께 한국에 들어왔다. 그 후 그녀는 40여 년간 세브란스병원에서 간호교육과 간호사업에 헌신했다. 쉴즈는 최초로 보건간호사업을 개발하여 시행했고,

종합병원 안에 간호원장제를 마련했다. 또한 세브란스병원에 간호부양성소를 설립해 간호사를 양성했으며, 최초의 간호사 단체인 재선졸업간호부회(在鮮卒業看護婦會)를 조직해 대한간호협회의 뿌리인 조선간호부회를 창설하는 등 한국 간호계에 굵직한 성과를 남겼다.

1928년 쉴즈는 한국에서 회갑을 맞이했다. 동료와 친구들은 정성을 다해 회갑연을 준비하고자 했다. 이를 알게 된 쉴즈는 자신은 부족한 게 없으니 그 돈으로 목마른 병자를 위해 음료용 분수기를 설치해 달라고 요청했다. 쉴즈의 동료와 친구들은 그녀의 뜻을 기려 세브란스병원에 3대의 분수기를 설치했다. 1938년 12월 간호사에서 은퇴한 쉴즈는 1939년 고향에 귀국했고, 이듬해인 1940년 11월 펜실베이니아 주 루이스버그에서 72세의 일기로 세상을 떠났다.

에비슨과
제중원 운영권의 이관

알렌, 헤론, 빈턴에 이어 제중원 제4대 원장으로 임명된 에비슨은 제중원의
재정적 위기가 심화되고 제중원 주사들의 전횡 등이 만연하자, 더는 선교부가
조선 정부와의 합작을 유지할 수 없다고 판단했다. 그는 조선 정부와의 담판
을 통해 제중원의 운영권을 이관받았다.

제중원 합작운영의 어려움

1892년 9월, 해외선교회 멤버였던 에비슨은 한국에서 선교사로 활
동 중인 언더우드가 뉴욕에 온다는 소식을 접하고 그의 선교활동을
토론토의 동료들에게 소개하고 싶었다. 토론토에 방문한 언더우드
는 에비슨과 저녁을 함께하며 얘기를 나누다가 조선 선교를 권유하
게 되었고, 에비슨은 조선 선교를 결심하게 되었다.

　1893년 7월, 에비슨 부부는 부산에 도착했다. 입국 당시, 선교
사들 사이에서 제중원은 여전히 논란의 대상이었다. 제중원 운영에

올리버 에비슨
(Oliver R. Avison: 1860~1956,
한국명 魚丕信)

문제가 많으니 차라리 평양에서 선교 활동을 하는 것이 어떠냐는 제의도 받았다. 그러나 언더우드는 지금 당장은 어려움이 있어도 에비슨이 제중원과 관계를 맺어야 조선 국왕의 관심을 받을 수 있고, 장기적인 관점에서도 제중원 활동이 선교활동에 도움이 될 것이라고 권유했다.

그해 11월, 정식으로 근무를 시작한 에비슨은 제중원을 가급적이면 이전의 상태로 되돌려놓고자 노력했다. 며칠씩이나 걸리는 왕진은 달갑지 않은 일이었지만, 제중원의 명성을 되찾기 위해서라도 열심히 왕진을 다녔다. 1894년 4월 어느 날, 에비슨은 왕진을 다녀오느라 며칠 동안 제중원을 비웠다. 그런데 돌아와 보니, 웬 일본인 의사가 수술실로 사용하려던 방에서 진료를 하고 있었다. 제중원 운영이 어려워지자 주사들이 수를 내서 월세라도 받으려 한 것이었다. 에비슨은 원장인 자신의 허락 없이 일어난 이러한 일련의 사건들을 도저히 묵과할 수 없었다. 조선 정부와의 관계가 재정립되지 않는 한, 이런 일은 앞으로도 얼마든지 일어날 수 있었다. 에비슨은 모든 약품과 기구들을 챙겨서 집으로 돌아갔다. 그의 반응에 깜짝 놀란 주사들이 몇 번을 사죄하며 원상회복을 시키겠다고 다짐했지만, 에비슨은 이번 기회에 작정하고 조선 정부와 담판을 지어야겠다고 생각했다.

에비슨은 1860년 6월 30일 영국 요크서 주의 웨스트라이딩에 있는 재거그린이라는 시골마을에서 2남 2녀 중 장남으로 태어났다. 모직 공장의 노동자로 평생을 일했던 부친은 자녀들만은 가능한 한 최고의 교육을 받기를 바랐다. 그중에서도 영국 최고의 군인인 올리버 크롬웰이나 시인인 올리버 웬델 홈즈 같은 명망가가 되기를 바라는 마음에서 큰아들에게 올리버라는 이름을 붙였다.

1866년, 에비슨 일가는 새로운 희망을 찾아 캐나다 토론토로 이민을 갔다. 에비슨은 11살 때부터 알몬트의 방직공장에서 일하면서 야학교사로 활동했으며, 2년 뒤 학교로 돌아가 중학교를 졸업하고 사범학교까지 마쳤다. 그 후 스미스 휠스에서 3년 동안 교사생활을 하면서 평생의 반려인 제니 번스를 만났고, 화학 공부를 더 하고 싶어서 온타리오 약학교에 진학했다. 약학교를 졸업하고 식물학과 약리학 교수로 활동하던 그는 교장의 제안에 따라 토론토 의과대학에 진학해, 의과대학 학생이면서 동시에 약학교와 의과대학 약리학 교수로 활동했다. 1887년, 의과대학 졸업 후에는 개업의이자 토론토 시장의 주치의가 되었다.

의과대학 재학시절 에비슨은 토론토대학 기독교청년회에 가입했다. 해외선교에 관심을 가졌던 기독교청년회는 제임스 게일(James S. Gale: 1863~1937)과 말콤 펜위크(Malcom C. Fenwick: 1863~1935)를 한국 선교사로 파견했고, 에비슨보다 1년 먼저 의대를 졸업한 로버트 하디(Robert A. Hardy: 1865~1949)가 1890년 조선의 의료선교를 자원했다. 그때까지만 해도 에비슨은 자신이 선교사가 될 거라고는 꿈에도 생각하지 못했다. 그러나 1892년 언더우드를 만난 이듬해, 그는 조선에서 의료선교 사역을 위해 부산 땅을 밟았다.

제중원 운영권의 이관

에비슨 의사는 다음과 같은 제안을 하고 있습니다. 그가 병원의 전권을 맡게 되면 필요한 외국인 조수들을 확보할 것입니다. 자신과 외국인 조수 모두 보수를 받지 않고 병원을 운영할 것입니다. 귀 정부에서는 몇 명의 주사를 임명해 병원에 거주하면서 귀 정부를 대표하도록 할 수 있습니다. 하지만 그들은 제중원의 정당한 운영에 간섭해서는 안 되며 따로 떨어져 있는 적당한 건물에 거주해야 합니다. 에비슨 의사와 동료들은 자금을 투입해 필요한 물품을 모두 구입하고 피고용인과 조수의 급료를 모두 지급할 것입니다. 다만 주사들에게는 어떤 경우라도 경비를 지출하지 않겠습니다.

미공사관에서 보내온 공문을 받은 외아문 관리들은 경악을 금치 못했다. 제중원은 한미우호의 상징이고, 선교부와 조선 정부가 잘 협력해왔다고 여겼기 때문이다. 특히 새로 임명된 에비슨 원장이 제중원의 정상화를 위해 밤낮없이 일하고 있다는 소식에 안도감

에비슨 가족사진

에비슨은 7남매를 두었는데, 첫째인 로렌스는 사업가로 성장했으며, 둘째 리라는 교사가 되었다. 셋째인 고든과 넷째인 더글러스는 아버지의 뒤를 이어 의료선교사가 되었고, 다섯째 레이먼드와 여섯째인 마틴은 사업가가 되었다. 막내인 에드워드는 대학교수가 되었다.

은퇴 후 한국을 떠나는 에비슨 부부(1935)

을 가져온 터였다. 정부 안에서 에비슨은 전임 빈턴 원장과 달리 온화하고 타협적인 인물로 여겨지고 있었다. 에비슨의 뜻밖의 행보에 놀란 정부 관리들은 몇 번이고 에비슨을 찾아가 요구조건을 변경해 달라고 간청했다. 그러나 에비슨은 자신은 더 할 말이 없으니 공사관에 가서 이야기하라고 대꾸했다. 그는 조선 정부가 더는 제중원에 간섭할 여지가 없으며, 그와 선교부가 재정과 인사 등에서 독자적으로 운영하겠다고 주장했다. 다만 조선 정부와의 연락을 위해 최소 인원의 상주를 허락하지만, 병원업무에는 일체 간섭할 수 없음을 명확히 했다.

1894년 9월 초, 에비슨이 미공사관을 통해 요청한 요구사항은 한 달도 지나지 않아 조선 정부의 승낙을 받게 되었다. 당시 조선은 동학농민전쟁과 청일전쟁 등으로 내우외환에 시달리고 있었고, 재정적으로도 곤궁한 처지였다. 조선 정부는 조선인 관리조차도 파견하지 않겠다는 뜻을 전해왔다. 이것은 제중원 설립 9년 만에 선교부가 조선 정부로부터 독자적인 운영권을 얻어낸 뜻밖의 성과였다. 제중원은 조선 정부와의 불편했던 동거를 청산하고, 명실상부한 선교병원으로 탈바꿈하게 되었다. 이와 같은 내부 상황의 변동이 있었지만, 겉으로 보기에 제중원은 여전히 푸른 눈의 의사들이 진료하는 서양식 병원이었다.

세브란스병원의 건립

1894년, 제중원의 운영권을 선교부로 이관시킨 에비슨이 그 다음 행보로 계획한 것은 병원건립과 의학교육의 정상화였다. 1900년 4월, 뉴욕 카네기홀에서 개최된 세계선교대회에 참석한 에비슨은 교파를 초월한 연합병원을 지으면 한국에서 효율적으로 의료선교사업을 할 수 있다는 점을 강조했다. 에비슨의 강연을 듣고 감동을 받은 세브란스는 기부를 결심했고, 그 기부금으로 병원이 건립되었다.

에비슨과 세브란스의 만남

한국에 현재 설립된 병원들은 건물, 장비, 사람, 소득에서 부족한 점이 많습니다. 부족의 이유는 자금의 궁핍입니다. 자금 궁핍의 이유는 각 선교단체가 제대로 병원 일을 하려면 상대적으로 돈이 많이 들기 때문입니다. 예를 들어서 서울에는 8개의 병원과 진료소가 있는데 모두 합하여 9명의 의사와 6명 내지 7명

세브란스병원 전경

의 간호사가 있습니다.

1900년 4월 세계선교대회에서 주최 측이 에비슨에게 요청한 발표주제는 '의료선교에 있어서 우의'였다. 이것은 선교사업 중 부딪히는 갈등 양상에서 어떻게 양보하고 협력할 것인가를 논하기 위한 것이었다. 에비슨은 한국의 의료선교에서 성과를 높이기 위해서는 분파적이고 개별적인 상황을 종료하고 연합하자는 것에 초점을 맞췄다. 이러한 주장은 각 교파에서 파견된 몇 명의 의료선교사가 연합하여 한 병원에서 일할 수 있도록 새로운 병원이 건립된다면, 좀 더 효율적으로 의료선교사업을 할 수 있다는 실질적인 병원건설안과 연결된 것이었다. 당시 발표를 듣고 있던 루이스 세브란스는 어느 곳엔가 병원을 기부해야겠다고 마음먹고 있었고, 교파 연합이라는 에비슨의 연설에 크게 공감했다. 세브란스가 낯선 이국땅인 한국에 병원을 기부하게 된 것은 에비슨과의 만남이 결정적인 계기가 되었다. 에비슨은 막연히 병원을 짓겠다는 구상만 한 것은 아니었다. 당대의 유명한 건축가인 고든(Henry B. Gorden: 1855~1951)과 새로 건립될 병원에 대해 논의하면서 40병상 규모의 병원을 계획했다. 고든은 그런 병원을 짓기 위해서는 1만 달러가 소요될 것이라는 것과 자신이 그 병원을 위해 설계도를 기부하겠다는 뜻도 제안했다. 병원이 건립되기도 전에 병원에 대한 첫 번째 기부는 그렇게 이루어졌다. 병원설계도를 갖게 된 에비슨은 세브란스와의 첫 만남에서 자신이 갖고 있던 설계도면을 보여줄 수 있었고, 세브란스는 에비슨의 병원건설 구상을 더욱 신뢰하게 되었다.

세브란스병원의 건립

너비 13미터, 길이 27미터의 지하실이 있는 2층 건물이다. 지하실의 천장이 아주 높고 밝아서 3층인 셈이다. 모두 합쳐 300평의 건물이다. 지하실에는 외래가 자리 잡았다. 3개의 대기실, 1개의 진찰실, 1개의 실험실, 약국, 1개의 약품창고, 보일러와 석탄저장고, 주방과 세탁실, 건조실로 구성되었다. 1층에 의사의 사무실, X-선 시설, 증기탕 시설, 관절치료를 위한 뜨거운 공기기구, 코와 목 등의 치료에 필요한 압축공기 기구, 기타 특별 기구, 3개의 남자입원실, 침대보를 두는 벽장, 남자화장실과 목욕실, 여자화장실과 목욕실, 집회장 등이 있다. 이 모든 시설과 기구에 공급하는 전력실이 진찰실과 문으로 통해 있다. 2층에는 7개의 입원실, 목욕실, 화장실, 간호사실, 수술실 등이 있다.

세브란스병원의 정초석을 놓는 에비슨과 알렌(1902)

1904년에 완공된 새 병원의 규모는 지금의 아담한 중소병원 크기에 불과하지만, 당대에는 세계 어느 병원과 비교해도 뒤지지 않을 정도의 최신식 종합병원이었다. 건물 전체에 중앙난방식 난방이 공급되어 병실 전체가 같은 온도를 유지할 수 있었고, 급수관에서는 사시사철 더운물과 찬물이 동시에 공급되었다. 최신 장비가 구비된 실험실에서는 온갖 기구로 진단에 필요한 각종 실험을 실시할 수 있었다. 세브란스병원은 20세기 초 위생설비와 실험의학의 최신 성과를 최대한 반영한 최첨단의 병원이었다.

그러나 이 모든 일이 처음부터 순조로웠던 것은 아니다. 우선 평양의 선교사들은 1만 달러 규모의 병원은 너무 호사스럽기 때문에,

병원 건립에 지나치게 많은 돈을 쓰지 말고, 절반만 병원 건립에 사용하고 나머지 절반은 복음 전도사업에 써야 한다고 주장했다. 이들의 주장은 뉴욕 선교본부에 제출되어 통과되기에 이르렀다. 이 사실을 알게 된 에비슨과 세브란스가 경악한 것은 두말할 것도 없다. 세브란스는 자신의 기부금에서 5천 달러가 병원 건립에 사용된다면 자신은 5천 달러만 기부하겠다는 단호한 의지를 표명했고, 선교부도 현지조사를 통해 원안대로 1만 달러를 병원 건립에 사용하기로 결정했다.

봉헌식과 의미 있는 첫 수술

세브란스의 기부소식은 조선 정부에도 전해졌다. 고종이 새 병원의 건립을 지원하기로 약속했으나, 병원 건립 문제는 좀처럼 쉽게 풀리지 않았다. 처음에 에비슨은 병원을 구리개 제중원에 짓고자 했으나, 이런저런 이유로 일이 진척되지 않았다. 다른 지역에 부지를 마련하는 일도 지지부진했다. 그러자 세브란스는 더는 조선 정부에 기대하지 말고 신속히 병원 부지를 구입하라며 5천 달러를 추가로 기부했다. 본격적인 건축이 시작된 후에도 조선 정부는 계속해서 공사를 방해했다. 거기에 러일전쟁의 발발로 자재비가 폭등하여 추가 경비로 1만 달러가 소요되었다.

1904년 9월 23일 오후 5시, 세브란스기념병원의 봉헌식이 열렸다. 10월 4일에는 새 병원의 첫 수술이 실시되었다. 이 수술에는 세상을 구원하여 빛으로 인도한다는 의미에서 백내장 환자가 선택되었다. 정식 개원식은 11월 16일에 열렸다. 개원식에 참여한 국내외 인사들은 새 병원이 미국의 한 부호에 의한 기부금으로 건설되었다는 것을 알고 자신들도 기부에 동참하고 싶다는 뜻을 전했다. 이처럼 세브란스병원은 처음부터 기부와 감동을 통해 탄생되었다.

에비슨과
최초의 면허의사들

1893년 방한 이래로 에비슨은 의학생 양성에 적지 않은 노력을 기울였지만, 학생들이 교육기간을 채우지 못하고 중도에 포기해 번번이 실패했다. 1900년, 안식년을 마치고 돌아온 에비슨은 의학교육을 재개하고 8년의 의학교육을 마치면 졸업시킬 것을 약속했다. 그리고 1908년, 드디어 7명의 첫 졸업생을 배출했다.

의학교육을 위한 교재 번역

동아시아 의료선교사들의 공통된 관심 중의 하나는 자신의 의료활동을 도와줄 조수를 양성하는 것이었다. 병원 일과 선교업무를 혼자 감당하기가 벅찼기 때문이다. 의학교 과정을 설치해 현지인들이 지속적으로 교육받을 수 있는 환경을 만드는 것은 쉬운 일이 아니었지만, 선교사들은 이 일에 적지 않은 관심을 기울였다.

병원건물과 각종 설비 등 의학교육을 위한 인프라가 구축된 다음의 관심사는 교재 편찬과 교육과정 설계였다. 한편에서는 질적인 수준을 유지하기 위해 영어 교육을 시행하고 영미에서 사용하는 교재를 쓸 것을 지지했으나, 다른 한편에서는 현지어 교육과 함께 현지어 교재를 사용해 의학교육을 보급해야 한다고 주장했다. 일정한 영어수준을 조건으로 내걸면, 인재들이 의학교육에 접근할 수 있는 기회 자체가 상실되기 때문이었다. 현지어 교육과 교재 발간에 관심이 컸던 에비슨은 후자를 지지하며 한국어 교재 개발에 많은 노력을 기울였다.

그중의 하나가 그레이(Henry Gray)의 『해부학』 번역이었다. 1899년, 에비슨은 안식년을 가지기에 앞서 그레이의 『해부학』을 완역했지만, 원고를 맡았던 이가 사망하면서 원고가 소실되었다. 1년 뒤 김필순과 함께 다시 번역한 원고 역시 1904년 불에 타고 말았다. 결국 에비슨은 도쿄대 의대 교수인 이마다 츠카누(今田束)의 『실용해부학』을 원저로 삼아 『해부학』 번역서를 1906년 출간했다. 에비슨은 번역을 하면서 중국과 일본의 책을 많이 참고했는데, 특히 문호를 먼저 개방한 일본 쪽의 번역이 중국보다 표준적이고 세련되었다고 판단했다.

이처럼 에비슨은 의학교육의 한국화를 중요한 과제로 설정하고, 『해부학』 외에 『약물학』, 『생리학』, 『산과학』, 『진단학』 등을 번역했다. 에비슨의 이러한 노력으로 낯선 서양의학 지식이 한국어와 한자어로 쉽게 번역되어 우리나라 의학 발전에 중대한 공헌을 하게 되었다.

세브란스병원의학교 졸업식 광경(1908)

졸업식장 나오는 길

세브란스병원에 태극기와 성조기가 걸려 있고, 귀빈들이 마차를 타고 나오고 있다.

에비슨(가운데)과 최초의 면허의사들

의학생 양성을 위한 에비슨의 노력

안식년을 마치고 돌아온 에비슨은 학생들이 모두 제중원을 떠났다
는 것을 알게 되었다. 학생들이 안정적으로 교육을 받으려면 경제
적인 지원과 더불어 미래에 대한 불안감이 해소되어야 했다. 에비
슨은 우선 입학생들에게 학비와 생활비를 지급하고, 중도에 그만두
면 그동안의 경비를 모두 배상하도록 했다.

　미래에 대한 학생들의 불안을 해소하기 위해서는 제중원과 세브
란스병원에서 이루어지는 의학교육이 교육당국과 협의를 통해 정
식 학제로 인정을 받아야 했다. 1899년 3월, 대한제국 정부가 설립
한 의학교의 학제는 3년제였으나, 에비슨은 3년제 의학교육으로는

충분하지 않다고 판단했다. 당시 토론토 의과대학을 비롯한 캐나다의 의과대학들은 5년제를 택하고 있었다. 그러나 에비슨은 한국의 열악한 교육여건을 고려할 때 의사로서의 능력이 인정되려면 그 이상의 교육기간이 필요하다고 보았다. 이를 위해 에비슨은 학생들에게 적어도 8년 동안은 남아 있겠다는 약속을 받았다. 약속된 기간이 다가오자 에비슨은 당시의 실권자였던 초대 통감 이토 히로부미를 설득해, 세브란스 의학교육의 성과를 인정받게 되었다.

7명의 면허의사 탄생

교육기간이 긴 것이 장점만 있는 것은 아니었다. 초기 의학생들은 여러 가지 사정으로 중도 퇴학하거나 끝까지 학업을 마치지 못하는 경우가 적지 않았다. 그런 중에도 8년 동안의 의학수련을 마친 7명은 1908년 6월 국내 최초로 의술개업인허장을 받았다. 김필순, 김희영, 박서양, 신창희, 주현측, 홍석후, 홍종은이 바로 그들이다. 기독교 신자였던 이들은 선교사와의 친분과 추천을 통해 의학생이 되었으며, 졸업 이후 항일 독립운동과 교육운동에 투신해 선각자로서의 삶을 살았다.

김필순은 언더우드로부터 세례를 받은 후 배제학당에서 공부했으며, 에비슨의 통역사이자 조수로서 번역사업에 열심히 참여했다. 그는 의학교 졸업 후 모교 교수로서 활동하다가 105인 사건에 연루된 뒤 만주로 망명하여 그곳에서 독립운동을 주도했다. 백정 출신인 박서양은 기독교를 바탕으로 신분적 제약을 극복하고 의사가 된 최초의 인물이었으며, 세브란스에서 교수로 활동하다가 만주 용정 등지에서 독립운동에 참여했다. 신창희는 졸업 후 단둥과 상하이 지역에서 독립운동에 참여했다. 주현측은 105인 사건에 연루되어 옥고를 치렀으며, 상하이 임시정부에서 활동했다.

세브란스와 그의 시대

미국 클리블랜드 출신의 석유 부호였던 루이스 헨리 세브란스는 평생에 걸쳐 자선과 기부활동을 벌였다. 그의 기부활동은 자녀들에게도 이어져 자녀 모두가 기부하는 삶을 살았다.

"주는 내 기쁨이 더 큽니다"

1900년 6월, 에비슨은 한국에 병원을 짓는 일에 기꺼이 1만 달러를 기부하기로 한 세브란스에게 연신 감사를 표했다. 그러자 세브란스는 이렇게 답했다. "받는 당신의 기쁨보다 주는 내 기쁨이 더 큽니다(You are no happier to receive it than I am to give it)." 기부를 할수 있는 자신이 훨씬 더 기쁠뿐더러, 기부를 해본 사람만이 그 기쁨을 알 것이라는 말이었다.

세브란스는 단돈 1센트도 허투루 쓴 적이 없는 사람이었다. 그는 몇 번을 점검하고 신중을 기한 다음에야 돈을 지출했다. 만약 그

루이스 헨리 세브란스
(Louis Henry Severance:
1838~1913)

를 아는 사람이었다면, 그가 에비슨의 연설만 듣고 낯선 나라에 병원을 설립하기로 결정한 일을 선뜻 이해할 수 없었을 것이다. 그러나 당시 세브란스는 동아시아 선교와 자선활동에 관심을 가지고 있었고, 자신의 기부가 꼭 필요한 곳에 쓰이길 원했다. 그래서 그는 동아시아 어딘가에 병원을 세우기로 결심한 뒤 1년 동안 기도해왔다.

서울은 낯선 도시였지만, 병원이 꼭 필요한 곳이었다. 그리고 의료선교에 대한 에비슨의 강한 포부와 실행력은 그에게 깊은 신뢰를 주었다. 병원 부지를 선정하는 문제로 병원 건설이 지지부진해지자 세브란스는 추가 기부를 통해 병원 설립이 순조롭게 이루어지도록 도왔다. 그 결과 기부금은 처음 약속했던 1만 달러에서 2만 5천 달러로 늘어났다. 그는 이렇게 적극적으로 지원했다.

세브란스, 그는 누구인가

루이스 헨리 세브란스는 1838년 8월 1일 오하이오 주 클리블랜드에서 태어났다. 클리블랜드 최초의 의사였던 외할아버지를 비롯해 친가, 외가, 처가 식구 대부분이 의사였다. 아버지 솔로몬 세브란스는 클리블랜드에서 커틀러 - 세브란스 상회를 열고 상업에 종사했

1907년 서울을 방문한 세브란스(가운데)
왼쪽이 러들로 박사, 오른쪽이 에비슨 박사다.

The late Mr. L. H. Severance

Mr. J. L. Severance Co-donors of the Severance Union Medical College Mrs. F. F. Prentiss

세브란스 가족 엽서
세브란스의 가족들은 대를 이어 기부를 실천했으며, 세브란스병원에도 지속적으로 기부했
다. 가운데가 루이스 세브란스, 왼쪽이 아들 존 롱 세브란스, 오른쪽이 딸 엘리자베스 프렌
티스다.

다. 아버지가 일찍 폐결핵으로 사망해 유복자로 태어난 세브란스는 클리블랜드의 공립고등학교를 졸업한 뒤 은행에 취직했다.

그의 고등학교 1년 후배였던 록펠러는 학교를 중퇴하고 석유사업에 뛰어들었다. 남북전쟁 참전 중 은행에 잠시 복귀한 세브란스는 석유의 발전가능성을 발견하고, 제대 후 타이터스빌에서 원유 채취 사업을 시작했다. 몇 년 후 사업이 크게 번창해 많은 부를 축적하게 되자, 그는 선교와 자선활동에 적극적으로 참여했다. 세브란스는 록펠러 정유회사에 원유를 공급하는 조력자 중의 한 사람이었으며, 나중에는 록펠러와 함께 스탠더드 오일의 창립자가 되었다. 정유업계에서 은퇴한 후에도 그의 선교와 자선활동은 지속되었다.

드러내지 않는 자선과 기부

세브란스가 행한 자선의 특징은 "오른손이 한 일을 왼손이 모르게 하라."는 성경 말씀처럼 남모르게 지속적으로 돕는 것이었다. 그래서 자신이 기부한 병원을 보기 위해 1907년 9월 내한한 세브란스는 새로 지은 병원과 마주했을 때 깜짝 놀랐다. 병원 이름이 '세브란스 기념병원'이었기 때문이다. 세브란스는 자신의 이름을 병원이름에 써 달라고 요구한 적이 없었다. 에비슨이 기부자의 뜻을 기리는 서양의 전통에 따라 그렇게 한 것이었다.

세브란스의 기부는 병원 건립으로 끝나지 않았다. 그는 2만 달러를 추가로 들여 격리병동과 진찰실을 건립했고, 의사들과 간호사들의 월급을 지급하기 위해 매년 3천 달러를 지원했다. 또, 한국에 체류하는 동안 병원뿐만 아니라 여러 교회와 학교에 도움을 주었고, 이때 정신여학교 본관 건물을 기부하기도 했다.

세브란스는 자신의 기부 행적을 꼼꼼히 남기지 않았지만, 적재적소에 기부하기 위해 많은 공을 들였다. 남모르게 지속적으로 도움을 준다는 그의 기부 신념은 자녀들에게 이어졌고, 자녀들 역시 평생 동안 남모르는 기부의 삶을 살았다.

이토 히로부미와
대한의원

1905년 을사늑약 체결 이후 일제는 통감부를 설치하고 통감정치를 시작했다.
초대 통감으로 부임한 이토 히로부미는 대한제국의 외교권을 박탈했을 뿐만
아니라 내각의 통치 권력을 장악하고자 했다. 특히 보건의료분야를 장악하기
위해 대한의원이라는 거대한 조직을 기획했다.

대한제국의 병원들

제중원이 재동과 구리개를 거쳐 남대문 밖 도동 등지에서 제중원의
학교와 세브란스병원으로 성장하고 발전하는 동안 대한제국은 새
로운 의학교와 병원 개설을 준비하고 있었다. 1899년 3월과 4월,
의학교와 병원 관제가 반포되었는데, 의학교와 병원 앞에 별도의
명칭이 붙지 않아 흔히 '관립의학교(官立醫學校)'와 '내부병원(內部
病院)'으로 불렀다.

관립의학교와 내부병원은 구본신참(옛것을 근본으로 삼아 새로운

것을 참고한다)을 지향한 대한제국의 정체성에 맞게 동서의학을 병용한다는 계획을 갖고 있었다. 한의사이자 서양우두법 보급에 앞장섰던 지석영이 의학교의 초대 교장으로 선임된 것도 이와 같은 배경에서다. 우여곡절 끝에 일본인 교관이 임명되었고, 관립의학교는 서양의학을 위주로 한 3년제로 확정되었다. 한국어교재를 사용했던 세브란스병원의학교와 달리, 관립의학교는 일본어와 일본어교재를 사용했다. 또한 별도의 부속병원을 갖추지 않아 재학생들이 실습할 곳이 없었고, 1902년 8월에서야 부속병원이 개설되었다.

3년의 교육과정을 마친 관립의학교 학생들은 4개월 동안의 실습을 마친 후에야 졸업할 수 있었다. 발령 전에 사망한 1명을 제외하고 1회 졸업생 18명 전원이 군의로 임명되었다. 2회 졸업생은 12명, 3회 졸업생은 4명이었다. 그러나 이들은 오늘날 의사면허에 해당하는 의술개업인허장을 받지는 못했다. 1908년 세브란스병원의학교 1회 졸업생들이 최초로 의술개업인허장을 받았다. 이 중에는 관립의학교를 졸업한 2명의 편입생이 포함되어 있었다. 나머지 관립의학교 졸업생들은 나중에 의술개업인허장을 받았다.

내부병원은 종두의와 한의사를 중심으로 운영되었는데, 한약과 양약을 같이 사용해 동서의학을 병용하려 했던 대한제국의 이상에 충실하고자 했다. 대한제국은 1900년 내부병원을 보시원(普施院)이라고 고친 후, 다시 광제원(廣濟院)으로 개칭하고, 종두업무를 한성종두사로 이관했다.

세 병원 중 가장 늦게 설립된 대한적십자병원은 1905년 설립되었다. 고종 황제는 작고참금의 원칙에 의거 혜민서와 활인서의 전통을 잇고 적십자정신이라는 국제외교의 정신을 계승하고자 했다. 치료보다는 빈민 부상자와 재해 피해자 구료활동을 중심으로 했다.

1905년 8월, 대한제국이 일제에 의해 외교권을 박탈당함에 따라, 의학교육과 병원운용에도 커다란 변화가 생겼다. 관립의학교는 폐교되었고, 광제원은 서양식 병원으로 강제 개편되었다. 이 과정에서 한국인 한의사들은 퇴출되었으며, 일본인들이 병원을 장악해 나갔다.

이토 히로부미의 생애와 평가

이토 히로부미
(伊藤博文: 1841~1909)

이토 히로부미는 1841년 일본 혼슈의 남서부에 위치한 야마구치 현에서 농민의 아들로 태어났다. 부친이 최하급무사인 이토 가문의 양자가 되면서, 그 역시 하급 무사 계급으로 편입되었다. 막말유신기에 존왕양이 운동(存王攘夷運動: 천왕을 받들면서 외국문물을 배척하기 위해 암살 및 테러를 행한 급진주의 운동)에 참여하면서 테러리스트로 활동했던 그는, 1863년 항해술을 공부하기 위해 영국에 단기 유학을 다녀온 후로는 서양문물의 개방을 주도하는 인물이 되었다.

이토는 막부 타도운동과 메이지유신에 참여하면서 신정부의 핵

『뉴욕타임스』의 이토 피격사건 오보(1910. 8. 14.)
『뉴욕타임스』는 1909년 10월 26일 안중근 의사가 기모노를 입고 이토 히로부미를 저격한
것으로 보도했다(오른쪽 두 번째 남자). 실제로 안 의사는 양복을 입고 있었다.

심관료로 성장했다. 그는 27세의 나이에 효고 현 지사로 임명되었
으며, 1885년 초대 내각총리에 오른 뒤 총 네 차례에 걸쳐 총리를
지낸 일본 정계의 실력자였다. 한편으로는 한국 강점 및 동북아 식
민지배를 확대하고자 한 대표적인 식민주의자이기도 했다. 1909년
10월 러시아와 협상을 위해 하얼빈을 방문한 이토는, 일본의 식민
지배에 항거하며 동양평화론을 주창한 안중근 의사의 총격을 받고
사망했다.

초대 통감으로 임명된 이토 히로부미는 대한제국을 식민지화하려
는 구상을 차근차근 진행해 나갔다. 통감부 초기에는 일본인이 직
접 통치하지 못하고 자문형태로 내정에 개입하고 있었는데, 이토는
새로운 조직을 건립하고 그 조직의 수장을 일본인에게 맡기는 식으
로 권력을 재편하고자 했다. 이를 위해 위생분야에서는 기존에 개
설되었던 궁내부 소속 대한적십자병원과 내부 소속의 광제원, 학부
소속 관립의학교 부속병원을 하나로 통합하는 작업이 우선적으로
이루어졌다. 그리고 통합된 병원에서 임상치료와 의학교육뿐만 아
니라 위생행정까지 담당하도록 했다.

그는 이를 위해 1906년 7월, 육군군의총감인 사토 스스무(佐藤
進: 1845~1921)를 불러 새로운 병원 조직과 건립에 관한 실무를 맡겼
다. 이토는 이 병원을 대한의원이라 명명했고, 사토는 대한의원 창
설위원회의 위원장이 되었다. 병원 개원 후 사토는 원장으로 취임
했고, 주요 직책은 일본인들이 장악했다.

이처럼 통감부는 초기에 통합의 기치를 내걸어 일본인 위주로
위생조직을 개편하면서 위생행정을 장악하려 했는데, 1908년 1월
일본인이 대한제국의 관리가 될 수 있는 길이 열리면서 굳이 편법적
인 형태로 병원에 위생기구를 설치할 필요가 없어졌다. 이로써 위
생행정은 내부 위생국으로 다시 이관되었고, 대한의원은 임상치료
와 의학교육만을 담당하게 되었다.

대한의원에는 병원 1년 경상비의 10배에 달하는 막대한 자금이

대한의원(1908년 10월 낙성식 기념엽서)

투입되었고, 이는 차관 형식으로 빌린 빚이 되었다. 대한의원은 일
본인들이 주로 이용했고, 치료비가 고가여서 일반인들에게는 병원
문턱이 높았다. 시료환자일 경우에는 한국인도 무료로 진료를 받
을 수 있었지만, 경찰서 등을 통해 일종의 자격심사를 거쳤다. 시
료를 받은 후에는 황은에 감사한다는 일종의 감상문을 제출해야 했
다. 대한의원은 1910년 한국 강제병합 이후 조선총독부의원으로
변경되었고, 1928년부터는 경성제대 의학부 부속병원으로 계승되
었다.

서양의학에 대한 편견에
도전한 제시 허스트

1904년 세브란스병원 건립 이후 에비슨과 함께 병원을 이끌었던 제시 허스트
는 산부인과 주임교수와 병원장 등으로 30여 년을 봉직하면서 세브란스병원
의 기틀을 확립하는 데 기여했다.

산부인과학과 간호교육에 쏟은 관심

김부인 순산. 합동 사는 김하염 씨의 부인이 아이를 낳으려고
여러 날을 고생하다가 남문밖 제중원에 의원 허스트 씨와 제중
원 의학생 박서양 씨를 청하여 진찰하고 세 시간이 지나지 않
아 아이를 순산케 하여 산후까지 극진 치료하여 산모가 속히 소
생하였다 하니 한국 풍속으로 해산 때에 굿이니 치성이니 쓸데
없는 법을 하지 말고 이 일을 본받아 인명의 관계됨을 주의할지
어다. 『대한매일신보』 1907년 10월 23일자

구한말에 서양의학은 외과학과 약물학 등에서 그 효능을 인정받고 있었지만, 한국사회에 뿌리 깊은 유교문화와 보이지 않는 전쟁을 치러야 했다. 그중 하나가 병원 안에서 남녀가 유별한 상황을 어떻게 극복하느냐는 것이었다. 특히 남성 산부인과 의사가 여성 환자를 진료하는 일은 거의 불가능했다. 기껏해야 의사와 환자 사이에 발을 치고

제시 허스트(Jesse Watson Hirst: 1864~1952, 한국명 許濟 또는 許時泰)

겨우 진맥만 하는 정도였다. 『대한매일신보』는 제중원(세브란스병원) 산부인과 의사인 허스트와 의학생 박서양의 진료로 김하염의 부인이 기사회생한 사건을 다루면서, 굿 같은 민간신앙에 기대지 말고 서양의학에 의존하면 응급상황을 극복할 수 있다는 다소 계몽적인 기사를 실었다.

허스트는 의료선교를 준비하면서 산부인과학의 공헌이 클 거라는 기대감을 가졌지만, 한국사회의 장벽은 높았다. 다행히 여의사 릴리어스 호턴과 에바 필드가 여성 환자의 진료공백을 메웠지만, 남녀가 유별한 사회적 장벽 때문에, 산부인과를 지원하는 의학교 학생이 거의 없어 산부인과의 명맥 유지는 오랫동안 불투명했다. 그런 가운데 허스트는 세브란스연합의학교 4회 졸업생이었던 신필호를 후계자로 양성할 수 있었고, 그는 한국 최초의 산부인과 교수가 되어 허스트의 계보를 이었다.

허스트는 간호교육에도 관심을 기울였다. 여성 환자의 간호

허스트와 세브란스병원의학교 제1회 졸업생(1908)

와 조산활동을 지원하기 위해서도 여성 간호사가 필수였기 때문이다. 1906년 9월, 세브란스병원에 간호부양성소가 설립되면서 간호사 양성이 본격화되었고, 허스트와 갓 결혼한 부인 하보는 1907년 3월부터 이를 도왔다. 그러나 여성 간호사가 남성 환자를 돌보는 일도 쉽지 않던 때였다. 같은 해 8월, 통감부의 구한국군 군대 해산에 반발해 벌어진 총격전으로 세브란스병원에는 50여 명의 한국군 부상자가 이송되었고, 이들을 간호하는 인력이 부족해 간호부양성소 학생들이 갑작스레 투입되었다. 이는 남성 환자를 여성이 간호하는 것에 대한 통념을 깬 극적인 사건이었다.

세브란스의전과 삼일운동

세브란스의학전문학교는 1919년 삼일운동의 발화지 가운데 한 곳이었다. 이용설, 김문진, 배동석 등 세브란스의전 학생들이 삼일운동에 적극적으로 참여했으며, 약무국 직원인 이갑성은 민족대표 33인 중의 한 명이었다. 학생들은 독립선언서를 세브란스의전에서 제작했고, 불온문서가 세브란스의전에 있다는 것을 알게 된 일본 경찰들이 갑자기 들이닥쳤다. 허스트는 경찰들이 학교와 병원에 들어오려 하자, 이곳은 학생을 교육하고 환자를 진료하는 병원일 뿐이고 그런 인쇄물을 제작할 만한 곳도 없다며 경찰의 진입을 저지했다. 허스트의 강경한 입장에 경찰들도 무리하게 수색을 진행할 수 없었다. 학생들은 등사기와 등사물을 해부학 실습실의 시체 인

산과 실습모형으로 실습지도 중인 허스트(1917)

근에 숨겨놓았는데, 허스트 덕분에 세브란스의전에 있던 독립선언
서는 전국 각지에 배포될 수 있었다.

세브란스병원에서 헌신한 30년

허스트는 1864년 3월 30일 미국 매사추세츠 주 폴리버(Fall River)
의 독실한 장로교 집안에서 출생했다. 허스트는 프린스턴 대학을
다니던 중 해외선교의 소명을 받아 의료선교사가 되기로 결심하고,
1890년 프린스턴 대학 졸업 후 1893년에 필라델피아 제퍼슨 의과
대학(JMC)을 졸업했다. 1899년에 존스홉킨스병원에서 수련 과정을
거친 그는 1900년부터 4년 동안 제퍼슨 의과대학에서 조직학과 산

부인과 진단학을 강의했다. 더는 자신의 소명을 미룰 수 없다고 생각한 그는 북장로교 선교부에 의료선교사로 자원했고, 선교부는 병원 개원을 앞두고 에비슨 박사가 찾고 있는 인재가 허스트라고 판단해 그를 곧바로 한국에 파견했다. 허스트가 서울에 도착한 날은 병원 개원 10일 전인 1904년 9월 19일이었다.

허스트는 의료선교사가 되기 위해 기초학과 임상학을 두루 공부했는데, 덕분에 세브란스병원에서 교육과 임상을 병행할 수 있었다. 그가 주로 담당했던 교과는 해부학, 조직학, 세균학, 산부인과학, 소아과학 등으로, 초기에는 의사가 많지 않아 에비슨과 그가 거의 모든 교과목을 가르쳐야 했다. 1900년 이래 에비슨이 재개한 의학교육과 4년여에 걸친 허스트의 의학교육이 더해진 결과, 세브란스병원의학교는 1908년 6월 한국 최초의 면허의사 7명을 배출할 수 있었다. 그는 30년 동안 산부인과 주임교수와 병원장 등을 역임하며 후진 양성에 힘썼다. 1934년 4월, 한국선교를 마치고 미국으로 돌아간 허스트는 1952년 88세의 일기로 세상을 떠났다.

간농양의 새로운 치료법을
개발한 알프레드 러들로

세브란스의 주치의로 그와 함께 한국을 방문했던 러들로는 미국에 돌아간 뒤
한국선교를 자원했고, 이후 세브란스병원의 외과를 담당했다. 그는 아메바성
간농양 연구로 세계적인 주목을 받았으며, 세브란스병원에서 26년 동안 재직
하면서 수많은 제자들을 양성했다.

세브란스병원의 굿맨

15년 전에는 조선 안에는 외과수술에 대한 지식과 기술이 매
우 엉성하였으나, 과거 15년 동안에 나는 3만 명의 환자를 접대
하고 그중에서 수술한 것이 1만 명이요, 간단히 치료를 한 것이
1만 6천 명이었습니다. 조선민족을 위하여 이만한 공헌을 한 것
을 만족함과 동시에 또한 150명의 외과의사를 교육한 것도 크게
만족하는 것이외다. 내가 처음 조선에 올 때와 지금을 비교하면
참으로 놀랄 만한 진보를 한 것이니, 현재는 우리 병원에만 해도

서양 어느 외과의사와 비겨도 손색이
없는 조선인 외과의사가 2명이나 있
습니다. 나는 이로부터도 한층 더 힘
써서 이와 같은 훌륭한 의사를 길러
공헌이 있게 하려 합니다.

『동아일보』 1927년 7월 30일자

알프레드 러들로(Alfred Irving
Ludlow: 1875~1961)

러들로는 한국에서 보낸 15년을 이
와 같이 회상하며 의학교육과 진료 성
과에 크게 만족했다. 그로부터 11년 뒤에 정년퇴직한 그는 세브란
스병원에서 근무한 26년 동안 굵직한 보직을 모두 사양하고, 주로
외과학교실과 연구부에서만 활동하면서 오직 연구, 진료, 교육에만
매달렸다. 그리고 항상 가난한 병자와 약자에 관심을 기울였고, 자
신을 드러내는 것을 꺼려 누군가를 도와줄 때면 익명을 당부했다.
그는 수많은 선행과 타인에 대한 배려로 '세브란스병원의 굿맨'이라
는 별명을 얻게 되었다.

반면 일제의 불법적인 폭력행위에 대해서는 분노를 감추지 않
았다. 그는 이를 근절시키고자 경찰들의 태형에 관한 조사를 광범
위하게 실시했다. 그 후 타박상, 감염, 괴저 등 태형으로 인한 신체
손상 사례를 논문으로 작성하고 사진을 첨부하여 미국 영사관에 제
보했다. 미국 영사관은 러들로의 조사 자료를 바탕으로 식민당국을
압박하고, 그 결과 1920년 4월부터 식민경찰에 의한 임의적인 태형
이 금지되었다.

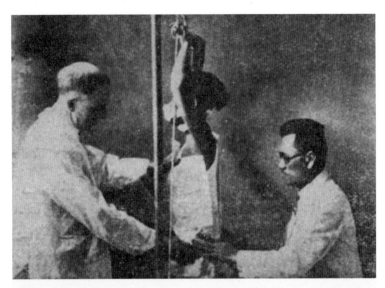

러들로 박사의 진료
1927년 이용설과 함께 진료하는 모습이다.

러들로가 제자 양성 못지않게 중요시한 것은 한국인 스스로 병원과 학교를 운영해 나갈 수 있도록 역량을 키워주는 것이었다. 이를 위해 그는 고명우와 이용설 등을 미국에 유학시켜 당대 최고 수준의 의학을 배우도록 했고, 에비슨이 교장을 사임한 후에는 한국인으로는 처음으로 오긍선이 학교와 병원의 독자적인 운영권을 가질 수 있도록 지원했다. 외국인 선교사들이 학교와 병원의 운영권을 넘기는 일은 당시로서는 획기적인 결정이었다. 세브란스병원의 굿맨, 러들로의 지원이 있었기 때문에 가능한 일이었다.

맹장수술에서 간농양 치료법 개발에 이르기까지

지금은 맹장수술(충수돌기절제술)이 외과수술 중에서는 가장 간단한 수술 중 하나로 알려져 있지만, 항생제가 없던 20세기 초에는 적지 않은 위험이 따랐다. 현재까지 알려진 바로는, 국내 최초의 맹장수술은 러들로가 집도한 것이다.

그의 연구업적 중 세계의 주목을 끈 것은 아메바성 간농양에 관한 연구였다. 기존의 아메바성 간농양 치료는 에메틴 주사요법으로 이루어졌는데, 과다투여 시 사망에 이를 수도 있었다. 러들로는 간농양을 주사기로 흡입하여 제거한 뒤 흡입 부위에 소량의 에메틴을 직접 투여하는 방법을 개발해 치료 효과를 획기적으로 개선했다. 이러한 연구성과를 바탕으로 그는 중화의학회(CMA)와 차이나 메디컬 보드(CMB) 등과 자주 교류할 수 있었다. 1950년대 이후 세브란스의과대학과 병원은 CMB로부터 적지 않은 지원을 받았는데, 여기에는 베이징협화의학원 외과 교수 시절부터 러들로와 지속적으로 교류해온 총무 해롤드 라욱스가 결정적인 역할을 했다.

세브란스의 주치의, 한국선교를 지원하다

러들로는 1875년 미국 오하이오 주 클리블랜드에서 산림청 공무원인 아버지 리노쿠스 러들로와 어머니 헬렌 스태포드 사이에서 5남 1녀 중 둘째 아들로 태어났다. 독실한 장로교 가정에서 자란 그는

러들로 부부의 한복 입은 모습

선글라스에 한복을 입은 모습이 이채롭다.

에이델버트 대학을 수석으로 졸업하고, 웨스턴리저브 대학 의과대학을 우등으로 졸업했다. 클리블랜드 레이크사이드병원 외과에서 인턴과 레지던트를 마치고 유럽에서 1년 동안 유학했다. 귀국한 뒤에는 클리블랜드에서 잠시 개업했고, 웨스턴리저브 대학 의과대학 외과병리학 교수로 활동했다.

그는 클리블랜드의 부호였던 루이스 세브란스의 요청으로, 1907년 1월부터 1908년 5월까지 16개월 동안 이어진 동아시아 여행에 동행했다. 그는 한국에서 머문 3개월 동안 에비슨을 비롯한 몇 명의 의료선교사들이 혼신을 다해 의료활동을 하는 모습에 깊은 감동을 받아 한국선교를 자원하게 되었다. 26년 동안 세브란스병원에서 교육, 진료, 연구에 매진한 러들로는 1938년에 은퇴해 클리블랜드로 돌아갔고, 1961년 86세의 나이로 타계했다.

한국인의 마음까지 헤아린
정신과 의사, 찰스 맥라렌

찰스 맥라렌은 신앙과 의학의 관계를 고민했던 대표적인 의료선교사였다. 호주장로교 출신인 그는 일제에 의해 강제 추방될 때까지 32년 동안 세브란스병원 신경정신과에서 진료와 연구, 교육에 힘썼다.

인도주의적 정신과학의 주창

그는 보통 이상의 장래성과 능력을 가진 학생이다. 2년 전 그는 심각한 신경쇠약으로 몇 달간 정신병원에 입원해 있었다. 그는 뚜렷한 회복을 보였으며 일종의 보호관찰로 지난 반년 동안 우리과에서 일하도록 했다. 나는 그 기간에 그가 하는 일이나 행동이 만족스러워 학교 당국으로부터 재입학허가를 얻어 의학 공부를 마칠 수 있게 되기를 희망했다. 이 문제는 새 학기가 시작되기 전, 최근에 열린 회의에서 다루어졌다. 학교 당국은 변화된 태도를 보이지 않았고, 교수들은 그런 과거력을 지닌 학생

이 졸업한다는 것은 상상할 수 없다
고 했다. 그것은 자연스런 관점이지
만 정신병을 앓는 환자에 대한 우리
의 태도에서는 상상할 수가 없는 말
이다.……그 숙명주의는 과학적 의
학과 기독교에 대한 믿음을 모두 부
인하는 것이다.

찰스 맥라렌(Charles Inglis
McLaren: 1882~1957, 한국명
馬羅連)

30년이 넘는 긴 시간 동안 세브란
스병원 신경정신과의 진료와 교육을
담당했던 맥라렌은, 기독교에 바탕을 둔 인도주의적 정신과학을 주
창한 대표적 인물이다. 일제는 식민지배 기간에 독일식 의학에 기
초한 과학주의를 지지했는데, 맥라렌은 이를 부정하지 않았지만,
정신병력을 회복 불가능하다며 숙명으로 받아들이는 것은 잘못이
라고 보았다. 그는 의사라면 환자에게 희망을 주고, 회복된다는 낙
관론과 환자 중심의 시각에서 진료에 접근해야 한다고 주장했다.
과학주의가 팽배했던 당시의 대학사회에서 맥라렌의 주장은 수용
되기 어려웠지만, 그가 이끄는 신경정신과는 이와 같은 인도주의적
입장을 줄곧 견지했다.

맥라렌은 약물치료로 질병이 다 치유된다고 보지 않았다. 그는
약물치료와 더불어 신앙과 연민에 입각한 기독교적 영성치료가 필
요하다고 생각했다. 특히 당시 한국인들이 많이 앓던 노이로제나
신경쇠약증이 일제의 강압에 의한 사회적 요인과 무관하지 않으며,

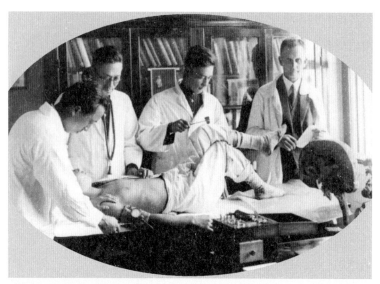

정신과 진료실 모습(1933)
맥라렌과 그의 제자들이 환자를 진료하고 있다.

신앙이 이러한 질병을 치료하는 데 도움이 될 수 있다고 보았다.

맥라렌의 한국선교

찰스 맥라렌은 일본 도쿄의 츠키지(築地)에서 스코틀랜드 출신 선
교사인 사무엘 맥라렌의 둘째 아들로 태어났다. 아버지 사무엘은
도쿄 메이지학원 연합신학교에서 역사와 성경 과목을 가르쳤는데,
맥라렌이 태어난 지 얼마 되지 않아 건강이 악화되자 가족을 데리고

스코틀랜드로 돌아갔다. 그러나 계속 차도가 없어 호주 이민을 결심, 1886년 멜버른(Melbourne)에 정착했다. 교육자인 부모님과 전형적인 기독교 가정의 분위기 속에서 맥라렌과 4남매는 건강하고 씩씩하게 자라났다.

맥라렌은 선교의 소명을 받고 1902년 멜버른 대학교 의과대학에 진학했다. 졸업 후 왕립 멜버른병원과 멜버른아동병원에서 수련하고, 1910년 신경정신과학으로 박사학위를 받았다. 진주에 배돈병원(Mrs. Paton Memorial Hospital)을 짓고 의료선교를 계획하고 있던 호주선교회는 맥라렌을 적임자로 여겼다. 1911년 그는 인도선교사 찰스 리브(Charles Frederick Reeve: 1859~1941)의 딸인 제시리브(Jessie Reeve: 1883~1968)와 결혼하고, 곧이어 한국으로 떠나는 배에 올랐다.

맥라렌은 휴 커를과 함께 진주 지역 의료선교를 주도했으며, 커를의 뒤를 이어 배돈병원의 제2대 원장(1915~1923년 재임)이 되었다. 1913년, 세브란스연합의학교가 각 교파로부터 교육 지원을 받게 되면서 그는 세브란스와 인연을 맺게 되었다. 맥라렌은 호주장로교를 대표해 세브란스연합의학교에 출강했고, 에비슨의 요청으로 1923년부터 세브란스연합의학전문학교 신경정신과를 이끌었다.

1935년을 기점으로 기독교계 내에서도 신사참배 수용론과 반대론으로 갈등이 시작되었다. 맥라렌은 신사참배를 천황 숭배와 군국주의에 기초한 것으로 간주하고, 이를 적극적으로 거부했다. 심지어 "일본은 곧 망할 것이다. 그러니 한국인들이 일본에 협조해서는 안 된다. 한국은 곧 독립할 것"이라는 정치적인 발언도 서슴지 않았다. 학교 당국자들은 폐교를 마다하지 않는 맥라렌의 이런 태도가 학교를 위기로 몰아넣는다고 생각해, 그를 비롯한 소수의 신사참배 반대파들과 치열하게 대립했다. 결국 1938년 10월, 맥라렌은 교수직을 사임하고 세브란스를 떠날 수밖에 없었다. 진주 배돈병원으로 돌아간 뒤에도 그는 신사참배 거부운동을 멈추지 않았다. 그러나 운동에 참여했던 교회와 병원 직원들은 투옥되거나 모진 고초를 당했다. 맥라렌도 치안유지법 위반 혐의로 70일 동안 투옥되었고, 출감 후 3개월 동안은 가택연금을 당했다. 태평양전쟁이 발발하자 일제는 선교사들을 전쟁포로 교환에 활용했고, 맥라렌은 1942년 11월 호주로 추방되었다. 종전 후 해외선교활동 지원과 저술, 강연활동에 전념하던 그는 1957년 10월, 멜버른 근교 자택에서 75세의 일기로 세상을 떠났다.

한국 최초의 치과학교실을
설립한 윌리엄 쉐프리

북장로교 치과 의료선교사로 한국에 파견된 쉐프리는 일제의 식민지형 입치술을 거부하고 과학적 치과학을 정립했다. 그는 세브란스연합의학교에 한국최초로 치과학교실을 설립하고 치과 장비를 최신화하는 등 한국 치과학의 현대화를 선도했다.

초보적인 가공술 수준에 머문 치과치료

예로부터 건강한 치아는 오복 중의 하나라고 하여 한국인들은 치아건강을 중시해왔다. 알렌은 소금을 손가락에 묻혀 닦는 한국인들의 치아건강법을 인상 깊게 관찰하고, 한국인의 치아가 깨끗하고 건강하다고 평가했다. 적지 않은 한국인들이 건강한 치아를 가졌다 해도 치주질환으로 인해 발생하는 각종 치과 질환을 한의학적 치료나 민간요법만으로 온전히 해결할 수는 없었다.

제중원 개원 이후 알렌, 헤론, 에비슨 등의 진료기록을 보면, 당

윌리엄 쉐프리(William J.
Scheifley: 1892~1958)

시에 각종 구강질환 및 충치 치료를 위해 발치를 하거나 치과교육을 실시했음을 알 수 있다. 그러나 제중원 초기의 치과 치료는 주로 발치를 중심으로 하는 구강외과 치료였다. 치과 전문치료가 우리나라에 본격적으로 도입된 것은 개항장의 일본인 치과의사와 입치사, 미국인 치과의사에 의해서였다. 국내 최초의 치과의원은 1893년 일본인 치과의사 노다 오지(野田應治)가 제물포에 개원한 것인데, 그는 곧이어 활동무대를 한성(서울)으로 옮겼다.

을사늑약 이후 통감부가 설치되면서 일본 내에서 처우가 열악했던 일본인 입치사들은 조선으로 대거 이동했고, 이들로부터 입치술을 배운 한국인 입치사들이 점차 등장하기 시작했다. 입치사는 치과의사와 달리 정식 치과교육을 받지 않고, 도제식으로 간단한 기공만을 배워 발치와 입치(인공치아 심기) 등을 시술하는 사람이었다. 이들은 발치와 보철 치료를 주로 했으며, 종로 등지에 '잇방', '치술원', '이해박는 집' 등의 간판을 내걸었다. 식민화 이후 입치사들의 지위는 제도화되었고, 입치 영업은 초보적인 기공술 수준의 식민지형 치과 형태로 오랫동안 자리했다.

입치사 최승룡이 종로
에 개원한 이해박는집
(1926)

미국식 치의학을 모델로 한 국내 첫 치과학교실

식민지형 입치사 제도가 정착되던 즈음, 치과 의료선교사에 의한
치과 진료와 교육이 본격화되었다. 1906년에 내한한 미국 북감리
교의 데이비드 한(David Edward Hahn, 한국명 한대위)은 약 5개월간
치과 의료선교사로 활동한 뒤, 선교사직을 사임하고 스크랜튼병원
옆에 치과 진료소를 열었다. 그의 치과 치료는 국소마취를 통한 무
통 발치와 치주 및 보철 치료, 치수 치료 등 현대적 치과 영역의 전
반을 포함한 것이었다.

　1909년 10월, 데이비드 한은 치과 진료실에 치의학교를 병설해
한국 학생을 교육하고, 이를 제중원과 연합해 운영하는 계획을 『대

한매일신보』에 공포했으나 통감부가 이를 허가해 주지 않아 무산되었다.

치과 의료선교사에 의한 치과 진료와 치과학교실의 창립이 최초로 이루어진 곳은 세브란스병원이었다. 1913년 독립된 치과 진료실 운영을 시작으로 1915년 11월에는 세브란스연합의학교에 국내 최초의 치과학교실이 설립되었다. 에비슨의 요청에 따라 북장로교 소속의 윌리엄 쉐프리는 세브란스병원 치과 및 치과학교실의 초대 과장으로 임명되었다. 그는 미국식 치과학과 진료기술을 한국에 소개하고, 한국인 치과의사와 연구자를 양성할 수 있는 기반을 제공했다. 이는 1911년 3월에 총독부의원 치과가 개설되었지만, 총독부의원이 한국인 치과의사 양성이나 치과학교실 설립을 하지 못한 것과 대비된다.

쉐프리의 과학적 치과학 교육

미국 템플 치과대학을 졸업한 윌리엄 쉐프리는, 1915년 8월 북장로교의 치과 의료선교사로 내한했다. 그리고 같은 해 11월 1일, 세브란스연합의학교에 치과학교실을 설립했다. 그는 치아에 금박이나 은박을 해넣는 당시 일본인 입치사들의 상업적 관행을 비판하고, 미국식 과학적 치과학의 정립을 주창했다. 과학적 치과학은 보철 중심의 도제식 치과 교육을 지양하고, 3~4년에 걸친 총체적 의학교육을 바탕으로 한 치과학 교육을 받도록 했다.

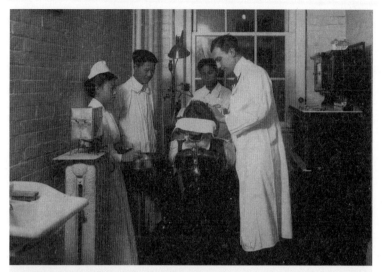

치과 진료 중인 윌리엄 쉐프리(1917년 졸업앨범)

당시 조선총독부에서는 치과 교육과정을 인정하지 않았기 때문에, 쉐프리는 의대 졸업생들이 별도로 2년제의 치과 교육을 이수하도록 했다. 1914년에 세브란스연합의학교 졸업생인 최주현이 쉐프리의 지도를 통해 치과 졸업증을 받았지만, 조선총독부는 그 자격을 인정하지 않아 최주현은 치과의사가 아닌 일반의사로 개업할 수밖에 없었다.

쉐프리는 의대 4학년 학생들을 대상으로 한 치과학 교육도 진행했다. 주로 치과병리, 치주질환, 발치 등을 강의했는데, 무엇보다 치과의 진료수준을 높이기 위해서는 전문 진료실과 치과장비가 필요했다. 따라서 1917년에 치과방사선기계를 도입하고, 이듬해에는 치과 치료대 4대를 확보했다. 이후로는 진료 영역을 점차 구강외과 수술, 보철 치료, 교정 치료 등으로 확대해갔다. 아울러 한국인의 구강보건 상태에 대한 연구를 병행했다.

쉐프리는 치과장비의 현대화와 치과전문의 양성을 위해 헌신했지만, 일제의 방해로 원하는 성과를 얻지 못하고 1920년에 건강 악화로 선교사직을 사임했다. 미국으로 돌아간 그는 펜실베이니아 주 하리스버그에서 개업의로 활동했으며, 세브란스 치과학교실은 부츠(J. L. Boots)가 그의 뒤를 이어 이끌었다.

조선의 간호 발전에
일생을 바친 에드나 로렌스

1920년 미국 북장로교에서 파송된 간호선교사 로렌스는 쉴즈에 이어 11년 동안 세브란스 산파간호부양성소의 제2대 소장으로 활동했다. 일본식 간호교육을 강요받던 시기에 그녀는 교과과정 개편을 주도하며 기독교 사상에 바탕을 둔 교육이념을 관철해 나갔으며, 조선간호부회의 창립과 통합에 기여했다.

교과과정의 개편과 교육과정 정비

1917년 세브란스연합의학전문학교가 출범하고 시설 및 인력이 보강되면서, 세브란스는 질적인 면에서나 양적인 면에서 모두 성장하는 계기를 맞았다. 또 1923년에는 조선총독부의 지정을 받게 되어 졸업생들이 졸업과 동시에 의사면허를 받을 수 있게 되었다.

그러나 간호분야는 사정이 달랐다. 1914년 10월 〈간호부규칙〉 제정으로 간호부의 면허자격이 제도화되었으나 한국과 일본의 간호부 자격에 차별이 있었고, 관리 주체는 도경무부장이었다. 1922년

에드나 로렌스
(Edna M. Lawrence:
1894~1973, 한국명 魯連史)

〈개정 간호부규칙〉은 관리 주체를 도지사로 변경하고 조선에서 발급된 면허가 일본과 그 외의 식민지에서도 인정될 수 있도록 했지만, 졸업과 동시에 면허를 받으려면 조선총독부의 지정을 받은 학교를 졸업해야 했다. 따라서 1920년대 세브란스병원 산파간호부양성소의 최대 목표는 조선총독부의 지정을 받는 것이었다.

1923년부터 세브란스병원 산파간호부양성소의 제2대 소장을 맡게 된 로렌스는 교육이념과 교육과정을 정비하는 데 많은 노력을 기울였다. 그녀는 이론과 임상 지식이 풍부하면서도 기독교 신앙과 직업정신이 투철한 간호인력을 양성하기 위해 산파간호부양성소의 목표를 "기독교인 소녀들을 신실하고 지적인 간호사로 훈련해 자기희생과 봉사정신의 아름다움을 깨닫게 하고, 병원에서 효율적인 협력자가 되게 하며 궁극적으로는 많은 형태의 공중보건사업과 사회봉사에 진출시키는 데" 두었다.

세브란스에는 에비슨 교장을 비롯해 러들로, 쉴즈, 맥안리스 등 산파간호부양성소를 뒷받침할 수 있는 우수한 교수들이 있었다. 학생들도 미선계 중고등학교를 졸업한 우수한 인재들이 많았다. 또 당시 관립 산파간호부양성소가 산파과 1년제, 간호부과 2년제로 운영되었던 것에 비해, 세브란스에서는 산파과와 간호부과를 통합하여 3년제로 운영하고, 졸업 후에는 간호 면허와 산파 면허를 동시에

집무실의 로렌스(1932)

받을 수 있도록 했다.

이처럼 교과과정을 개편하고 교수진을 확보하는 노력을 체계적으로 기울인 결과, 1924년 세브란스병원 산파간호부양성소는 드디어 조선총독부의 지정을 받게 되었다.

조선간호부회 창립과 통합에 전심전력

로렌스는 조선간호부회 창립에도 온 힘을 쏟았다. 간호선교사들은 1908년 3월에 간호선교사 조직인 재선졸업간호부회(이후 재선서양인

졸업간호부회로 변경)를 조직한 바 있었다. 그 후 1920년대 들어와 간호인력이 점차 늘어나면서, 조선간호사들의 권익보호와 국제적 연대를 목표로 하는 조직의 필요성이 제기되었다. 이러한 배경 아래 1923년 4월 창립된 조선간호부회는 한국 최초의 간호사단체로, 서양인 간호사와 미션계통 간호학교 졸업생들의 공동단체였다. 간호직의 권익옹호와 자질향상, 국제적 연대, 교육개혁, 대중교육 등을 목표로 했으며, 1926년에는 재선서양인졸업간호부회가 조선간호부회로 통합되었다. 로렌스는 에스더 쉴즈와 더불어 재선졸업간호부회와 조선간호부회 등의 조직과 창설에 기여했고, 이들이 국제간호협회의 일원이 되기를 희망했다. 그래서 조선간호부회는 1937년 국제간호협회 런던 총회에 세브란스 간호부 소속의 이정애를 대표로 파견하기도 했다.

끝까지 조선을 사랑한 로렌스

로렌스는 캐나다 매니토바 주 위니펙 시에서 태어났다. 가족들이 미국 캘리포니아 주 온타리오 시로 이주해 그곳에서 자랐고, 1917년 7월 시 인근의 포모나밸리병원(Pomona Valley Hospital) 간호학교를 졸업했다. 그 후 그녀는 적십자병원에 취직했는데, 이듬해 6월 육군병원에 배속되어 제1차 세계대전 말미에는 프랑스에서 적십자사 간호사로 활동했다. 전쟁이 끝난 뒤 간호선교사로 지원한 로렌스는 1920년 9월 미북장로교의 파송을 받아 세브란스병원 간호부양성소

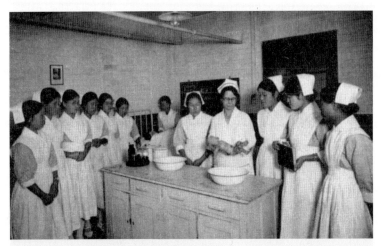
기초간호학 실습교육(신생아 목욕) 중인 로렌스(1932)

에 부임했고, 1923년부터 11년 동안 세브란스병원 산파간호부양성
소 제2대 소장으로 활동했다.

1940년에 들어서면서 일제는 신사참배와 전시동원에 방해가 되
는 선교사들을 대거 추방하기 시작했는데, 이때 로렌스는 치안유지
법 위반으로 구속되기도 했다. 치안유지법 위반사항은 무혐의로 석
방되었지만, 결국 미국으로 강제 추방되었다.

1952년에 한국을 다시 찾은 로렌스가 새로운 활동 장소로 선택
한 곳은 대구 동산병원이었다. 그녀는 동산기독병원 간호원장으로
부임해 환갑이 넘은 나이에도 간호교육에 마지막 열정을 불태웠다.
그러나 1955년 지병이 악화되면서 다시 귀국길에 올랐으며, 1973년
미국 로스앤젤레스에서 80세의 일기로 세상을 떠났다.

열정적인 연구와 교육,
따뜻한 마음의 소유자,
제임스 반버스커크

제임스 반버스커크는 세브란스의학교에서 생리학과 생화학을 가르쳤다. 교육
자이자 계몽활동가로 활약한 그의 교실에서 김명선과 같은 걸출한 교육자가
배출된 것은 결코 우연이 아니었다.

그 스승에 그 제자

선생님은 생리학을 담당하였을 뿐만 아니라 교감으로 또는 에
비슨 교장이 안식년을 떠나 있는 동안에는 교장대리로도 수고
하셨고, 재직기간 중 교감과 부교장의 보직을 겸하여서 학생들
에게 강의만 아니고 학생 각 개인에 대하여서도 깊은 관심을 가
지어서 그들의 장래 일까지도 지도하셨고, 기독교에 대해서도
학생과 일반직원들에게 많은 영향을 주었던 것은 그때의 학생
들과 직원들은 잘 아는 사실이었다. 그는 성격이 매우 준엄하여
서 학생들이 누구나 다 무서워하였으나 그는 인자한 분이시어

서 학생들의 사정에 깊은 동정을 가
지시었다.

김명선은 자신의 스승인 제임스 반
버스커크 교수를 이렇게 회고했다. 그
런데 훗날 김명선의 제자들 역시 김명
선 교수를 같은 방식으로 기억했다. 그
스승에 그 제자였던 셈이다. 특히 반버
스커크는 의사로서의 인성을 매우 중
시해, 그 부분이 부족하다고 여겨지는

제임스 반버스커크
(James Dale Van Buskirk:
1881~1969, 한국명 潘福奇)

학생은 성적여부를 떠나서 낙제를 시키고 학교를 1년 더 다니게 했
다. 세브란스의과대학에서 생리학이 대대로 학생들에게 공포의 과
목이 된 것은 그런 까닭이었다. 하지만 그가 개인 가정사나 대소사
도 꿰뚫고 있을 만큼 학생들을 세심하게 보살피고 관심을 가졌기 때
문에 따르는 학생들이 적지 않았다.

활발한 학술연구와 계몽운동

반버스커크는 학생 교육뿐만 아니라 세브란스 연구부의 일원으로서
연구활동도 활발하게 전개했다. 그의 연구는 한국의 기후, 영양, 위
생, 건강, 종교 등 다양한 분야에 걸쳐 진행되었는데, 이에 관련된
적지 않은 저서를 발간하기도 했다. 또 이를 바탕으로 대중강연과

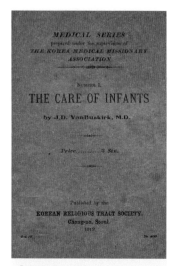

『영아양육론』의 속표지(1912)

계몽운동에 적극적으로 나섰다.

특히 그는 영아양육론에 가장 많은 관심을 가졌으며, 『영아양육론』이라는 제목의 책자를 수차례 발행하기도 했다. 『영아양육론』은 과학적인 육아를 위해 가정주부가 숙지해야 할 출산 및 육아 상식을 정리한 것이다. 주로 생리학과 생화학을 가르쳤던 기초학 교수인 그가 출산과 육아를 주제로 한 영아양육론에 관심을 가진 일은 상당히 이채롭다. 아마도 건강한 국민의 양성을 위해서는 영아의 건강이 우선적으로 확보되어야 하고, 이를 위해 영아양육에 필요한 기초적인 서양의학 지식이 보급되어야 할 필요가 있다고 판단했기 때문이었을 것이다.

유창한 한국어로 하는 열정적인 수업

반버스커크는 1906년 미주리 주 캔자스시티에 있는 유니버시티 메디컬 칼리지를 졸업하고, 그곳 시립병원에서 인턴을 수료했다. 의과대학 재학 중 선교회 간부로 해외선교에 관심을 가졌던 그는 1908년 미국 북감리교의 파송으로 한국 공주에 도착했다. 당시 그곳에는 의

생리학 강의 중인 반버스커크(1917)

사가 단 한 명도 없었기 때문에, 그는 선교병원을 개설한 뒤 의료선
교를 시작했다. 이후 세브란스의학교가 교파 연합에 의한 세브란스
연합의학교로 변경되면서, 이에 찬성했던 미국의 남북 장로교, 남북
감리교, 캐나다 장로교, 호주 장로교 선교부 등은 세브란스에 의료
선교사를 파견했다. 이때 북감리교는 공주에서 활동하던 반버스커
크를 자신들의 대표로 세브란스에 파견하기로 결정했다.

1913년 9월 세브란스연합의학교에 온 반버스커크는 주로 내과
와 기초학 분야를 가르쳤는데, 안식년 동안 컬럼비아 의과대학에서
생리학과 생화학을 연구한 뒤 돌아와 생리학과 생화학을 본격적으

로 강의하기 시작했다. 당시 그의 강의는 매우 인기가 높았다. 세브란스연합의학교에 파송된 의료선교사 중 최신 이론을 유창한 한국어로 강의한 교수였기 때문이다. 그리고 1928년 4월, 생화학을 전공한 이석신 박사가 생화학교실을 연 뒤로는 생리학만 강의했다.

그는 세브란스병원 부원장과 세브란스연합의학전문학교 부교장 등으로 활동하면서 에비슨 교장을 지척에서 보좌했다. 1933년, 건강이 악화되자 그는 김명선에게 생화학교실을 맡기고 선교사직을 사임한 뒤 미국으로 돌아갔다. 그 후 건강 회복에 진력하면서 저작활동을 병행하다가, 1969년 89세의 일기로 세상을 떠났다.

서른네 번째 민족대표,
프랭크 스코필드

에비슨의 초청을 받아 조선 땅을 밟은 스코필드(1899~1970)는 세브란스연합
의학전문학교에서 세균학과 위생학을 가르쳤다. 1919년 그는 삼일운동에 적
극적으로 참여했다가 일제에 의해 강제 송환 조치된 후, 전 세계에 삼일운동
의 진상을 알리는 데 기여했다.

조선의 독립운동에 참여하다

영국은 직조품을 세계에 주고 미국은 강철을 주지만 한국이 줄
것은 위대한 인격자입니다. 세계에서 가장 강한 나라의 압박 밑
에 있던 유태에서 예수 같은 인격자가 난 것 같이 한국은 오늘의
세계를 위하여 큰 인격자를 낼 사명을 가졌습니다. 한국이 할
수 있는 일이 많겠지만 그 모든 일 가운데 가장 큰 일은 이것입
니다.

온테리오 수의과대학 교수
시절의 스코필드

일제로부터 쫓기듯이 캐나다로 돌아갈 수밖에 없었던 벽안의 젊은 이방인은 1926년 6월 다시 서울에 돌아와 유창한 한국말로 한국인의 사명에 대해서 힘주어 말했다. 이날 이 젊은 이방인을 환영하기 위해 전국 각지에서 민족운동가로 알려진 인사들이 서울로 모여들었고, 신문들은 이를 일제히 보도했다.

푸른 눈을 가진 서른여덟 살의 신사가 한국에서 유명인사가 된 것은 7년 전에 일어난 삼일운동 때문이었다. 당시 세브란스병원 약무국 직원이자 민족대표 33인 가운데 한 사람이었던 이갑성은 국내외에 연락을 담당해줄 사람을 찾고 있었다. 그는 세브란스연합의학전문학교에서 실천적 지성을 강조해왔던 프랭크 스코필드(Frank W. Scofield) 교수가 이런 일을 해줄 적임자라 판단했다.

1919년 3월 1일, 중요한 사건이 눈앞에서 펼쳐질 것을 직감한 스코필드는 소아마비로 불편한 몸을 이끌고 카메라를 든 채 탑골공원 언저리를 배회했다. 그러던 중 갑자기 "대한독립만세!" 소리가 터져 나오자 함성소리를 따라 움직이며 연신 카메라 셔터를 눌러댔다. 그리고 자신이 보고 들은 것을 꼼꼼히 기록으로 남겨 이 사실을 국내외 신문에 기고했다.

삼일운동의 기세가 전국으로 퍼져나가는 동안, 수원군 제암리에서는 일본군 중위가 이끄는 군대가 마을 사람 30여 명을 교회에

1919년 4월 제암리 학살사건 발생 후 스코필드가 촬영한 현장 사진

가두고 방화와 학살을 자행했다. 이 소식을 들은 스코필드는 홀로
이 사건의 진상을 조사하기 시작했고, 제암리뿐만 아니라 인근 수
촌리 등에서도 일본군의 잔악행위가 있었다는 사실을 밝혀냈다.

스코필드는 사건의 진상을 파악하고 해외에 이 사실을 널리 알렸
을 뿐만 아니라 만세사건으로 인해 수감된 수감자들의 인권에도 관
심을 가졌다. 스코필드는 형무소를 드나들며 재소자의 인권상황을
파악하고 총독이나 경무부장 등 고위급 인사를 만나 한국인 학살문
제를 거론하고 재소자들의 인권보호를 요청했다. 스코필드의 조사
활동과 인권보호 운동은 식민당국에 적잖은 정치적 부담을 주었다.
일제는 영일동맹 때문에 영국출신의 스코필드를 강제 추방할 수 없
었지만, 스코필드를 강제 귀국시키도록 세브란스에 직간접적인 압

력을 행사했으며, 심지어 몇 차례 암살을 시도하기도 했다. 결국 스코필드는 캐나다로 향하는 귀항선에 몸을 실을 수밖에 없었다.

한국에서 인류애를 실천한 '석호필'

스코필드는 럭비의 발상지이기도 한 영국 럭비시의 독실한 기독교 가정에서 태어났다. 부친에게 엄격한 교육을 받았으나 고향에서 그는 타고난 장난꾸러기로 소문이 자자했다고 한다. 고등학교 졸업 후 대학에 들어갈 가정형편이 안 되자, 스코필드는 축산업 노동자로 전전하다가 단신으로 캐나다 이민을 결심했다. 그는 주경야독으로 토론토대학 수의과대학을 수석 졸업하고 우수한 논문을 제출하여 단시간에 박사학위를 취득했다. 그러나 그 과정에서 과로와 영양결핍으로 소아마비에 걸려 그는 오른쪽 다리를 크게 절게 되었고, 왼손도 부자유스러운 상태가 되었다.

1917년경 스코필드(오른쪽)
한국어 선생인 목원홍과 함께 찍은 사진이다.

1916년 에비슨 박사가 세브란스연합의학교 세균학 교수로 와줄 것을 제안하자, 스코필드는 아내와 함께 한국행을 결행했다.

그러나 그의 아내는 한국생활에 잘 적응하지 못했고, 신경쇠약으로 고생하다가 혼자서 귀국길에 올랐다.

반면에 스코필드는 한국생활에 열심히 적응하며 한국어를 공부했고, 스스로 '석호필(石虎弼)'이라는 이름도 지었다. '석'은 돌과 같은 굳건한 의지를 나타내며, '호'는 호랑이 같은 용맹과 비판정신을 의미하고, '필'은 어려운 사람을 돕는다는 자신의 인생관을 딴 이름이었다. 더욱이 '필'은 알약을 가리키는 'pill'과 발음이 같아 자신이 의학을 공부한다는 것까지 나타내 준다며 그는 평생 자신의 한국 이름을 아꼈다.

위생학, 세균학, 사회의식의 참된 스승

1916년 8월 한국에 온 스코필드는 4년 동안 세브란스에서 세균학과 위생학을 가르쳤다. 당시 세브란스는 1년에 3학기를 운영하고 있었는데, 그는 2학년 1학기에 매주 5시간, 2학기에 6시간, 3학기에 3시간씩 배정된 위생학 교육을 담당했다. 주요 내용은 개인위생, 음식, 대기, 수질 등에 관한 것이었다. 4학년에게는 전염병 백신이나 혈청을 만들 수 있는 심화과정을 강의했다.

스코필드가 의학교육에서 중시한 것은 세균학과 위생학만은 아니었다. 그는 평소 의학도가 지식인으로서 비판정신을 가지고 사회적 실천을 해야 한다고 강조했다. 스코필드에게서 세균학을 배운 신현창과 이용설 같은 제자들이 국내외에서 독립운동에 참여했던

1918년경의 스코필드(왼쪽에서 두 번째 신사복을 입은 인물)
세브란스연합의학전문학교 학생들에게 실험실습을 지도하고 있다.

것은 결코 우연이 아니었다. 스코필드 자신도 실천적 의학자로서
삼일운동에 적극 참여했기 때문이다.

세계적 학자에서 다시 한국으로

캐나다로 돌아간 스코필드는 한국의 사정과 삼일운동의 진상을 알
리기 위해 노력했을 뿐만 아니라 성실한 학자였다. 그는 토론토대
학교 온테리오 수의과대학에서 병리학과 세균학 연구를 지속했다.
그의 연구에 기초하여 쥐약 와파린(warfarin)과 혈액응고방지제 디
쿠마롤(dicumarol) 등이 개발되었으며, 그는 가축질병에 관한 새로

운 병원체의 발견과 세균학적인 발견을 계속했다. 그 결과 미국 수의학회에서 주관하는 국제수의학회상을 수상하고, 캐나다 수의학협회로부터 세인트 에이르와 훈장을 받는 등 수의학자로서 최고의 영예를 누렸다. 온테리오 수의과대학은 스코필드의 업적을 기리기 위해 도서관에 스코필드의 초상을 걸어두었다. 온테리오 수의과대학 졸업생들은 학창시절 가장 열성적으로 가르친 교수, 가장 학문적 양심이 강했던 교수, 가장 호감 가는 교수로 스코필드를 꼽았을 정도로 그는 캐나다에서도 존경받는 학자였다.

대학에서 은퇴한 후 스코필드는 한국을 잊을 수 없었다. 1958년 70세의 노인이 된 스코필드는 대한민국 정부의 초청으로 김포공항에 첫발을 내디뎠다. 그는 한국의 수의과대학에서 후학을 양성하고 싶다는 뜻도 전했다. 이것이 계기가 되어, 한국에서 숨을 거둘 때까지 스코필드는 그토록 열망했던 한국 땅에서 새로운 삶을 살아갈 수 있었다. 그는 한국을 지극히 사랑한 나머지 한국인들과 함께 후진 양성과 봉사활동에 전념했다. 그는 외국인으로서는 처음으로 건국공로훈장을 받았을 뿐만 아니라, 국립서울현충원 애국지사 묘역에 안장된 유일한 외국인이 되었다.

세브란스연합의학전문학교의
설립과 발전

세브란스의학교 운영진들은 시대별 과제들을 지혜롭고 성실하게 해결해가며
종합대학으로 발전할 수 있는 기틀을 마련했다. 그 중요한 기초가 바로 세브
란스연합의학전문학교의 설립이었다.

세브란스병원의학교의 발전

제중원을 운영한 에비슨은 미국인 사업가 루이 세브란스로부터 기
부금을 받아 1904년 9월 세브란스기념병원을 설립했다. 에비슨은
이 병원을 기반으로 의학교육을 재개했고, 세브란스병원의학교를
통해 1908년 6월 7명의 졸업생을 배출했다. 졸업생들에게는 한국
최초의 의사면허인 의술개업인허장이 수여되었다. 일제 통감부는
1908년 8월 전문 15개조, 부칙 2개항으로 구성된 〈사립학교령〉을
반포했다. 이에 따라 모든 사립학교는 학부의 승인을 얻어야 했고,
교과서 선정이나 교원 선발 등에서 통감부 시책을 따라야 했다.

신축된 세브란스연합의학교(1913)

1회 졸업생 7명 가운데 6명이 의학교육에 참여했지만, 1년 후 3명이 교수직을 사임하면서 교원부족 문제 해소는 가장 절실한 과제가 되었다. 에비슨은 이 문제를 근본적으로 해결하기 위해 조선에 파견되어 있던 선교부 교파가 연합한 의학교육을 구상했고, 이를 실행하기 위해 착실히 준비했다. 1912년부터는 각 교파에서 교수 요원을 파견하기 시작했고, 1913년 6월 의학교 건물이 신축되면서 의학교육의 새로운 전기가 마련되었다. 1913년 세브란스연합의학교로 교명을 개칭하고 각 선교부가 연합한 형태로 의학교를 운영했으며, 각 교파에서 파견한 사람들 중심으로 교수진을 개편했다.

조선총독부가 1913년 11월 〈의사규칙〉을, 1914년 1월 〈의사시험 규칙〉을 반포하면서 의학교육은 일대 전환기를 맞았다. 이에 따르 면 조선총독부가 운영하는 의학강습소는 부실한 운영에도 불구하 고 수료생들에게 자동적으로 의사면허를 부여하는 반면, 의학교육 에 내실을 기해왔던 세브란스와 같은 사립기관의 수료생들은 의사 시험을 봐야 했다. 심지어 의학교육을 받지 않았더라도 5년 이상의 임상경험이 있는 자들에게까지 시험자격을 부여했다. 이는 의학교 육을 받지 않은 자를 사립 의학교육기관을 졸업한 자와 똑같이 취급 한다는 것을 의미하기 때문에, 사립 의학교육기관은 사실상 존폐위 기에 내몰리게 되었다.

세브란스 출신 졸업생들이 차별당하지 않으려면 졸업과 동시에 의사면허를 자동으로 부여받을 수 있도록 조선총독부의 지정을 받 아야 했다. 이를 위해 세브란스연합의학교는 일본식 교실을 창설하 는 등 학교의 제도와 운영을 일본식 의학체계에 맞추어 나갔다. 이 를 기반으로 1917년 5월 조선총독부로부터 사립 세브란스연합의학 전문학교로 인가를 받았다.

세브란스연합의학전문학교의 단기적 목표는 조선총독부의 지 정학교가 되는 것이었기에, 이를 목표로 교과과정 개편 및 교원확 충 등 제도 개선에 힘썼다. 그 결과, 1923년 2월 일본제국 내에서 유일하게 지정을 받은 사립학교가 되었다. 이로써 1923년 졸업생 부터는 무시험으로 의사면허를 받을 수 있었다. 1934년 4월에는 일

1940년대 세브란스연합의학전문학교 전경

본 문부성의 지정을 받게 되었는데, 이로써 세브란스연합의학전문학교 졸업생들은 조선뿐만 아니라 일본, 만주, 브라질, 영국 등지에서도 개업이 가능하게 되었다.

1957년 종합대학으로 발전하기까지

세브란스연합의학전문학교의 중장기적 목표는 기독교적 정체성을 유지·강화하면서 우수한 교원과 학생을 확보해 이를 바탕으로 종합대학으로 발전하는 것이었다. 교파가 연합해 세브란스를 운영하자 교파별로 다양한 성격의 의료선교사가 충원되어 기독교적 정체성과 사립학교의 개성을 강화하는 상승 효과가 나타났다. 맥라렌처럼 신앙심이 투철한 의료선교사도 있었고, 스코필드처럼 정의감에 불타는 의료선교사도 있었으며, 밀즈처럼 학문에 진력하는 의료선교사도 있었다.

세브란스 의학생들은 주로 미션스쿨 출신자나 기독교 영향을 받은 사람들이 많았는데, 영미 출신 교수진이 제공하는 자양분을 흡수하면서 성장했다. 학교당국으로서는 조선총독부의 관리감독을 받는 처지여서 영미 출신보다는 일본인 교원과 일본식 제도를 정착시키는 것이 여러모로 유리했다. 하지만 그렇게 되면 학교의 존립 기반과 정체성이 사라질 가능성도 높았다. 학내에서 가장 첨예하게 대립했던 것이 신사참배 문제였다. 학교를 지키기 위해서 신사참배를 수용해야 한다는 주장과 학교가 사라지는 한이 있어도 신사참배에는 참여할 수 없다는 주장이 대립했다. 결국 신사참배를 거부했던 선교사들은 강제로 추방되었고, 세브란스연합의학전문학교도 아사히의학전문학교로 개명되는 치욕을 겪었다.

경신학교(연희전문학교의 전신)의 교장이었던 언더우드와 부교장이었던 에비슨은 연희와 세브란스를 통합하여 종합대학으로 발전시킬 구상을 갖고 있었다. 언더우드 사망 후 에비슨이 연희와 세브란스의 교장을 겸직하면서 종합대학 발전안은 좀 더 구체화되는 듯했다. 그러나 조선총독부는 이것을 원하지 않았다. 일본은 식민지에 종합대학을 설립하지 않을 것과 고등교육의 주도권을 민간에 넘겨주지 않을 것을 식민지 교육의 기본 방침으로 삼고 있었다. 결국 식민당국은 1920년대 민간에서 일어난 고등교육기관 설립운동에 떠밀려 경성제국대학을 설립하지만, 연희와 세브란스의 통합은 결코 용인해 주지 않았다. 그리고 해방 후, 1947년 6년제 의과대학으로서 세브란스의과대학이 출범한 이래, 연희와 세브란스는 1957년에 비로소 '연세'로 통합되었다.

2

제중원·세브란스 사람들

백정에서 의사가 된
박서양

세브란스병원의학교 제1회 졸업생인 박서양(1885~1940)은 백정이라는 신분을 극복하고 당시 촉망받는 의사가 되었다. 졸업 후 모교의 교수로 재직하던 박서양은 1917년 중국으로 망명하여 민족교육 활동을 전개하는 동시에 독립운동에 참여했다.

에비슨을 찾아온 백정

제중원 원장으로 부임해 한창 바쁜 나날을 보내던 에비슨은 어느 날 결혼식에 참석해달라는 요청을 받았다. 1893년 내한하자마자 치료했던 환자 중 한 명인 박성춘의 요청이었다. 낯선 이국의 결혼식에 참석하는 에비슨의 마음은 흥미로 가득 차 있었다. 결혼식은 절반은 한국식, 절반은 서양식으로 진행되었다. 신랑과 신부는 전통 혼례복을 입고 있었다. 하지만 신부의 얼굴에는 흔히 하는 연지곤지가 없었다. 결혼식을 주재하는 서양인 목사가 신랑과 신부에게 몇 가지 질문을 한 뒤 그들이 부부가 되었음을 선포했다. 결혼식이 끝나고 집으로 돌아가려는 에비슨을 신랑 아버지인 박성춘이 찾았다. 그는 진지하게 말했다. "박사님, 우리 아이를 인간으로 만들어 주십시오." 에비슨은 어리둥절했다. "아니, 인간으로 만들다니?"

백정에 대한 차별

박성춘은 백정이었다. 백정은 한국 전통사회에서 인간이 아니었다. 사람들과 섞여 살 수 없었다. 그들은 마치 짐승이 사람과 함께 살 수 없듯이 그들만의 공간에서 살아야 했다. 그들은 거지보다도 더 천한 대접을 받고 있었다. 사람들은 이야기했다. "거지는 신분이 높아져서 사람이 될 수 있어도 백정은 그럴 수 없다." 백정에 대한 차별의식은 뿌리 깊었다. 그들이 잡은 동물의 고기를 먹고 살면서도 사람들은 동물의 생명을 빼앗는 그들의 직업을 천시했다.

백정은 1894년 갑오개혁을 통해 정식으로 인간 대접을 받을 수 있게 되었다. 수천 년 동안 이어지던 신분제가 폐지되었기 때문이다. 신분제 폐지에는 에비슨을 비롯한 선교사들의 노력도 있었다. 그들은 백정들의 불쌍한 처지를 이해하고 있었다. 백정들 역시 하느님 앞에서는 같은 자식이었고 백정이라는 이유로 차별받을 이유가 없었다. 그들은 백정을 양반과 동등하게 대우했다. 나아가 한국 정부에 요청했다. "백정들이 성인의 상징인 상투를 틀고 갓을 쓰게 해주십시오."

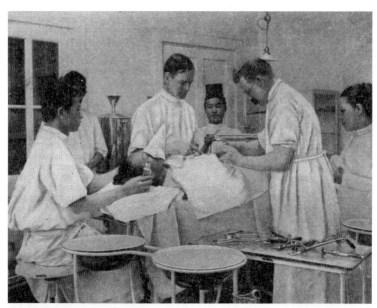

세브란스병원에서 수술하는 장면
중앙 왼쪽부터 허스트, 박서양, 에비슨이다.

박성춘의 아들, 박서양

갑오개혁 과정에서 이루어진 신분제 폐지를 통해 백정들은 상투를
틀고 갓을 썼다. 외모에서 그들을 구별할 수 있는 방법은 없었다. 에
비슨은 그들이 '인간'이 되었다고 생각했다. 박성춘이 자기 자식을
'인간'으로 만들어 달라고 요청했을 때 에비슨이 당황했던 이유이
다. 하지만 에비슨은 곧 깨달았다. 박성춘은 자신의 아들이 겉모습
만 인간이 아니라, 내적으로도 성숙한 인간이 되기를 바라고 있었

다. 그 길은 교육에 있었다. 박성춘은 자신의 아들이 근대 교육을 통해 사회에서 인정받는 사람으로 성장하기를 바랐던 것이다. 그 뜻을 이해한 에비슨은 그의 아들을 데리고 제중원으로 돌아왔다. 아들의 이름은 박서양이었다.

의학을 배우고 싶어 하지 않는 양반들

에비슨은 박서양의 심성을 알아보기 위해 처음에는 바닥 청소나 침대 정돈과 같은 허드렛일을 시켰다. 의학공부를 생각하고 제중원에 왔던 박서양에게는 당혹스러운 일이었을 것이다. 하지만 에비슨에게는 그럴만한 이유가 있었다. 처음 에비슨이 의학생으로 모집하고자 했던 사람들은 양반이었다. 일정한 교육을 이미 이수했기에 수월하게 서양의학을 배울 수 있으리라 생각했기 때문이다. 하지만 젊은 양반들은 의학을 배우고 싶어 하지 않았다. 그들은 길게 기른 손톱을 보여주며 "이는 우리가 절대로 상일을 하지 않는다는 것을 나타냅니다."라고 자랑스럽게 말했다. 에비슨은 양반층에서 의학생 찾는 일을 포기했다. 비록 신분이 낮을지라도 성실하고 험한 일을 즐겨할 수 있는 사람을 찾았다. 백정 출신인 박서양은 그런 에비슨의 기준에 맞는 사람이었다. 하지만 성실하고 험한 일 하기를 좋아하는지는 아직 알 수 없었고, 알아볼 필요가 있었다.

세브란스병원의학교 제1회 졸업생

박서양은 에비슨이 준 일들을 성실하게 해냈다. 에비슨은 만족했다. 에비슨은 그에게 의학서적을 주었다. 본격적인 의학교육이 시작된 것이다. 하지만 이미 결혼을 한 박서양에게 학생으로 공부하는 일이 쉽지는 않았을 것이다. 가장으로 의무도 있었기 때문이다. 그의 동료 중에는 그 부담을 이기지 못하고 중도에 포기하는 사람도 있었다. 하지만 박서양은 버텨냈다. 힘들지만 이런 과정을 거쳐 그는 성숙한 '인간'이 되어가고 있었다.

1908년 그는 동료 6명과 함께 연세의대의 전신이자 제중원의학교의 후신인 세브란스병원의학교 제1회 졸업장을 받았다. 한국 정부는 이십여 년 가까이 에비슨 그리고 그의 학생들이 쏟은 노력과 땀에 보답한다는 의미로 의술개업인허장(오늘날 의사면허)을 주었다. 졸업생들은 길게는 십 년 넘게 이어졌던 학생 생활을 벗어나 이제 공식적으로 의사로 활동할 수 있게 되었고, 개업을 통해 가정을 책임질 수 있게 되었다.

참다운 인격자

당시 서양의학은 급속히 자신의 영향력을 넓히고 있었다. 특히 서양에서 수입된 약들은 한국인의 복약습관을 바꾸고 있었다. 말라리아 치료제인 퀴닌의 경우 인기가 최고였다. 다른 약들은 무료로 나누어주던 제중원에서도 퀴닌만은 돈을 받았다. 워낙 많은 사람들이 퀴닌을 원했기 때문이다. 제중원에서 서양의학 지식을 배운 민병호는 소화제로 유명한 활명수를 만들었다. 서양의학을 교육하는 세브란스병원의학교를 졸업했다는 사실만으로도 박서양과 그의 동료들은 돈방석에 올라앉을 수 있었다. 하지만 그들은 돈을 선택하지 않았다. 자신들이 배운 학문을 후배들에게 전하는 일이 더 중요하다고 생각했다. 그런 모습을 본 에비슨은 자신이 의사를 넘어 참다운 인격자를 키웠다고 자랑스러워했다.

그러나 박서양이 한국사회에서 성장하는 일이 결코 쉽지 않았음을 말해주는 일화가 있다. 세브란스병원의학교 재학 중 그는 서울에 있는 여러 중등학교에서 과학을 가르쳤다. 당시 한국은 과학을 갈구하고 있었다. 서양과학이 직수입되던 세브란스는 한국에 과학을 전파하는 수로였고, 박서양은 그 지류 중 하나였다. 하지만 그의 가르침을 못마땅해 하는 학생들이 있었다. 그들은 박서양이 천한 백정 출신이라며 입방정을 떨었다. 박서양의 대답은 분명했다. "내 몸에 흐르는 오백 년 묵은 백정의 피를 보지 말고, 과학의 피를 보라!"

숭신학교 설립과 민족교육

세브란스병원의학교에 교수로 부임한 박서양은 처음에는 화학을 가르치다 나중에는 해부학, 외과학을 가르쳤다. 하지만 그의 진로를 가로막는 방해물이 나타났다. 1917년 세브란스병원의학교가 전문

강의 중인 박서양
(오른쪽에 탕건 쓴
사람)

학교로 바뀌면서 일제는 까다로운 요구를 내놓았다. 교수진과 관련
된 요구도 있었다. 그 과정에서 박서양은 국경을 넘어 북간도로 떠
났다. 어쩌면 원하지 않은 선택이었을 수도 있다. 하지만 그는 운명
을 수동적으로 받아들이지 않았다. 마치 백정이라는 숙명을 적극적
으로 개척했듯이 새로운 삶을 만들어나갔다. 그는 북간도에서 학교
를 세우고 병원을 지었다. 그가 지은 구세병원은 당시 북간도에서
거의 유일한 서양의료기관이었다. 초등학생들을 위해 숭신학교도
세웠다. 숭신학교는 학부모들의 갹출로 운영되는 한국인의 교육기
관이었다. 비록 한국은 아니었지만, 박서양이 거주하던 북간도는 일
본의 식민 지배를 받던 한반도보다 더 한국적인 곳으로 변해가고 있
었다.

당시 박서양을 주시하던 일본 경찰은 숭신학교가 반일 인사들에 의해 세워졌고, 배일적 경향이 농후하다고 파악했다. 틀린 말이 아니었다. 1929년 광주학생운동이 일어나자 숭신학교 학생들은 시내 중심가에서 만세를 부르며 시위를 벌였다. 손에는 조선독립을 뜻하는 만세기와 적기가 들려 있었

세브란스병원의학교 교수시절의 박서양

다. 일본은 학생들에게 민족의식을 불어넣는 기관을 그대로 두지 않았다. 1932년 일본 경찰은 불온사상을 고취한다는 이유로 숭신학교를 강제로 폐교했다.

대한국민회 군사령부 군의

박서양의 활동은 의료나 교육에만 머무르지 않았다. 그는 직접 독립운동 단체에 참가했는데, 북간도 최대의 독립운동 조직인 대한국민회였다. 대한국민회는 연길현, 왕청현, 화룡현 등 3개 현에 10개의 지방회와 133개의 지회를 두고 있는 거대한 조직이었다. 한국인들의 자치기구였지만 독립전쟁을 꿈꾸고 있었다. 산하에는 군사조직인 대한국민회 군사령부를 두었다. 1920년에는 봉오동전투로 유명한 홍범도와 함께 연합 작전을 펼치기도 했다. 박서양은 군사령부의 유일한 군의였다.

늙은 스승과 중년의 제자

1935년 선교사로서 생활을 마무리하고 캐나다로 귀국하던 에비슨은 도중에 북간도에 들렀다. 자신의 제자였던 박서양을 만나기 위해서였다. 헤어진 지 이십여 년 만이었다. 장년과 청년으로 헤어졌던 둘은 이제 노년과 장년이 되어 서로 만남을 기다리고 있었다. 에비슨은 장년이 된 자신의 제자가 어떻게 변했는지 궁금했을 것이다. 박서양은 아마 에비슨보다 더 그 만남을 기다리고 있었을 것이다. 에비슨을 만나지 못했다면 그가 의사로, 교수로 성장하는 일은 불가능했기 때문이다. 박서양에게 에비슨은 스승 그 이상의 존재였다. 군사부일체(君師父一體)라면, 에비슨은 그에게 아버지였다.

두 사람이 만나기로 한 날, 마침 폭우가 쏟아졌다. 여러 날 계속 내린 비로 길은 진창으로 변해 있었다. 그 길을 걸어 한 사람이 에비슨을 찾아왔다. 박서양의 부인이었다. 다음은 에비슨의 회고이다.

기쁨의 눈물을 흘리며 그녀는 우리들의 목에 기대었다. 우리는 박 의사에 관해 물었다. 그녀는 진창길을 통해 자신들을 방문하는 것이 우리에게 너무 힘들 것을 알고 함께 오려 했다고 했다. 그러나 그 순간 멀리 떨어진 환자로부터 왕진을 와달라는 요청이 왔다. 박 의사는 고민하다가 의사로서 자신의 의무를 다하기 위해 왕진을 떠났다고 했다.

당시 에비슨의 나이가 76세, 박서양은 51세였다. 에비슨은 캐나다로 영구 귀국하는 중이었다. 캐나다와 한국을 왕복하기 위해서는 배로 몇 주일을 보내야 했다. 만일 그때 두 사람이 만나지 못한다면, 그들이 이생에서 서로 만날 기회는 없었다. 아마 박서양도 그 사실을 알고 있었을 것이다. 하지만 박서양은 의사로서 의무를 다하기 위해 스승이 아니라 자신을 원하는 환자를 찾아갔다. 아마 에비슨은 서운했을 것이다. 하지만 다른 한편으로는 성숙한 '인간'이 된 자신의 제자를 흐뭇한 미소를 띤 채 그려보고 있었을 것이다.

대의 박서양

19세기에서 20세기로 이어지는 길목에서 제중원, 세브란스는 단순한 병원에 머무르지 않았다. 그곳을 통해 신분으로 나뉘어 있던 한국은 평등이라는 새로운 가치를 배워나갔다. 제중원, 세브란스가 있었기에 백정이었던 박서양이 의사로, 교수로 성장할 수 있었다. 한국이 일본의 식민지가 되자 박서양은 평안할 수 있는 기반을 버리고 북간도로 망명했다. 그곳에서 그는 단지 환자만을 치료하는 소의(小醫)가 아니라 나라를 구하는 대의(大醫)로 성장해나갔다. 그가 제중원, 세브란스를 통해 성숙한 인간으로 성장해갔듯이, 그 역시 자신의 조국인 한국을 이민족의 지배를 받지 않는 성숙한 국가로 성장시키고 싶었기 때문이다. 2008년 대한민국 정부는 박서양의 북간도에서 독립운동을 인정하여 그에게 건국포장을 수여했다.

의사를 넘은
독립운동가, 김필순

1908년 세브란스병원의학교를 제1회로 졸업한 김필순(1878~1919)은 모교의 교수로 부임하여 교육과 진료를 담당했다. 1910년 한국이 일본의 식민 지배를 받게 되자 중국으로 망명한 김필순은 독립운동의 근거지가 될 이상촌 건설 운동에 매진했다.

군대 해산과 세브란스병원

1907년 7월 31일 대한제국 군대의 해산이 발표되었다. 다음 날인 8월 1일 쓰러져가는 조국과 운명을 같이하려는 듯 1연대 1대대장이었던 박성환이 자결을 했다. 분노한 군인들은 서울 한복판에서 일본군과 시가전을 벌였다. 주요 전장 중 한 곳은 남대문이었다. 세브란스병원 바로 바깥이었다. 부상당한 군인들은 세브란스병원으로 옮겨졌다. 예상하지 못한 환자들을 맞은 세브란스병원은 그야말로 아수라장이었다. 모든 일손이 치료에 동원되었다. 세브란스병원의학교 생활의 마지막을 보내고 있던 김필순도 예외는 아니었다. 하지만 일손은 턱없이 부족했다. 정신없이 환자를 치료하던 김필순은 집으로 달려갔다. 집안의 여동생들을 부르기 위해서였다.

세브란스병원의학교 제1회
졸업생 김필순

김필순의 설득과 간호

김필순은 어머니께 도움을 청했다. "어머니, 일손이 달려요. 동생들과 함께 부상병 간호와 치료하는 일 좀 도와주세요." 하지만 당시는 여전히 남녀유별이라는 유교적 관습이 강하게 남아 있던 때였다. 어머니는 망설였다. "시집도 안 간 양갓집 규수가 아무리 부상병이라고 해도 남정네 간호하는 일을 어떻게 할 수 있겠니?" 딸들의 앞길을 생각해야 했던 어머니의 당연한 염려였다. 김필순은 답답했다. "어머니, 지금 사람들이 죽어가고 있는데 그런 걸 시시콜콜 따지고 있을 때가 아닙니다." 김필순은 그리스도의 참사랑 실천을 이야기했다. 김필순의 계속된 설득은 마침내 어머니를 움직였다. 김필순의 동생과 조카들은 서둘러 세브란스병원으로 달려가 부상병들을 간호하기 시작했다. 수백 년간 한국을 지배했던 남녀유별의 벽이 무너지는 순간이었다. 그 순간을 바라본 세브란스병원 원장 에비슨은 당시를 이렇게 회고했다.

한국인 여성 간호사는 밤새, 그리고 다음 날에도 부상병들을 돌보았다. 그리고 비로소 그들은 남자 환자를 간호했다는 것을 실감할 수 있었다. 그들은 한번 남자 환자를 간호했기에 다시 남자 환자를 간호할 수 있었다. 계속 그렇게 했다. 나는 이러한 변화가 일어나는 데 20년은 걸릴 것이라고 들은 적이 있었다. 그러나 그것은 24시간 이내에 이루어졌다. 수 세기 동안의 관습이 절실한 필요에 의해 하루아침에 타파된 것이었다.

신민회의 회의 장소, 김형제상회

일본군에 맞서 싸우고 있던 한국 군인들은 김필순에게 '동지'였다. 김필순은 이미 독립운동가들과 지속적인 관계를 맺어오고 있었다. 1907년 귀국한 안창호가 서울에 오면 늘 머무르던 곳이 바로 김필순의 집이었다. 당시 김필순은 형인 김윤오와 함께 세브란스병원 바로 앞에서 김형제상회를 운영하고 있었다. 김필순은 상회의 위층을 안창호의 접견실로 제공했다. 그곳은 독립운동가들의 모임 장소로 활용되었고 안창호, 이동휘, 이갑, 유동열, 양기탁, 윤치호 등이 조직했던 비밀결사 신민회의 회의 장소였다.

교과서 번역

1908년 세브란스병원의학교를 제1회로 졸업한 김필순은 모교에 남아 후진 양성에 나섰다. 의학교 재학 시절부터 김필순은 학생 이상의 존재였다. 강의 통역을 담당하였기 때문이다. 배재학당에서 배운 영어는 선교사들의 통역을 하기에 충분했다. 나아가 김필순은 에비슨이 야심차게 진행하던 의학 교과서 번역 작업에 참여했다. 당시 에비슨은 원활한 의학교육을 위해 교과서가 반드시 필요하다고 생각하고 있었다. 에비슨은 언어 문제로 강의에 지장을 받고 있었고, 번역된 교과서는 그 문제를 해결하기 위해 반드시 필요했다. 그 번역 작업에 김필순이 참여하게 된 것이었다. 1905년 첫 번째 번역서로 『약물학 상권 무기질』이 제중원 명의로 출간되는데, 그 번역자가 바로 김필순이었다. 번역 작업이 쉬울 리 없었다. 김필순은 당시 사정을 아래와 같이 적었다.

약 이름, 병 이름, 의학용어 중에서 우리나라 말에 없는 것이 많으므로 일본에서 번역한 말을 빌려 쓰기도 하고 새로운 말을 만들어 쓰기도 했다. 번역문이 바다를 건너는 돼지의 모습이나 발을 그린 뱀 모양 같아 보는 이들의 정신을 괴롭힐 염려가 많다. 하지만 공부를 하는 학생께서는 문장의 흠보다는 번역한 뜻을 아름답게 여겨주시길 바란다.

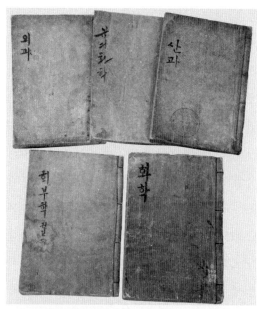

김필순 등 1회 졸업생이 참여하여 번역한 세브란스병원의
학교 교과서

에비슨의 후계자, 김필순

모교 교수로 부임한 후 김필순은 해부학을 강의했다. 김필순은 약
물학 이외에도 화학, 해부학, 생리학, 외과, 내과 등 거의 의학 전
분야에 걸친 번역 작업에 참여하였기에 다른 과목 강의도 가능했
다. 생물학을 강의하기도 했고, 다른 의료선교사와 생리학, 위생학,
외과학을 분담 강의하기도 했다. 세브란스병원을 책임지고 있던 에
비슨은 김필순의 역량을 높이 평가했다. 1910년 김필순은 의학교

의 책임을 맡는 학감이 되었고, 다음 해에는 병원의 외래 책임자가 되었다. 김필순은 에비슨의 뒤를 이을 후계자로 보였다.

한국병합과 중국 망명

그러나 1910년 일제의 한국병합은 김필순의 삶을 바꾸어 버렸다. 안창호를 비롯한 독립운동가들이 수시로 출입하던 김형제상회는 경찰의 요시찰 대상이었다. 1911년 총독부는 신민회의 주요 인사를 포함한 독립운동가 7백여 명을 구속하고 그중 105명에게 실형을 언도했다. 일명 105인 사건 혹은 신민회 사건이었다. 신민회 회원이었던 김필순은 자신에게 다가오는 위험을 실감했다. 1911년 12월 31일 김필순은 병원에 '신의주에 난산을 겪고 있는 임산부가 있어 전보로 내게 왕진을 요청한 까닭에 외출한다.'는 내용의 편지를 한 통 남기고 망명길에 올랐다. 다시 돌아올 수 없는 길이었다.

김필순은 망명을 떠나며 당시 중국을 뒤흔들고 있던 신해혁명에 참가하고자 했다. 중국은 수천 년 동안 이어지던 중세의 틀을 벗고 새로운 근대를 맞이하고 있었다. 청이 망하고 중화민국이 새롭게 탄생하고 있었다. 김필순은 그 혁명 속에 뛰어들고 싶었다. 하지만 중국에서 그는 자신의 결심을 바꿔야 할 상황을 만나게 되었다. 망명하는 한국인들을 위한 의료나 교육 기반이 너무 부족하였던 것이다. 김필순은 "중국말도 못 하는 사람들이 길에서 방황하는 모습을 차마 보지 못하겠다."고 기록했다. 망명자들도 김필순에게 도움을 청했다. 김필순은 쉽게 만나기 힘든 서양의사였다. 그들에게 김필순은 놓칠 수 없는 보배였다.

이상촌 건설

김필순은 결심을 바꿨다. 그는 중국에서 새로운 삶을 개척하기로 했다. 독립운동을 위한 이상촌 건설에 투신하기로 한 것이다. 일정한 지역에 한국인 촌락을 건설하고, 그곳을 기반으로 독립군을 양성하자는 계획에 참여했다. 일제가 지배하는 한반도에서 더는 독립운동을 진행하기 어려웠다. 일본의 영향력이 미치지 않는 지역을 찾을 필요가 있었고, 지금의 중국 동북부, 당시 간도라고 불리던 지역이 바로 그런 곳이었다. 그는 동생인 김필례에게 "난 이곳에서 지금까지 꿈꾸어 오던 이상촌을 세우고 독립군을 양성하여 우리나라 독립의 기틀을 닦고자 한다."고 썼다. 간도 이상촌 건설은 국권을 되찾고자 한 독립운동가들에게 이상적인 대안으로 자리 잡고 있었다.

김필순은 자신의 전공인 의료를 통해 이상촌 건설과 독립운동 지원을 시작했다. 서간도 통화(通化)에 적십자병원을 개원했고, 수입을 독립군 군자금으로 기부했다. 부상당한 독립운동가들은 김필순의 환자가 되었다. 독립운동가 이회영의 부인이었던 이은숙도 그런 사람 중 하나였다. 마적 떼의 습격으로 총상을 입은 이은숙을 치료하기 위해 김필순은 밤새 60킬로미터가 넘는 거리를 달렸다. 독립운동가들에게 김필순은 언제나 마음 편히 기댈 수 있는 든든한 의사였다.

중국 망명 시기의 김필순(아래 오른쪽)

북쪽에 있는 제중원, 북제진료소

김필순은 가족들을 불러 모았다. 형 김윤오는 병원의 감독을 맡았고, 어머니도 이상촌 건설에 참여했다. 어머니는 흙벽돌을 직접 찍기도 했다. 김필순이 거주하던 통화는 점차 새로운 한국을 꿈꾸는 사람들의 근거지로 변모해가고 있었다. 김필순은 개인을 치료하는 의사를 넘어 나라를 구하는 대의(大醫)로서 성장해가고 있었다.

그러나 일제는 한국 독립운동의 근거지로 성장하는 간도를 가만 두지 않았다. 1916년 김필순은 몽골 근처인 치치하얼로 보금자리를 옮겼다. 이곳에서도 이상촌 건설을 위한 노력은 멈추지 않았다.

한국인들이 정착할 수 있도록 토지를 구입했고, 북제진료소(北濟診療所)를 개원했다. 북쪽에 있는 제중원이라고 해석할 수 있는 이름이었다. 일본에서 유학하고 있던 동생 김필례를 불러 농민들을 위한 교육을 부탁했고, 매제인 최영욱에게는 병원 일을 맡겼다. 최영욱은 세브란스연합의학교 6회 졸업생으로 김필순의 후배이기도 했다.

독립운동 지원

김필순의 집은 독립운동가들을 위한 숙소로 변하기도 했다. 김필순의 가족들은 밤에 들이닥친 독립군들을 위해 방을 내주곤 했다. 부엌으로 쫓겨난 아이들은 아궁이 앞에 모여 관솔로 피운 조그만 불에 기대 추위를 달랬다. 어렸던 아이들은 아버지를 원망하기도 했다. 김필순의 장남 김영은 당시 "나는 이다음에 돈을 벌면 먼저 우리 식구들을 배불리 먹이고 난 다음에 남을 돕겠다."고 결심했다. 독립운동이라는 길에 들어선 사람들이 겪어야 했던 고난을 아이들도 겪고 있었던 것이다.

김필순이 망명한 지 8년이 지난 1919년 삼일운동이 폭발했다. 삼일운동은 한국 독립운동사의 금자탑이었다. 당시 독립운동가들은 프랑스 파리에서 열릴 강화회의에서 한국 문제가 논의되리라 예상하고 있었다. 제1차 세계대전이 끝나고 세계적으로 민족 자결과 해방의 구호가 파도치던 시절이었다. 강화회의에 모인 열강들이 한국을 독립시켜줄지도 모른다는 기대가 나오던 시절이었다. 독립운동가들은 한국의 대표를 파리강화회의에 참석시키고자 했다. 일본의 폭정을 알리고 한국의 독립을 호소하기 위해서였다. 한국 최초의 여성 학사 소지자인 하난사도 그 대표 중의 하나였다. 김필순은 중국에 온 하난사의 신변을 보호해주었다. 하지만 불행하게도 일본 경찰에게 계획이 탄로 나면서 하난사의 강회회의 참석은 실패로 돌아가고 말았다.

안타까운 사망

그러나 삼일운동은 독립운동에 새로운 동력을 제공하고 있었다. 상하이에는 대한민국임시정부가 수립되었다. 독립운동을 지도할 중추가 세워진 것이었다. 김필순의 동지였던 신민회의 회원들이 주요 직위를 차지했다. 신민회의 주요 목표였던 이상촌 건설운동을 지도했던 김필순의 활약이 기대되는 시점이었다. 하지만 김필순은 다시 뜨거워지는 독립운동의 대열에 참가하지 못했다. 삼일운동이 발발한 지 6개월이 지난 1919년 9월 1일 김필순은 당시 동아시아를 휩쓴 콜레라에 걸려 목숨을 잃고 말았다. 에비슨에게 인정받았던 세브란스의 차세대 지도자가, 독립운동을 이끌며 새로운 한국을 만들 지도자가 떠나는 순간이었다. 그의 나이 42세였다.

몽골을 치료한 의사,
이태준

1911년 세브란스병원의학교를 제2회로 졸업한 이태준(1883~1921)은 한일병합이 이루어지자 1회 졸업생 김필순과 함께 중국으로 망명했다. 몽골로 활동 지역을 옮긴 이태준은 독립운동을 지원하는 동시에 몽골인들의 질병 치료를 위해 매진했다.

김원봉을 찾는 서양인

1921년 어느 날 중국 베이징에서 한 서양인이 애타게 김원봉을 찾고 있었다. 김원봉은 당시 일제를 공포에 몰아넣고 있던 의열단의 단장이었다. 그 서양인은 한국인처럼 보이는 사람만 만나면 붙잡고는 "혹시 김원봉을 아오? 알거든 부디 만나게 해주시오."라고 부탁했다. 그 소식이 김원봉에게 전해졌다. 김원봉은 혹시 하는 기대감을 가지고 그를 만났다. 역시 그였다. 이름은 마자르. 김원봉이 애타게 기다리던 폭탄제조 기술자였다. 마자르를 김원봉에게 소개한 사람은 몽골 고륜(현재 울란바토르)에서 개업하고 있던 '닥터 리'였다.

당시 의열단은 테러활동에 사용하던 폭탄이 불발하는 경우가 많아 곤란을 겪고 있었다. 그 소식을 들은 닥터 리는 마자르가 "폭탄제조에 실로 탁월한 기술"을 가지고 있다며 김원봉에게 소개해주었다. 마자르가 헝가리인이며 자신의 기술이 "같은 약소국인 조선의 해방을 위하여 유용한 것"을 알게 된다면 기꺼이 도와줄 것이라 장담했다. 닥터 리는 마자르를 데려오겠다며 몽골로 돌아갔다. 그의 마지막 길이었다. 닥터 리는 세브란스병원의학교를 졸업한 의사 이태준의 별칭이었다.

안창호와의 만남과 중국 망명

세브란스병원의학교에 재학하던 중 이태준은 한국근대사를 수놓은 수많은 별 중의 별을 만났다. 안창호였다. 안창호는 1909년 안중근의 거사에 연루되어 통감부에 체포되었다가 석방된 후 건강 회복을 위해 세브란스병원에 입원해 있었다. 그때 안창호는 이태준을 "착한 말씀으로 인도"해주었고, "청년학우회에 입회하라고 열심히 권면"했다. 청년학우회는 안창호가 설립한 대성학교의 교사와 학생들로 이루어진 조직이었다. 지하 비밀조직인 신민회의 표면단체 중 하나였다. 이태준은 안창호와의 만남을 통해 청년학우회에 가입했다.

1911년 세브란스병원의학교를 졸업한 이태준은 모교 병원에 의사로 남았다. 하지만 일본의 식민 지배가 본격화되면서 이태준의

세브란스병원의학교 2회 졸업생
이태준은 사진 안에 있지만 정확히 누구인지는 알 수 없다.

합법적인 활동은 점점 불가능하게 되었다. 독립운동을 위한 망명은
어쩔 수 없는 선택이었다. 이태준은 선배였던 김필순과 함께 망명
을 모색했다. 김필순이 먼저 중국으로 떠나면 사태를 지켜본 후 뒤
따라 망명하기로 약속했다. 1911년 12월 31일 경의선 열차로 떠난
김필순을 배웅하고 돌아온 이태준은 자신과 김필순이 중국으로 망
명한다는 소문이 병원 내에 파다하다는 이야기를 듣게 되었다. 자
칫하면 일본 경찰에게 구속될지도 모를 상황이었다. 이태준은 정신
없이 망명길에 나섰다. 먼저 떠난 김필순의 행적도 모르는 채였다.

동의의국의 설립

이태준은 중국에서 1911년 신해혁명으로 폭발한 중국인들의 힘에 감명을 받았고, 일제의 식민지로 전락한 자신의 조국에 대해서는 자괴감을 느꼈다. 당시 이태준은 한국의 모습을 생각하면 "슬프고도 처량하다."고 말했다. "국권과 자유를 어떻게 회복할지 막막하다."고도 했다. 하지만 그는 절망하지 않았다. 안창호에게 보낸 편지에서 당신과 같은 지도자와 함께 독립운동을 전개하여 마침내 조국을 광복하고 자유를 회복할 날을 그리고 있다고 말했다. 그런 생각을 하면 그지없이 행복하다고 덧붙였다.

이태준이 처음 정착한 곳은 중국 난징(南京)이었다. 준비 없이 떠난 망명길이라 자금도 여유가 없었고 중국어도 불편했다. "아주 재미없는 생활"이었다. 겨우 기독교의원에 취직을 하면서 중국 정치인들과 교류를 할 수 있었고, 중국 혁명운동에 참여한 한국인 학생들도 만날 수 있었다. 서서히 망명생활에 적응해나가는 시간이었다. 당시 이태준은 먼저 떠난 김필순을 애타게 찾고 있었다. 안창호에게 "김필순의 소식을 듣지 못해 답답하니 서신이라도 보낼 수 있을지 알아봐 주십시오."라고 부탁했다.

1914년 이태준은 중국을 떠났다. 독립운동가 김규식과 함께였다. 목적지는 몽골이었다. 김규식은 몽골에서 비밀 군관학교를 설립할 계획을 가지고 있었다. 몽골에 도착한 이태준은 그곳에 동의의국(同義醫局)이라는 병원을 설립하고 진료에 나섰다. 동의의국은 같은 뜻을 가진 동지들의 병원이라는 의미였다.

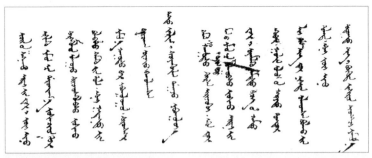

이태준이 받은 몽골 훈장 관련 서류

몽골에서 성병 치료

이태준이 세브란스병원의학교에서 학습한 서양의학은 그가 중국이
나 몽골에서 활동하는 데 큰 도움을 주었다. 이태준이 서양의학을
학습하고 시술한 20세기 초는 의학사에서 볼 때 도약의 시기였다.
1880년대 이후 파스퇴르, 코흐 등이 주도한 세균학 성과에 힘입어
서양의학은 새로운 단계로 성장하고 있었다. 세균학의 성장 자체
가 치료술의 발전으로 직결된 것은 아니었다. 하지만, 적어도 세균
학은 질병의 원인, 경과 등을 체계적으로 설명할 수 있었고, 나아가
백신과 치료제 개발의 가능성을 열어놓았다.

특히 매독의 경우 1910년 에를리히(Paul Ehrlich)에 의해 발명된
화학제인 살바르산(salvarsan)이 치료제로 활용되기 시작했다. 살바
르산의 효과는 분명하여, 성대에 침범한 매독균 때문에 거의 목소
리를 잃었던 환자들이 명료하게 말을 할 수 있을 정도였다. 이태준

이 몽골에서 활동하던 시기가 바로 이 살바르산이 상용화되기 시작한 때였다. 이태준은 새롭게 성장하던 서양의학의 힘에 기대어 당시 몽골인의 70~80%를 괴롭히던 성병을 치료하기 시작했다. 이태준의 치료로 완쾌된 몽골인들은 이태준을 '신인(神人)'이요 '극락세계에서 강림한 여래불(如來佛)'이라 불렀다. 그의 치료 공적을 인정한 몽골 국왕은 이태준에게 '귀중한 금강석'이라는 뜻을 지닌 국가훈장을 수여했다.

독립운동가들의 숙박지

이태준이 몽골인들의 진료에만 몰두한 것은 아니었다. 그는 조국을 독립시키겠다는 꿈을 실천하고 있었다. 몽골에 있던 그의 병원은 독립운동가들의 숙박지요, 연락거점이었다. 한글학자이자 독립운동가였던 이극로는 몽골과 시베리아를 거쳐 독일 베를린을 가기위해 이태준의 도움을 받았음을 기록했다. 이태준과 긴밀한 연락을 취하고 있던 사람 중에는 세브란스연합의학교 6회 졸업생인 김현국도 있었다. 김현국은 장가구에서 십전의원(十全醫院)을 개원하고 있었는데, 두 사람은 함께 장가구와 고륜 사이를 오가는 독립운동가들에게 편의를 제공하고 있었다.

코민테른 자금 운송 지원

특히 이태준은 1920년 한인사회당의 주도로 소비에트 정부로부터 받은 소위 코민테른 자금의 운송에 깊숙이 관여했다. 코민테른 자금은 한국의 독립운동을 돕기 위해 소비에트 정부가 특별히 마련한 재원이었다. 모두 200만 루블을 지원하기로 했고, 먼저 40만 루블이 한인사회당 대표 박진순과 상하이 임시정부 특사 한형권에게 지급되었다. 금화를 20부대씩 넣은 7상자에 이르는 거대한 자금이었다. 이 자금은 한국의 독립운동가들에게 "우리 독립운동을 진정으로 동정하는 자는 소비에트이다."라는 인식을 심어주는 결정적인 계기를 만들었다.

자금의 운송은 쉽지 않았다. 우선 자금은 모스크바에서 시베리아 횡단열차에 실렸고, 베르흐네우진스크에서 2개 경로로 분산 운송되었다. 아직 중앙아시아의 정세가 불안한지라 자금 모두를 잃게 될지 모른다는 염려 때문이었다. 12만 루블이 몽골을 통해 운송되기로 결정되었고, 고륜에 도착한 자금은 다시 나눠졌다. 4만 루블의 운송 책임이 이태준에게 맡겨졌는데 그는 고륜에 상주하는 한인사회당의 연락원이었다. 나머지 8만 루블의 책임을 맡은 김립은 이태준의 도움을 받으며 장가구, 베이징을 거쳐 상하이로 자금을 운송했다. 하지만 이태준이 맡은 자금은 운송되지 못했다. 뜻하지 않은 이태준의 죽음 때문이었다.

헝가리인 마자르를 베이징으로 데려가기 위해 몽골로 돌아온 이태
준은 1921년 러시아 백위파인 운게른 남작이 이끄는 부대를 만났
다. '미친 남작'이라 불릴 정도로 악명이 높았던 운게른은 1920년
이미 몽골 점령을 시도한 바 있었다. 1921년 운게른 부대는 봉건
귀족의 도움을 받으며 마침내 고륜을 점령하고 있던 중국 군벌을
물리쳤다. 고륜 공격은 치열했다. 한 기록은 "고륜이 삼면으로부터
공격을 받아 혈전이 벌어진 1주일 동안 4백 명이 사망하거나 부상
당했다."고 적어놓고 있다. 고륜을 점령한 운게른 부대는 대대적인
약탈과 살육을 자행했다. 유태인을 학살하고, 러시아인을 강제로
군대에 끌고 갔다. 중국 은행을 부수고 보관된 은화와 금괴를 빼앗
았다.

　이태준은 운게른 부대의 약탈과 살육 과정에서 살해되었다. 이
태준이 왜 러시아 백위파에 의해 살해되었는지 그 이유에 대해서는
아직 정설은 없다. 운게른 부대에 소속되어 있던 요시다(吉田)라는
일본인 장교가 이태준을 불령선인(不逞鮮人)으로 지목하여 처형을
주도했다는 설이 있다. 다른 한편으로는 이태준이 사회주의자와 교
류한 점을 백위파가 간취하였을 수도 있다. 또 다른 가능성도 있다.
당시 운게른의 군인들은 정규군이기보다는 규율이 없는 용병의 성
격이 강했고, 따라서 부유한 외국인에 대한 공격을 일상화하고 있
었다. 이태준이 보관하고 있던 4만 루블의 금괴가 그들의 목표가 되
었을 가능성이 있었다. 그 가능성이야 어떻든 1921년 2월 한국의

젊은 의사이자 독립운동가였던 이태준은 먼 이국인 몽골 고륜에서 최후를 맞았다. 그의 나이 39세였다. 그가 그토록 애타게 찾던 동지이자 선배였던 김필순이 사망한 지 2년이 지나서였다.

조선 청년의 헌신과 희생

현재 몽골 울란바토르시에는 이태준을 기념하는 공원이 세워져 있다. 몽골 정부가 자신들을 치료해준 이태준에 대한 감사의 표시로 부지를 제공했고, 이태준의 모교인 연세의대 동창회가 조성비용을 제공하여 세워진 공원이다. 지금은 사라진 이태준의 무덤은 몽골인들이 성산(聖山)으로 부르는 남산(南山) 건너편 구릉 한복판에 있었다. 그 사실을 전한 이는 독립운동가 여운형이다.

여운형은 1921년 이르쿠츠크에서 개최될 예정이었던 원동민족대회에 참석하기 위해 소련으로 가다가 고륜에 들렀다. 그곳에 한국인의 무덤이 있다는 말을 들은 여운형은 그 무덤을 찾아갔다. 벌거벗은 산비탈에 빈약한 나무들이 이곳저곳을 덮고 있던 경사지 한복판에 이태준의 무덤이 있었다. 간소한 분묘였다. 무덤 앞에 선 여운형은 "이 땅의 민중을 위하여 젊은 일생을 바친 한 조선 청년의 기특한 헌신과 희생"을 되짚어 보았다. 어쩌면 앞으로 걸을 자신의 삶이 이태준의 삶을 따라갈지도 모른다는 생각을 했을지도 모른다. 이미 많은 독립운동가들이 살았던 삶이었고, 그 후배들이 살아야 할 삶이었다.

몽골 울란바토르에 있는
이태준 기념공원

이태준과 한·몽 미래

몽골은 언어적, 문화적으로 한국과 유사하다. 외모로 볼 때 몽골인
은 한국인과 구별하기 힘들다. 지리적으로 가까운 중국인, 일본인
보다 더 흡사하다. 몽골과 한국이 국교를 맺은 지 20년이 지났다.
몽골은 중앙아시아에서 한국의 주요한 경제와 문화의 협력 동반자
로 성장하고 있다. 몽골과 한국의 관계가 앞으로 어떤 방향으로 발
전할지 정확하게 예측하기는 어렵다. 하지만 이미 백 년 전 자신의
젊은 생애를 바쳐 몽골인들을 치료한 한국인 청년은 그 관계에 밝은
빛을 던져줄 것이다.

독립을 위해 민족의 건강을
살핀 김창세

1916년 세브란스연합의학교를 졸업한 김창세(1893~1934)는 1918년 상하이로 건너가 홍십자병원에서 근무하는 동시에 독립운동에 참여했다. 1925년 모교 세균학 및 위생학 조교수로 취임했고, 1927년 상하이 위생교육협회의 현장 책임자로 취임, 위생 계몽활동을 전개했다.

안창호의 동서

- 김 의사(金醫師)가 와서 수치료(水治療)를 약 삼십 분간 시행했다(1920. 1. 17.).
- 김 의사가 와서 입원을 하라고 하는 까닭에 오후에 입원했다 (1920. 2. 1.).
- 홍십자병원에 가서 김 의사댁을 방문했다(1920. 2. 23.).

한국 독립운동의 걸출한 지도자였던 안창호의 일기에 나오는 문

필리핀 페이산얀 폭포에서
김창세 박사와 안창호 선생
(1929. 4. 22.)

구이다. 여기 나오는 김 의사는 안창호의 손아래 동서이자 세브란
스연합의학교를 1916년에 졸업한 김창세(金昌世)이다. 평소 과로
로 인한 소화기장애와 전신피로, 때로는 심한 두통으로 인해 고통
받던 안창호에게 김창세는 언제나 편하게 기댈 수 있는 주치의였
다. 나아가 한국의 독립을 위해 평생을 함께한 동지이기도 했다.

홍십자병원의 한국인 선교사

평안남도 용강이 고향인 김창세는 그곳에 파견된 안식교 의료선교
사인 러셀(Riley Russell)의 통역을 담당하면서 의학을 접하게 되었
다. 한국인 의사가 필요했던 안식교는 김창세를 당시 선교부 연합
으로 운영되던 세브란스연합의학교에 입학시켰다. 세브란스에 재
학하는 동안에도 그는 방학 때 자신의 고향인 순안의 학생들을 위

공중위생학 연구에 매진한
김창세

해 음악이나 영어를 가르쳤다. 김창세를 기억하는 사람들은 그의 다재다능함을 지적하곤 했다. 그는 노래실력이 뛰어났을 뿐 아니라 어학실력은 발군이었다. 그의 영어 글씨를 본 사람들은 어떻게 "그렇게 예쁘고 잘 쓰는지" 궁금해 했다. 세브란스를 졸업할 때는 답사를 영어로 했는데, 읽는 것이 아니라 직접 청중을 보고 말했다고 한다.

1916년 세브란스연합의학교를 졸업한 김창세는 1918년까지 안식교에서 운영하는 순안교회병원에서 근무하다가, 그해 상하이에 있는 안식교 운영 병원인 홍십자병원에 선교사로 파견되었다. 그곳에서 근무하는 동안 김창세의 신망은 높았다. 1920년 그는 베이징에서 열리는 의료선교사대회에 참가하는데, 그 이유는 그가 "중국인과 서양인들 사이에서 다대한 신임과 존경"을 받았기 때문이다.

상하이에서 독립운동

김창세의 상하이 생활은 그에게 독립과 의학, 독립과 건강의 상관성을 고민하게 했다. 그의 고민과 관련하여 주목되는 것은 그가 홍십자병원의 부원장이 한 '건강과 국가흥망의 관계'라는 강연을 통역한 일이다. 이 강연에서 부원장은 당시 서세동점의 국제상황이 건강과 밀접한 관련이 있다는, 다시 말해 "국가흥망이 국민의 건강 여하"에 달려 있다는 주장을 했다. 이 강연은 민족의 해방을 꿈꾸는 상하이의 한국인들에게 자신의 건강과 독립의 연관성을 다시 한번 생각하게 하는 계기가 되었다. 그 강연을 통역한 김창세 역시 예외는 아니었다. 특히 "우리의 고통 중 십분지구(十分之九)까지는 능히 예방할 수 있다."는 내용은 공중위생에 대한 관심을 촉구하는 것으로 김창세의 향후 진로를 예견해주고 있다.

상하이에 거주하는 동안 김창세는 임시정부를 지원하는 방식으로 독립운동에 참여했다. 그는 임시정부 산하 대한적십자회가 운영하는 적십자회병원에서 진료활동에 종사하는 동시에 부설 간호원 양성소 창립에 참가했다. 당시 적십자회에서 양성하고자 했던 간호사는 의사 업무를 보조하거나 환자를 간호하는 일반적인 의미의 간호사가 아니었다. "전쟁의 시기에 의사가 부족할 것을 염려하여 간호원으로 하여금 구급에 필요한 의학의 지식을 전달"하는 것이 목적이었다. 즉, 그들은 1910년 한일병합 이후 만주지방을 중심으로, 1919년 삼일운동 이후에는 임시정부를 중심으로 진행 중이던 독립전쟁에 참여할 의료인이었다. 김창세는 그들을 직접 교육했다.

한국인 최초의 보건학 박사 취득과 모교 취임

홍십자병원에서 진료와 간호사 양성을 통해 임시정부 지원활동을 펼치던 김창세는 1920년 미국으로 떠났다. 독립을 위한 보다 근본

1925년 하와이에서 열린 범태평양회의에 참석한 김창세(맨 왼쪽)와 가족들

적인 방법을 찾기 위해서였다. 미국에서 그는 공중위생학이라는 학문을 만났다. 위생환경 개선으로 모든 인류가 행복한 세상을 만들수 있다는 내용은 김창세를 감동시켰다. 그에게 공중위생학은 "내 민족을 위하여 죽기까지 봉사"할 수 있는 학문이었다. 1923년 공중위생학 연구를 위해 존스홉킨스 보건대학원에 진학한 그는 1925년 「녹두콩에 대한 화학적, 생물학적 연구」로 위생학 박사학위를 받았다. 한국인 최초의 보건학 박사의 탄생이었다. 위생 증진을 위해서는 무엇보다 식생활 개선이 필요했고, 녹두콩은 한국에서 쉽게 구할 수 있는 단백질원이었다는 점에서 연구의 의미도 충분했다.

김창세는 박사학위 취득 후 한국으로 귀국했다. 모교인 세브란스의학전문학교에 세균학 및 위생학 조교수로 취임하기 위해서였다. 그는 세브란스에서 그동안 경험과 연구를 통해 정립한 자신의 공중위생론을 본격적으로 펼치기 시작했다. 그의 이론은 '육체적 민족개조론'으로 요약되었다. 민족이 부흥하기 위해서는, 즉 민족이 독립하기 위해서는 민족의 육체를 개조해야 한다는 주장이었다.

육체적 민족개조론

김창세에 따르면, 역사상 위대한 민족은 모두 체력이 건장했다. 몽골족, 만주족, 로마인들이 그러했다. 그 당시도 마찬가지였는데, "영, 미, 독, 불은 다른 민족에 비기어 체력이 강장"했다. 이런 관점에서 보면, "우리 민족이 쇠퇴한 가장 보편적이고 가장 근본적인 이유는 건강이 부족"했기 때문이었다. 한국인은 같은 동양인인 일본인보다 약했다. 마흔 살만 되어도 새로 공부를 시작하거나 힘이 드는 사업을 시작할 수 없었다. 민족이 쇠퇴한 이유는, 즉 일본의 지배를 받게 된 이유는 바로 건강에 있었다.

　김창세는 해답도 내놓았다. "나는 조선의 운명이 건강에 달렸다고 봅니다." 민족의 부흥을 위한 다른 방법, 예를 들면 정치적 해방, 교육의 보급, 경제의 발전, 종교의 보급 역시 건강이 보장되지 않으면 성취할 수 없었다. 민족의 건강을 확보하는 일이 민족을 부흥시킬 수 있는 가장 근본적인 길이라는 결론이었다. 특히 위생은 민족의 부흥을 위해 반드시 실천해야 할 조목이었다. 서양인이 동양인보다 건강한 이유는 선천적 체질도 있지만, 대부분은 위생적인 생활을 한다는 데 있었다. 결국 중요한 것은 공중위생의 향상이었다. 그 향상을 위해 반드시 필요한 일이 교육이었다. "우리나라의 건강 상태를 진보시킬 그 제일보는 공중위생교육에 있다."

공중위생의 꿈

김창세는 강의나 연구 이외에 대중 강연에 적극 나섰다. 여성단체가 개최한 강연회에 참가하여 미학력아동을 위한 위생, 어린이 양육에 필요한 위생 등을 강조했다. 나아가 본격적인 공중위생활동을 위해 미국의 록펠러 재단에 지원을 요청하기도 했다. 록펠러 재단은 국제보건사업단을 통해 공중위생사업의 확산을 위한 재정지원 사업을 펼치고 있었다. 김창세가 졸업한 존스홉킨스 보건대학원도 록펠러 재단의 지원으로 설립된 기관이었다. 김창세는 록펠러 재단의 지원으로 공중위생사업에 종사할 인재들을 양성하고자 했다. 공중위생가들은 "우리 민족의 위생환경을 개선하여 우리 민족이 건강과 번영과 행복을 누릴 수 있"도록 할 수 있는 인력이었다.

중국에서 공중위생활동

그러나 김창세의 요청은 수용되지 않았다. 록펠러 재단의 정책상 국공립기관이 아닌 사립기관에 대한 지원은 불가능했기 때문이다.

1927년 그는 한국에서 활동을 정리하고 이미 의료활동을 벌인 경험이 있는 상하이로 떠났다. 상하이에서 김창세는 중화위생교육회 성시위생부 주임으로 취임했다. 1927년에서 1928년 사이 중국 25개 도시에서 위생운동이 진행되고 있었는데, 김창세는 이 운동들을 적극적으로 지원했다. 각종 모임에서 위생강연을 했고, 아편반대협회가 주관한 아편반대주간에는 라디오 강연을 했다. 그의 강연 중 일부는 위생사상의 확산을 위해 중국어로 번역되어 출판되기도 했다. 이 외에도 의과대학의 요청으로 전염병 관련 과목을 강의하였으며, 국가의학회에 참여해 논문을 발표하기도 했다.

비록 모국은 아니었지만 김창세의 위생계몽활동은 중국 국민들에게 "건강은 훌륭한 국가의 토대"라는 것을 깨닫게 한다는 점에서 뜻깊었다. 더구나 중국은 외국의 지속적인 침탈 아래 있다는 점에서 '건강 회복을 통한 새로운 국가 건설'을 원하는 한국과 지향이 같았다. 김창세의 활동을 바라본 협회 관계자는 그가 "그 자리에 잘 맞는다."고 평가했다. 나아가 중국에서 생활은 김창세가 조국인 한국에서 가지지 못했던 기회를 제공할 수도 있었다. 국가가 임명하는 공중위생 관리로 활동할 가능성이 있었던 것이다.

미국에서 공중위생활동

그러나 1927년 국공합작이 결렬된 후 중국의 정세는 더욱 불안정해지고 있었고, 김창세의 활동 기반이었던 중화위생교육회의 활동마저 불가능해졌다. 1930년 김창세는 미국으로 떠났다. 미국에서 김창세는 중국 공중위생 향상을 위한 지원 활동을 벌였다. 특히 당시 심각했던 결핵 치료와 관리를 위한 보다 체계적인 연구를 하고자 했다. 중국 항저우에서 시작된 결핵요양소 설립운동을 재정적으로 지원하기 위한 모금활동도 병행했다. 그는 항저우 서호(西湖)에 있는 결핵요양소 의료책임자이기도 했다. 1931년에는 뉴욕 시장의 주선으로 차이나타운에 의료시설을 만들어 위생국장으로 취임했고, 뉴욕 맨해튼 보이스카우트 보건과장으로 활동하기도 했다.

사라진 공중위생의 꿈

김창세의 미국 생활은 화려했다. "한국인으로서 김창세만큼 미국 상류사회에서 교제를 넓게 한 사람은 없었다." 수려한 외모, 유창한 언어, 쾌활한 성격은 그의 외국활동을 뒷받침하는 든든한 재산이었다. 그러나 가족 없이 혼자 보내는 미국 생활은 그의 심리를 불안정하게 만들었던 것으로 보인다. 그는 1934년 3월 15일 뉴욕 아파트에서 가족과 친구에게 보내는 유서를 남기고 자살했다. 그의 자살을 보도한 한 신문은 그가 가족들을 미국으로 데려오지 못한다는 이유 때문에 근심스러워했고, 특정인에게 모종의 위협을 받고 있었다고 보도했다.

삼일운동을 주도한
세브란스인, 배동석

1919년 삼일운동이 전개될 때 세브란스연합의학전문학교 학생 대표로 활동한 배동석은 투옥과 고문 과정에서 결핵을 얻게 되었다. 세브란스는 그의 치료를 위해 한국 최초로 결핵병사를 병원 내부에 설치했다.

배동석과 결핵

배동석(裵東奭: 1889~1924). 귀에 익지 않은 이름이다. 하지만 그는 한국근대사에 크게 두 가지 족적을 남겼다. 우선, 그는 한국 최초의 결핵병사를 만드는 계기를 제공했다. 당시 결핵은 전염병 중 가장 낭만적인 병이었다. 사람들은 머리 좋고, 재주 많고, 눈물이나 웃음, 정열이 많은 사람이 결핵에 걸린다고 생각했다. 아마 결핵환자들이 가지기 마련인 하얀 피부색 때문이었으리라. 하지만 한센병과 결핵 중 하나를 고르라고 하면, 사람들은 차라리 한센병을 고르겠다고 말했다. 결핵에 걸리면 아무도 주위에 남지 않기 때문이었다.

결핵이 전염된다는 사실은 환자를 철저히 외톨이로 만들었다. 결핵은 현실에서 공포 그 자체였다.

더욱 큰 공포는 결핵에 치료약이 없다는 데 있었다. 1882년 독일인 코흐에 의해 결핵균이 발견되었지만, 치료약 개발은 쉽지 않았다. 1890년 코흐가 득의만만하게 투베르쿨린의 개발을 발표했지만, 치료 효과가 없었다. 투베르쿨린은 개발자의 의도와 무관하게, 후에 결핵 확진법으로 활용되었다. 마땅한 치료약이 없다보니 사람들은 결핵에 걸렸다는 진단을 사형선고로 받아들였다. 의사들은 치료할 엄두도 내지 못했다. 병세가 더 악화되지 않게 하는 수밖에 없었다. 환자들 중에는 서서히 죽어갈 바에야 차라리 목숨을 끊겠다는 사람도 나왔다. 결핵은 의사와 환자를 모두 절망에 빠뜨리는 병이었다.

요양요법

방법이 아예 없는 것은 아니었다. 요양이 있었다. 요양소에 입원하여 충분히 영양을 취하고 햇볕을 쬐며 신선한 공기를 마실 경우 신체의 저항력을 키워 결핵을 퇴치할 수 있었다. "휴식, 신선한 공기, 햇빛, 그리고 유능한 간호가 매일 기적을 만들었다." 요양소 입원은 1944년 스트렙토마이신이 개발되기 전까지 결핵환자들이 기댈 수 있는 안전하고 효과적인 방법 중 하나였다. 19세기 말부터 서양 각국은 결핵환자 치료를 위해 언덕 위에 요양소를 설립하기 시작했다. 일본도 1910년대에 접어들면서 요양소 설립에 나서기 시작했다. 서양과 일본의 영향은 한국에도 미쳤다.

한국 최초의 결핵병사

1920년 3월 세브란스병원 내과 교수로 있던 스타이츠(F. M. Stites)는 원내에 결핵병사를 설립했다. 6백 원의 건축비로 만들어진 병사는 3칸짜리 전통식 단독 가옥으로 유리창이 많아 쾌적한 느낌을 주었다. 한국에서 최초로 만들어진 결핵병사였다. 당시 세브란스병원은 이 병사에 자부심을 가지고 있었다. 아래 기사는 그 자부심을 보여준다.

> 조선 최고의 결핵병사라면 아마 여러분은 신라나 고려, 아니면
> 조선시대의 고적이라 헛 짐작할 것이다. 그러나 아니다. 서울에
> 있지만 조선시대의 것도 아니요, 최근 건물이다. 본 세브란스
> 병원 내 철강으로 둘러싸인 굉장한 테니스 코트 한쪽에 고독의
> 자태를 쓸쓸히 보이는 것이 조선 최초의 결핵병사이다.

배동석은 이 결핵병사의 최초 환자였다. 당시 결핵환자 중에는 학생들이 많았다. 한창 일해야 할 젊은이들을 결핵이 공격하곤 했다. 20대 학생들이 주 구성원이었던 세브란스가 결핵에 관심을 가지는 일은 자연스러웠다. 세브란스는 1928년 의료선교사 서우드 홀

세브란스병원 내에 있던 한국 최초의 결핵병사

(Sherwood Hall: 1893~1991)에 의해 해주에 결핵요양원이 설립되자
그 후원을 위해 '세브란스 항결핵회'를 조직했다. 결핵의 예방을 위
해 의료지식을 보급하고 환자를 치료할 병실을 설립하기 위해서였
다. 배동석이 입원했던 결핵병사를 계승, 발전시키자는 취지였다.
배동석의 이름은 한국 결핵의 역사에 굵은 글씨로 남아 있다.

배동석과 삼일운동

배동석은 전민족적인 항일운동이었던 삼일운동을 주도했다. 그는 당시 세브란스의학전문학교의 교남(영남)학생친목회 회장으로, 세브란스의전 학생YMCA 전 회장인 이용설, 회장인 김문진과 함께 세브란스의전 학생들을 삼일운동에 참여시키는 역할을 담당했다. 위의 세 사람을 모은 구심점은 당시 세브란스병원 약제실 주임이었던 이갑성이었다. 이갑성은 삼일운동을 발화시킨 민족대표 33인 중 한 명이었다.

배동석은 이미 2월부터 이갑성과 함께 삼일운동을 모의했다. 이갑성은 고종의 죽음으로 극도로 예민해져 있던 총독부의 감시를 피하기 위해 음악회를 빌려 모임을 만들었다. 다른 전문학교 대표들과 함께한 자리에서 그는 "해외의 독립운동 정세를 논의하고 독립사상을 고취"했다. 모의가 구체화되면서 배동석은 이갑성의 지도 아래 마산에 가서 삼일운동에 참여할 동지를 규합하는 역할을 담당했다. 마산으로 내려간 배동석은 동지들에게 독립운동에 참여하는 동시에 총독부에 청원할 독립청원서에 "날인하라는 취지로 권유"했다. 역할을 마치고 귀경한 배동석은 3월 1일을 기다렸다.

3월 1일이 밝자 배동석은 탑골공원으로 향했다. 민족대표 33인이 독립선언서를 낭독할 장소였다. 하지만 민족대표들은 탑골공원이 아닌 태화관에 있었다. 그들은 공원에서 가질 선언식이 자칫 흥분한 민중들에 의해 폭동으로 비화할지 모른다고 염려하고 있었다. 자신들만의 모임에서 독립선언서를 낭독한 민족대표들은 경찰에

이갑성
당시 세브란스병원 약제실 주임이던 그는 삼일운동을 주도했다.

전화를 걸어 그 사실을 알렸고, 체포되었다. 비폭력을 전제로 한 평화적인 운동은 이상적이었다. 일본은 한국을 지배하기 위해 수단과 방법을 가리지 않았고 한국인들은 피의 대가를 치뤄야만 했다.

민족대표가 나타나지 않았지만, 탑골공원에 모인 사람들은 학생들의 지도에 따라 평화적인 만세시위운동에 나섰다. 배동석은 그 앞에 있었다. 시위 군중은 서울 전역을 돌며 만세를 외쳤다. 남대문, 덕수궁, 광화문, 서대문, 소공로, 을지로. 그들의 발길이 닿지 않는 곳은 없었다. 그들의 목소리는 10년 동안의 무단통치에 짓눌렸던 한국인들의 외마디 비명이자 새로운 세상을 맞고자 하는 희망의 외침이었다.

『독립신문』의 발간

배동석과 함께 학생 조직을 담당했던 이용설, 김문진 등은 삼일운동을 확산시키기 위해 신문 발행을 추진했다. 『독립신문』의 발간이었다. 이 신문에는 각지에서 일어난 시위 소식, 파리평화회의 소식, 격문 등이 실렸다. 이용설의 회고에 따르면, 이 신문은 세브란스병원 전 외래진료소 4층에 있는 해부학교실 옆 사진 암실에서 인쇄되었다. 하지만 신문은 오래 지속되지 못했다. 불온 신문이 세브란스에서 발행된다는 정보를 얻은 경찰이 병원을 수색하기 위해 찾아왔기 때문이었다. 다행히 등사판을 석탄창고에 숨겨 두어 위기를 모면할 수 있었다. 다른 회고에 따르면, 등사기를 감춘 장소는 암실이 아니라 해부학교실에 있던 시체 밑이었다. 병원이라는 특수한 공간을 이용한 기지 넘치는 행동이었다.

세브란스의 삼일운동 참여

의학생뿐 아니라 간호학생들도 시위에 참여했다. 그들은 부상당한 시위자들을 돕기 위해 붕대를 가지고 거리로 달려 나갔다. 이들은 경찰에 체포되어 선교사들이 배후에서 시위를 조종했는지 여부를 추궁당해야 했다. 간호학생 중 한 명인 정종명은 이갑성이 맡긴 중대 서류 때문에 경찰에게 잡혀 고초를 겪기도 했다. 삼일운동 직후에 결성된 대한애국부인회에 세브란스 간호사가 다수 참여한 배경에는 이러한 시위운동의 참여 경험이 있었다.

배동석의 활약은 3월 1일 당일에만 그치지 않았다. 그는 운동의 열기를 이어가야 한다고 생각했다. 3월 5일 그는 동문인 김병수와 함께 남대문 앞에 모여 시위운동을 이어갔다. 그들의 행렬은 남대문을 거쳐 시내로 향했다. 수백 명의 사람들이 함께했다. 당시 경찰문서에 따르면, 배동석은 "독립만세를 고창하는 집단에 참가하여 같이 독립만세를 불러 극도로 소란을 피움으로써 치안을 방해했다.”고 한다. 배동석은 검거되었고, 징역 1년형을 선고받았다. 하지만 그가 받은 것은 징역뿐이 아니었다. 고문도 뒤따랐다. 고문에 이은 징역은 그에게 결핵이라는 예상치 못한 질병을 안겨주었다. 세브란스는 그를 위해 결핵병사를 마련했다. 하지만 요양은 결핵 치료를 위한 하나의 방법이었을 뿐이다. 배동석은 결핵을 이기지 못하고 쓰러졌다.

세브란스의 전통과 삼일운동

삼일운동은 지역, 신분, 계층, 종교, 남녀노소를 넘어 새로운 근대 한국이 탄생하는 계기를 이루었다. 삼일운동에 배동석, 이갑성, 정종명, 스코필드 등 세브란스의 사람들이 적극적으로 참여한 배경에는 제중원의 전통이 있었다. 세브란스의 전신인 제중원은 새로운 한국을 만드는 중심이었다. 전통 한국사회가 신분이라는 벽으로 갈라져 있었다면, 제중원은 그 벽을 넘어 평등한 한국을 만드는 공간이었다. 제중원에서는 신분질서의 가장 아래 있던 백정도, 최정점에 있던 국왕도 한 명의 동등한 환자였다. 백정을 치료했던 의료선교사는 국왕인 고종도 치료했다. 제중원의 의사들은 그들을 차별하지 않았다. 제중원에서 한국인들은 하나로 대우받았고, 하나가 되어갔다. 평등하고 새로운 한국이 제중원에서 만들어지고 있었던 것이다. 그 제중원의 사람들, 즉 세브란스의 사람들이 전민족적 운동인 삼일운동에 참여하는 것은 어쩌면 너무나 당연한 일이었다.

1990년 배동석은 대한민국에 의해 독립유공자로 인정되었다. "중
학교 재학시절부터 항일사상이 투철했으며 3·1독립만세 운동에서
는 이갑성과 비밀활동을 하다가 징역 1년형을 받았고 고문의 여독
으로 사망한 사실이 확인"되었기 때문이다. 2008년 연세대학교에
서는 배동석에게 명예졸업장을 수여했다. 삼일운동 과정에서 "민족
의 독립을 위해 헌신"하다 사망함으로써 "안타깝게도 학업을 마치
지 못한" 그의 독립정신을 길이 기념하고 유지하기 위해서였다.

여성해방을 꿈꾼 간호사,
정종명

1920년 세브란스 간호부양성소를 졸업한 정종명(1896~?)은 재학 중 삼일운동에 참여하는 등 민족운동에 깊은 관심을 가지고 있었다. 그는 졸업 후 근우회를 조직하고, 조선공산당에 참여하는 등 여성운동, 사회운동으로 활동영역을 넓혀나갔다.

사회운동가 정종명

어지간히 얽은 얼굴, 뾰족한 입, 그 입으로 쏟아져 나오는 총알 같은 퍼붓는 말구절. 한동안에는 무엇무엇하는 운동자들의 어느 회합에서나 그의 얼굴을 아니 볼 수 없었고 그의 음성을 아니 들을 수 없었다.

1932년 종합잡지인 『삼천리』에 실린 어느 인물에 대한 묘사이다. 1932년이면 일본이 만주국을 세우고 자신의 영향력을 중국 전체로 확대하던 때였다. 1920년대 한국 사회를 달구었던 사회운동의 열기가 식어가던 때이기도 했다. 작자는 1920년대를 수놓은 여러 사회운동가들을 회고하며 그들의 근황을 전하고 있었다. 위 글의 주인공은 누구보다 열심히 1920년대를 살아왔음에 틀림없다. 토론에 강했고, 실천에도 강했던 그녀의 이름은 정종명, 1920년 세브란스 간호부양성소 졸업생이었다.

1920년 세브란스 간호부양성소 졸업생 정종명

사회주의자의 탄생

1919년 삼일운동을 거치면서 한국에는 새로운 사람들이 나타나고 있었다. 청년들이었다. 이들은 청년회를 만들고 사회개혁을 위한 실천을 해나갔다. 이 청년들 중에는 한국의 독립을 넘어 새로운 사회를 꿈꾸는 사람들이 있었다. 사회주의자들이었다. 그들 중에는 여성들도 있었다. 그들은 여성해방이 사회해방과 깊게 이어져 있고, 여성해방이 사회해방의 중요한 요소라고 생각했다. 그들은 단지 생각만 하지 않았다. 제대로 무르익기도 전에 잡히기는 했지만, 조직을 만들었고, 투쟁을 벌였다. 위험한 일이었다. 식민권력은 사회주의자들을 가장 위험한 반체제세력이라고 간주했다. 사회주의자들은 자신의 미래나 목숨을 걸어야 했다. 하지만 그들은 자신들이 꿈꾸는 세상을 만들기 위해 두렵지만 그 길을 걸었다. 정종명도 예외는 아니었다. 아니, 그녀는 누구보다 열심히 그 일을 해나갔다.

기독교 귀의

정종명은 자신이 "빈궁과 고독과 학대로 다진 인생의 최하층"에서 태어났다고 했다. 그녀의 아버지는 그녀가 십여 세가 되었을 때 러시아로 떠났다. 먼 곳으로 떠난 아버지를 대신하여 어머니가 생활을 책임져야 했다. 여성이 혼자 이끄는 생활이 윤택할 수 없었다. 하지만 정종명은 배화여학교에 입학했다. 여성을 위한 교육이 아직까지도 낯설던 때였다. 그녀의 어머니는 여장부였다. 딸의 장래를 위해 자신을 희생할 줄 아는 여성이었다. 사회운동에 투신한 정종명은 어머니를 닮았다. 자신만을 위한 삶을 사는 태도는 정종명에게도, 그녀의 어머니에게도 어울리지 않았다.

17세에 결혼한 정종명은 3년 만에 남편을 잃었다. 사별을 한 그녀는 흔히 사람들이 생각하는 청상과부의 삶을 거부했다. 고독과 비애에 젖어 사는 삶을 거부했다. 그녀는 새로운 삶의 계기를 찾았다. 기독교였다. 그녀는 기독교 전도사의 조수가 되었다. 사회운동에서 보인 적극성은 믿음의 실천과정에서 이미 나타났다. 그녀는 전도를 위해 성경을 옆에 끼고 가정과 거리를 누볐다. 말 그대로 그녀는 온몸을 바쳤다. 그녀는 자신의 기독교 개종을 '시대정신'이라

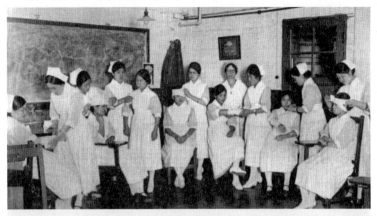
세브란스 간호부양성소에서 이루어진 붕대법 실습

고 표현했다. 기독교는 한국을 전통에서 근대로 끌어올린 힘이었다. 식민 지배로 의지할 곳을 잃은 한국인들은 교회를 찾았다. 기독교는 한국을 서양적 근대로 이끌고 있었다. 정종명은 그 흐름에 몸을 맡겼고, 나아가 그 흐름의 맨 앞자리로 걸어 나갔다.

세브란스 간호부양성소 입학

기독교 학교인 세브란스 간호부양성소 입학은 정종명에게 자연스러운 선택이었을 것이다. 기독교는 여성들에게 새로운 문호였다. 기독교는 여성들을 위한 병원을 세웠고, 학교를 지었다. 초기 여성 지도자라고 일컬어지는 사람들은 대체로 선교사들이 세운 학교를

세브란스 간호부양성소 건물

나왔고, 자연스럽게 영어식 이름을 가졌다. 기독교 기관을 통해 여성들은 서서히 성장해나가고 있었다. 정종명과 같은 새로운 삶을 꿈꾸는 여성에게 세브란스는 새로운 삶을 제공할 수 있는 맞춤한 기관이었다. 더구나 그녀는 가정의 경제를 책임져야 할 처지였다. 그녀는 남편과 사이에 아들 하나를 두고 있었다. 간호사는 보통학교 교사와 함께 당시 여성들이 가질 수 있는 몇 안 되는 직업 중 하나였다. 정종명은 세브란스에서 서양의학과 간호학을 배워나갔다. 생리학, 병리학을 배웠고, 간호법을 익혔다.

삼일운동 참여

간호사가 될 준비를 해나가고 있던 그녀에게 삼일운동은 사회운동에 뛰어드는 계기가 되었다. 세브란스병원 약제실 직원이자 민족 대표 33인 중 하나였던 이갑성은 그녀에게 중요한 서류를 맡겨 두었다. 재학 중 간호사들의 처우개선을 요구하는 동맹휴학을 주도한 적이 있는 정종명은 이갑성에게 믿을 만한 동지였을 것이다. 하지만 경찰은 정종명의 존재를 놓치지 않았다. 경찰에 연행된 그녀는 그곳에서 "단단히 고생을 했다." 삼일운동의 경험은 그녀의 생각을 바꾸었다. 그녀는 "불합리한 현실과 싸우는 큰 일에 몸을 던지겠다."고 결심했고, 사회운동에 본격적으로 뛰어들었다.

결혼과 여성운동에 대한 관심

그녀의 관심은 여성해방에 있었다. 자신의 경험이 반영되었을 것이다. 3년 남짓한 결혼생활은 행복하지 않았다. 우선 스스로 원해서 한 결혼이 아니었다. 어머니의 뜻을 따랐을 뿐이다. 당시 결혼에서 당사자의 의사는 중요하지 않았다. 그녀는 자신의 결혼생활을 '인형 노릇'이라고 표현했다. 자신의 소망이나 의지와 무관하게 이어지는 생활이었다. 그녀는 이혼을 생각하고 있었다. 당시 여성으로서는 하기 힘든 선택이었다. 하지만 그녀에게 행복하지 않은 결혼을 지속한다는 것은 버려야 할 인습을 답습하는 것과 마찬가지였다. 다행인지 불행인지 그녀의 남편은 신병으로 고생하다가 돌아갔다.

남성과 여성해방

정종명이 보기에 여성해방을 가로막는 주요 방해물 중 하나는 남성
이었다. 남성들이 가진 여성관은 삐뚤어져 있었다. 전통적으로 남
성은 여성을 구속하는 존재였다.

여자는 집에서 밥을 짓고 옷을 짓고 빨래를 하고 아이를 기르며
기타 모든 노력을 다 들이되 남자는 그것을 조금도 생각지 않고
그저 남자 자기 혼자 벌어서 다 먹이는 것처럼 생각하여 압박을
하고 구속을 준다.

남성은 여성에 대해 근거 없는 우월감을 가지고 차별을 했다. 남
성은 두 개의 잣대를 가지고 있었다. 느슨한 잣대와 엄격한 잣대. 여
성에게는 엄격한 잣대를 들이댔다.

여자에게는 정조를 지키라고 하면서도 자기는 무절제하고 방
종한 생활을 함부로 하며 자기는 날마다 알코올에 뼈가 녹을 만
큼 술을 먹어 냄새를 피우며 의복을 버리고 주정을 하여 여러 사
람에게 미안을 끼치면서도 여자는 보리밭만 지나가도 악평을
했다.

성문제도 예외는 아니었다. 여성들에게 성문제는 결혼과 연결된 중요한 인생문제였다. 하지만 남성들은 가볍게 생각하고 있었다.

갖은 유혹과 갖은 수단을 다 써서 처음에는 그 여자에게 온몸을 다 희생할 듯이 하다가도 한번 남의 정조를 유린한 다음에는 아무 염치도 책임도 없이 헌신짝 같이 버리고 돌아보지도 않는다.

민족해방운동 참여

갑오개혁을 거치면서 과부의 재가가 허용되는 등 여성에 대한 전통적인 인습은 점점 사라지고 있었다. 일제강점기에 접어들면서 여성들의 사회참여도 늘어나고 있었다. 하지만 여전히 부족했다. 정종명은 자신의 동료들과 함께 여성을 사회의 당당한 일원으로 만들기 위한 실천을 해나갔다. 1922년 그녀는 여자고학생상조회를 조직했다. 경제적으로 곤란을 겪는 여자 고학생을 돕기 위한 조직이었다. 교육받은 여성은 새로운 사회를 만들 개척자들이었다. 그들이 가난 때문에 학업을 포기하는 일은 막아야 했다. 1924년에 조직된 조선여성동우회, 1927년에 설립된 민족협동전선 신간회의 자매단체인 근우회에도 정종명의 이름은 빠지지 않았다.

근우회의 중앙집행위원장을 맡는 등 정종명은 여성운동의 중심에 있었다. 여성해방을 위해서는 여성들의 각성이 필요하다고 생각했던 만큼 그녀는 특히 계몽에 앞장섰다. 전국 각지에서 열리는 강연회마다 그녀의 목소리가 울려 퍼졌다. 그녀가 한 강연은 '현대여성 생활과 사명', '시대사조와 조선여성', '경제조직과 조선여성의 지위', '사회와 여성의 해방운동', '여성해방운동의 목표' 등이었다. 한국사회에서 여성의 위치와 역할부터 여성해방을 위한 구체적인 실천까지, 그녀의 목소리는 여성운동의 관심사를 대변했다. 당시 전국을 누비는 정종명을 혹자는 "근우회의 투사"라고 불렀다.

사회운동가의 누이

여성해방을 위한 실천을 해나가는 과정에서 정종명은 점점 사회주의로 기울었다. 당시 청년들의 자연스러운 경향이기도 했다. 일제로부터 해방된다는 것은 일제의 경제 기반인 자본주의를 극복한다는 말과 동일했다. 사회주의는 그 극복의 길을 보여주는 것 같았다. 정종명은 한국에 사회주의가 유입되는 그 길에 서 있었다. 사회주의 사상단체인 북풍회에 가입했고 사회주의자로서 정체성을 다져나갔다. 당시 정종명은 "철두철미한 마르크스주의자인 동시에 레닌투쟁론을 그대로 말하는 코뮤니스트"였다. 그녀는 "어떤 자리나 강연에서도 반드시 레닌을 외치며 룩셈부르크를 찬미"했다.

여성해방을 위한, 사회해방을 위한 실천을 해나가는 과정에서 정종명에게 간호사라는 직업, 나아가 간호학교 졸업 후 취득한 산파라는 직업은 경제적으로 도움이 되었다. 자신뿐 아니라 가난에 시달리던 동지들에게도 도움이 되었다. 그녀가 아이를 받은 날은 동지들이 따뜻한 잠자리와 밥을 만나는 날이었다. 동료가 검거되면 옷과 음식을 차입해줄 수 있었던 이유도 그녀의 직업에 있었다. 그녀를 사람들은 사회운동가의 "누이라 하고 식모라 하고 애인이라 하고 혹은 어떤 의미에서는 어머니"라고 불렀다.

평안한 삶을 거부한 정종명

삼십대 중반의 어느 날 그녀는 과거를 회상하며 자신에게는 꽃에 비유될 만한 낭만적인 청춘 생활이 없었다고 말했다. 스무 살이 되기도 전에 아이를 하나 가진 과부가 되어야 했던 그녀의 삶은 팍팍함 그 자체였을 것이다. 수없이 유치장을 드나들어야 했던, 나아가 3년이 넘는 시간을 감옥에서 보내야 했던 삶은 보통사람의 눈에도 낭만적으로 보이지는 않을 것이다. 낭만적인 삶은 그녀가 바라는 삶이 아니기도 했다. 그녀는 자신의 반생을 바라보면서 스스로 다짐하고 있었다. "평안하게 와석종신(臥席終身)은 못하리라고, 아니하리라고." 하지만 어떤 면에서 보면, 그녀의 삶은 낭만적이었다. 간호사라는, 산파라는, 평안하게 살 수 있는 직업을 넘어 민족의 독립을 꿈꾼, 여성의 해방을 꿈꾼 그녀는 어쩌면 낭만주의자였다.

보건간호학의 개척자,
이금전

1929년 세브란스 간호부양성소를 졸업한 이금전은 세브란스 고등간호학교 교장으로 재직하면서 간호교육을 위해 헌신했다. 그는 일찍이 태화여자관의 모자보건 활동에 참여하는 등 보건간호학의 기초를 쌓는 데 공헌했다.

우량아 선발대회

지금은 사라졌지만 예전에는 전국 우량아 선발대회라는 행사가 매년 열리고는 했다. 가장 건강한, 하지만 얼핏 보기에는, 가장 살찐 아이들을 선발하여 상을 주는 대회였다. 아이들은 바구니가 달린 저울 위에 올라가 몸무게를 쟀다. 소위 S라인이니 초콜릿 복근이니 하며 다이어트를 자연스럽게 받아들이고 있는 21세기 한국인들은 이해하기 힘든 행사였다. 하지만 보릿고개라는, 먹을 것이 없어 굶어야 했던 그런 시기를 겪은 20세기 한국인들에게 불룩 나온 배는 부유함의 상징이었고 건강함의 표상이었다. 당시 우량아로 선발된 아이들의 배는 여러 겹으로 접혀 있었다. 요즘이라면 소아비만이라고 하여 당장 다이어트를 시작해야 할 몸매였다.

전국 우량아 선발대회가 처음 열린 해는 1971년으로 문화방송과 남양유업이 공동 주최했다. 주관사가 분유 생산업체인 데서 알 수 있듯이 이 대회 개최 배경에는 분유를 선전하려는 목적이 있었다. 하지만 공중파 방송사가 공동으로 주관했을 만큼 '우량함'에 대한 한국사회의 관심은 높았다. 아이가 우량아로 선발되면 어머니들은 마치 아이를 좋은 대학에 보낸 어머니 같이 뿌듯한 미소를 지으며 기념 촬영을 했다. 이 대회는 이후 10년 정도 이어지다가 1984년에 폐지되었다. 1970년대까지 급속히 진행되었던 산업 발전의 성과가 나타나면서 '양'이 아니라 '질'이 중요해진 시대로 접어들었기 때문이리라.

태화여자관의 우량아 선발대회

우량아 선발대회가 1971년에 시작되었다고 했지만, 사실 우량아 선발대회는 그로부터 거의 두 세대를 훌쩍 건너뛴 1924년에 처음 실시되었다. 주최는 이 글의 주인공인 이금전이 활동한 태화여자관이었다. 그해 태화여자관에서는 생후 3개월부터 5살까지 어린이를 대상으로 무료 건강검진을 시행하면서 동시에 건강한 아이의 등수를 3등까지 매기어 상품을 주기로 했다. 첫 행사였음에도 불구하고 5백 명이 넘는 어린이가 신청하는 대성황을 이루었다. 본격적인

태화여자관 진료
장면

대회는 1925년에 시작되었다. 이틀에 걸쳐 아동건강과 위생에 대한 강연회가 실시되었고 동시에 아이들의 건강 상태를 검진하고 등급을 매겨 시상하는 일종의 우량아 선발대회인 '아동건강회(Baby Show)'가 실시되었다. 태화여자관은 사람이 너무 몰리는 것을 막기 위해 태화여자관에서 매월 1회씩 진찰받는 어린이로 참가자격을 제한하기도 했다.

어린이들의 건강 등급을 매기는 기준은 아주 구체적이었다. 점수는 500점 만점이었고 기준은 아래와 같이 나누어졌다. 몸무게·키·가슴·머리크기 20점, 머리 20점, 머리털 10점, 정수리 10점, 숨구멍 10점, 얼굴·눈·코·입 40점, 귀 10점, 목·편도선·임파선 20점, 가슴·폐·심장 70점, 척추 20점, 배·대소변 60점, 팔·손·손가락 20점, 다리·발 20점, 앉은 자세 20점, 음부 40점, 피부 30점, 영양 30점, 신경·근육 30점, 성품 10점, 다른 흠결 10점이었다. 합계

470점 이상을 받은 어린이 중에서 1, 2, 3등을 선발했다. 1926년에는 150명의 어린이가 참가하여 97명이 건강(A class) 판정을 받기도 했다. 우량아 선발대회의 인기는 계속 이어져 1928년부터는 기간을 이틀에서 나흘로 늘려 아동주간(Baby Week) 행사로 확대했다.

태화여자관과 아동보건

우량아 선발대회를 주관한 태화여자관은 한국 여성들의 사회복지 향상을 도모하기 위해 1921년에 설립된 기관이었다. 처음에는 여성교육이 주요한 목표였다. 사회가 발전하기 위해서는 가정의 발전이 있어야 하고, '가정 개조'를 위해서는 부인에 대한 교육이 필수적이라는 생각이 있었기 때문이다. 기독교 선교사들이 설립했음에도 불구하고 사회복음에 중점을 둔 만큼 태화여자관은 사회의 관심을 많이 받았다.

태화여자관에 공중위생 및 아동보건부가 설치된 것은 1924년 동대문부인병원에서 활동하던 남감리회 선교사였던 로젠버거(Elma T. Rosenberger) 간호사가 부임하면서였다. 로젠버거는 본격적으로 부녀자와 어린이들을 위한 진료와 예방사업을 전개했다. 로젠버거는 여성들이 자신을 찾아오기 전에 먼저 그들을 찾아갔다. 가정방문을 통한 유아 양육법과 산전 교육을 시작한 것이었다. 20세기에 접어들면서 한국사회에는 도덕적, 지적 발전을 지향하던 전통적 양육방식을 벗어나 육체적 건강까지 도모하는 새로운 양육방식이 도입되고 있었다. 태화여자관은 새로운 양육방식이 소개되고 보급되는 공간이었다.

어린이 위생

태화여자관에서는 세균에 대한 지식, 예방접종, 위생지식 교육 등 서양의학에 기초한 새로운 육아 개념이 소개되기 시작했다. 어머니들의 건강에 대한 이해와 지식을 높이기 위해 자모회가 만들어졌고, 1주일에 한 번씩 위생강연회가 개최되었다. 예방 사업으로 아동건강 상담, 산모 관리, 아동영양법 강좌 등이 실시되었다. 어린이 위생을 위해 도입된 방법 중 하나는 목욕이었다. 가정 방문을 통해 아기를 목욕시키는 방법이 소개되었고, 태화여자관 구내에 목욕탕이 만들어졌다. 우유급식도 이루어졌다. 아동 사망률이 높은 이유가 영양 결핍에 있다고 판단한 태화여자관은 무료 우유 공급을 시작했다. 하지만 '짐승의 젖'을 먹는 데 대한 거부감을 극복하기 어렵게 되자, 메주콩을 갈아 만든 콩우유를 개발하기도 했다.

이금전의 태화여자관 참여

예방을 중시하는 보건간호라는 새로운 개념이 태화여자관을 통해 퍼져나가는 가운데, 1929년 세브란스 간호부양성소를 졸업한 이금전이 태화여자관에 가세했다. 이금전의 가세로 태화여자관의 활동은 탄력을 받기 시작했다. 사실 이금전이 졸업한 세브란스에서는 이미 1910년대 말부터 보건간호가 시작되고 있었다. 북감리회 선교사 로버츠(Elizabeth S. Roverts)는 세브란스병원에 이유식 만들기 시범을 위한 조리 기구, 목욕시설, 아이돌보기 교육을 위한 벽걸이 등을 갖추어 놓고 모자보건, 특히 영아보건사업을 실시하고 있었다. 그녀는 모자보건, 어린이 보건교육, 가정 위생과 개인 위생의 중요성을 역설했다.

매력 있고 유능한 이금전

1929년 태화여자관은 세브란스병원, 동대문부인병원과 연합하여 초교파적 사업체로 경성연합아동보건회를 설립했다. 이 보건회에는 세브란스병원의 에비슨(Douglas. B. Avison), 태화여자관의 로젠버거, 북장로회 피터스(Eva. F. Pieters), 동대문부인병원의 블록(B. Block), 길정희(吉貞嬉) 등이 참가하고 있었다. 이 설립을 주도한 로젠버거는 특히 이금전에 대한 기대를 남다르게 밝혔다.

여러 간호사들이 우리를 효과적으로 돕고 있으며 공중위생학의 최고 수준을 공부하고 돌아온 매력 있고 유능한 이금전도 있습니다. 그녀가 돌아옴으로 우리는 확고한 신념을 갖고 배를 출항시킬 수 있었는데, 이는 곧 하나님의 도우심으로 험난한 사역의

이금전(맨 앞)과 동료들
맨 뒤가 남감리회 선교사 로젠버거이다.

해안선을 따라 성공적으로 항해할 수 있음을 의미합니다.

경성연합아동보건회의 활동

이금전 등이 참여하여 진행한 경성연합아동보건회의 활동은 눈부셨다. 1932년의 경우 보건상담이 약 5천 명, 가정방문이 4천 회, 유아식 강좌가 2천 회, 가정목욕 시범이 750회 정도에 이르렀다. 당시 조선총독부가 진행한 아동보건사업보다 규모가 오히려 컸다. 강력한 통제가 이루어지고 있던 식민 지배체제 아래서 사립기관으로서는 거두기 힘든 성과였다. 참여한 의사와 간호사의 노력이 남달랐음을, 그리고 한국인 여성들의 호응도 남달랐음을 보여준다. 선교의학이 보건간호라는 공간을 통해 식민의학과 경쟁하며 자신의 입지를 넓히고 있었던 것이다. 모자보건과 공중위생을 위한 이금전의 노력은 강연과 저술 활동으로 확대되었다. 그녀는 여성들을 위한 위생 관련 저서들을 출간하였는데, 그중에서도 『영양과 건강』, 『자모회 공과』 등은 가장 많이 읽히는 책이었다.

이금전의 보건간호에 대한 관심

이금전은 이미 다섯 살 때 신문을 줄줄 읽을 정도로 총명했다. 여자아이가 무슨 교육이냐며 손사래를 치던 당시 부모들과 달리 그녀의 부모가 교육에 적극적이던 것이 그 이유였다. 그녀는 1920년에 이화여전 문과를 졸업했다. 당시로서는 최고의 교육을 마친 것이었다. 하지만 그녀는 만족하지 않았다. "무엇보다도 청결한 것을 좋아해서 위생에 대해서 연구"하고 싶었기 때문이다. 그녀의 타고난 성품을 알려주는 대목이다.

그러나 그녀가 의학에 관심을 가지게 된 계기는 연원이 더 오래되었다. 그녀는 세 살 때 두창(천연두)을 앓았다. 친척 아이가 우두를 맞고 오히려 두창에 걸린 것을 본 그녀의 어머니가 겁을 먹고 이금전에게는 우두를 놓아주지 않았기 때문이다. 어머니에게 이야기를 들은 그녀는 결심했다. "앞으로 내가 어른이 된다면 이러한 병마를 쫓아버리는 일을 해서 우리 어머니와 같은 슬픔에 잠기는 어머니가 없도록 하겠다." 그녀가 치료보다는 예방의학에 속하는 보건간호에 관심을 가지게 된 계기였다.

국제간호협의회 참석

세브란스 간호부양성소에 입학한 이금전은 1929년 양성소를 졸업했다. 졸업한 그해 그녀는 동문 선배인 이효경과 함께 한국 대표로 캐나다 몬트리올에서 열린 국제간호협의회(ICN)에 참여했다. 언론은 그녀들을 주목했다. 1929년이면 한국이 일본의 식민지가 된 지 20년이 되는 해였다. 1919년 삼일운동이라는 거족적인 시위가 있었지만, 한국은 여전히 일본의 식민지였다. 오히려 식민 지배는 점차 고착화되고 있었다.

당시 한국인들은 '한국'에 목말라했다. 세계에 '한국'을 알리고 싶어 했다. 하지만 주권이 없는 한국이 세계에 자신의 얼굴을 내세우기는 쉽지 않았다. 세계대회에 참석한 한국인들이 역사적이고 문화적인 자주성을 명분으로 한국인 대표 인정을 요구하면, 일본인 대표들은 식민지에 대표권을 인정할 수 없다며 목소리를 높였다.

최초 공중위생학 학위 취득

이런 상황에서 이금전은 이효경과 함께 한국인 간호사로서 국제회의에 참석했다. 주권국이 아니라는 이유로 대표권을 인정받을 수 없었지만, '한국인' 간호사의 국제대회 참석을 '한국' 언론은 반겼다. 국제대회 참석을 마친 이금전은 캐나다 토론토대학에 입학했다. 자신의 꿈이었던 공중위생학을 공부하기 위해서였다. 토론토대학에서 그녀는 학업에 매진했다. 사회보건시찰을 마치고 작성한 보고서는 교수에 의해 가장 우수한 글로 뽑혔다. 1930년 그녀는 토론토대학을 졸업했다. 한국인 여성 최초로 공중위생학 학위를 받은 전문 간호사가 탄생한 것이었다. 태화여자관을 거쳐 모교에 돌아온 이금전은 교장, 간호부장을 거치며 후배 양성에 주력했다. 6·25전쟁 당시에는 피난민 구료를 진행하는 어려운 조건 속에서도 간호교육을 지속했다.

보건간호의 중요성

1959년 이금전은 나이팅게일 기장을 수여받았다. 근대 간호를 출범시킨 나이팅게일을 기념하기 위해 1912년부터 수여되기 시작한 이 상은 간호사가 받을 수 있는 최고의 영예였다. 권위에 걸맞게 이 상의 시상자는 대통령 영부인이었다. 이금전은 이효경에 이은 2회 수상자였다. 그녀가 걸어온 30여 년의 간호사 세월에 대한 보상이었다. 수상 소감에서 그녀는 보건간호의 중요성을 강조했다. 사회보장제도가 구비되어 있지 않고 아직 전쟁의 상처에서 벗어나지 못한 상황에서 건강 확보를 위해 무엇보다 중요한 일은 가정에서 이루어지는 보건간호라는 것이었다.

농촌위생의 개척자,
이영춘

1929년 세브란스연합의학전문학교를 졸업한 이영춘(1903~1980)은 1935년 한국인 교수 지도 아래 최초로 의학박사 학위를 받았다. 이영춘은 일제강점기에 일본인 농장에서 근무한 경험을 바탕으로 해방 후 농촌위생연구소를 설립하여 농촌위생 문제의 근본적인 해결을 위해 노력했다.

보기 힘든 손님들

해방된 지 3년이 지난 1948년 11월 전라북도의 항구도시 군산에서 4킬로미터 정도 떨어진 옥구군 개정면에 평소라면 좀처럼 보기 힘든 손님들이 모여들고 있었다. 농림부장관, 국회의원, 전라북도 지사, 세브란스의과대학 학장, 토지행정처장 등이었다. 이들이 향한 곳은 개소식이 열리는 농촌위생연구소(이하 연구소)였다. 연구소에는 개정, 옥산(玉山), 성산(聖山) 3개면의 면민들이 모여 일제강점기에 잊혔던 줄타기 놀이를 하며 흥을 돋우고 있었다. 개소식이 시작

농촌위생의 개선을 위해 평생
을 바친 이영춘

되자 소장은 연구소가 농민을 대상으
로 예방과 치료라는 의학의 두 가지 목
표 실현을 위해 활동할 것임을 천명했
다. 15년 동안 농촌위생, 의료봉사에
매진해온 한 인물이 자신의 꿈을 천명
하는 순간이었다. 그는 1929년 세브란
스연합의학전문학교를 졸업한 이영춘
이었다.

교수의 꿈

이영춘의 꿈은 본래 학교에 남아 학생들을 가르치고 연구를 하는 교
수였다. 그는 졸업 후 모교 병리학교실에 남아 윤일선 교수의 지도
를 받으면서 차곡차곡 논문을 발표해나갔다. 그는 출중한 능력을
보여주었다. 최초의 논문은 중국에서 나오는 유명한 의학 잡지인
*China Medical Journal*에 실렸다. 어느 해에는 1년 동안 8편의
논문을 발표하기도 했다. 왕성한 연구열이었다. 1935년에는 교토
제국대학에서 의학박사 학위를 받았다. 한국인 교수의 지도 아래서
받은 최초의 박사 학위였다. 언론은 토종 박사의 탄생에 환호했다.
박사 학위 취득은 개인의 영광이 아니라 한국 학계 전체의 기쁨이었
다. 한국인들은 다음 해 베를린올림픽에서 우승한 손기정을 자랑스
러워했듯이, 한국인이 키운 한국인 박사의 탄생을 축하했다. 이영

춘의 학자로서 앞날은 밝아 보였다.

열악한 농촌의료와 구마모토 농장행

그러나 이영춘은 누구도 예상하지 못했던 선택을 했다. 전라북도에서 대농장을 경영하고 있던 구마모토 리헤이(熊本利平: 1880~1968)의 요청으로 구마모토 농장 자혜진료소의 전속 의사 부임을 결정한 것이다. 당시 의사들은 누구나 도시에 개업을 하고 있었다. 인술을 저버리고 있다는 비판도 있었지만, 어쩔 수 없는 선택이기도 했다. 농민들은 서양의학을 소비할 경제 능력이 없었다. 한의학은 상대적으로 접근이 쉬웠지만, 문턱은 낮지 않았다. 대부분의 농민들은 질병을 운명으로 받아들이고 있었다. 병에 걸리면 그냥 앓거나 하늘에 비는 것이 고작이었다. 농촌은 방치되어 있었다. 이영춘은 남들이 꺼리는 그곳을 스스로 찾아갔다.

이영춘이 구마모토 농장으로 가게 된 배경에는 그의 은사와 선배의 권유가 있었다. 하지만 무엇보다 그의 발길을 잡아끈 힘은 궁핍한 농촌의 의료현실이었다. 이영춘은 졸업 후 3년 정도 농촌의 공의(公醫)로 활동했다. 요즘으로 치면 공중보건의이다. 공의로 활동하면서 바라본 농촌의 현실은 처참했다. 이영춘 스스로가 농촌 출신으로 빈한한 농촌 현실을 잘 알고 있다고 생각했다. 하지만 공의로 활동하던 산간벽지의 빈한함은 상상 이상이었다. 아주 싼 진료비마저 낼 수 없는 농민들이 많았다. 많은 환자들을 무료로 진료했지만, 한계가 있었다. 이영춘은 좌절감을 느꼈다. 개인이 해결할 수 있는 문제가 아니었다.

에비슨의 졸업사와 보건

한번 본 가난한 농촌의 현실은 이영춘의 머리에서 떠나지 않고 있었다. 머리를 떠나지 않는 목소리도 있었다. 졸업 시 교장이었던 에비슨의 당부였다. 에비슨은 졸업생들에게 치료 못지않게 예방이 중요함을 강조했다.

최선을 다해 병든 자들을 돌보시오. 그러나 병든 자들을 치료하는 것보다 예방하는 것이 더욱 중요하다는 것을 명심하시오. 그럼으로써 당신은 부자가 될 수 있는 기회를 놓칠지도 모르지만 사회적으로 자선가라는 높은 지위에 오를 수 있을 것입니다. 즉, 보건은 의학교육의 가장 중요한 목표입니다.

구마모토 리헤이의 제안이 바로 이때 있었다. 이영춘은 농촌행을 결심했다. 1935년이었다. 당시 구마모토 농장은 3천 정보에 2만 명 정도의 소작인과 가족이 살고 있었다. 그들에게 의사는 없었다. 고작 수의사가 서너 명 있을 뿐이었다. 소와 돼지를 치료하는 의사는 있었지만 정작 사람을 위한 의사는 없었다. 전날까지도 건강하던 소작인이 다음 날 갑자기 묘지로 실려 가도 이상할 것이 없던 환경

세브란스병원 구내에 있던 에비슨 동상

이었다. 어쩌면 구마모토는 궁핍한 농촌과 농민의 얼굴을 잊지 못하고 있던 이영춘에게 봉사의 기회를 주었는지도 모른다.

구마모토 농장 자혜진료소 부임

구마모토 농장에서 이영춘은 헌신적으로 소작인 진료에 나섰다. 한 달 중 가족이 있는 개정에서 진료는 열흘에 불과했다. 나머지 이십 일은 농장의 다른 지역을 방문했다. 자전거, 버스, 기차 등을 번갈아 타며 가야 하는 먼 곳들이었다. 이영춘이 개정에서 버스를 타러

갈 때면 아는 농가에 자전거를 맡겨 두곤 했는데, 자전거를 찾는 시간이 밤 열두 시가 다 될 때도 있었다. 거의 휴일이 없는 진료였고, 하루 종일 환자에게 시달려서 녹초가 되는 나날이었다.

그러나 이영춘은 즐거운 기색이었다고 한다. 이영춘 스스로도 유쾌하게 일을 했다고 회고하고 있었다. 아마 그에게 새로운 꿈이 생겼기 때문일 것이다. 그는 농장의 전속 의사로 부임하면서 농장주인 구마모토와 약속을 했다. 농민들의 생명 보호와 건강 유지를 체계적으로 연구, 관리할 수 있는 연구소 설립에 대한 약속이었다. 적어도 5년 후 농촌위생사업을 지속적으로 추진할 수 있는 기관을 만든다는 약속이었다.

동양농촌위생회의 참석과 농촌위생 구상

이영춘은 소작인들을 진료하면서 농촌위생에 대한 구상들을 구체화하고 있었다. 특히 1937년에 참가한 동양농촌위생회의는 농촌위생에 대한 확고한 인식을 심어주는 계기였다. 이 회의에는 일본을 포함한 13개국 68명의 참가자가 출석하여 보건의료시설, 농촌갱생, 토목위생, 영양, 특수 질병의 5개 분과에서 활발한 토의를 전개했다. 이영춘은 제4분과인 영양문제분과에 참가했다. 영양문제분과는 농민의 건강문제는 경제문제와 밀접한 관계가 있으므로 각국 정부는 점진적으로 최선의 해결을 도모해야 한다는 내용의 결의를 채택했다. 진보적인 내용이었다.

그러나 이영춘의 생각은 달랐다. 그 역시 농민이 빈궁한 원인이 농가 당 소유농지가 적고, 생산이 후진적인 데 있다는 것을 알고 있었다. 하지만 농촌문제의 해결은 경제적인 차원에서만 이루어질 수 없었다. 무엇보다 그의 경험이 그런 단순한 해결을 거부했다. 그는 무엇보다 "농민의 병약"을 해결하는 일이 중요하다고 생각했다. 이영춘은 농민들을 괴롭히는 대표적인 질병으로 세 가지를 지목했다. 기생충, 결핵, 성병이었다. 그는 이 세 가지를 민족독(民族毒)이라고까지 지칭했다. 진료와 예방을 통해 민족독을 비롯한 질병을 극복해야 했다. 그 극복을 위해 근본적인 방안이 필요했다. 농촌위생에 대한 체계적인 조사, 연구, 치료였다. 이영춘은 농촌위생연구소가 그 일을 할 수 있을 것이라 생각했다.

이영춘의 꿈과 농촌위생연구소

구마모토 농장의 개설 40주년이 다가오고 있던 1942년, 이영춘은 농장주인 구마모토에게 농촌위생연구소를 설립해줄 것을 요청했다. 단순한 진료소를 넘어 연구소, 병원, 요양소가 합쳐진 종합기관을 만들자는 요청이었다. 가장 중요한 기관은 연구소였다. 농촌과 농민의 건강을 유지하기 위해서는 예방이 중요했다. 예방을 위해서는 질병의 발생 원인을 의학적으로 연구하고, 개선방안을 제시하며, 농민들을 계몽 지도해야 했다. 연구소는 그런 일을 하는 곳이었다. 부속 의원과 요양소도 필요했다. 의원은 입원과 수술시설을 갖추어야 했다. 결핵은 당사자뿐 아니라 가족까지 전염시킨다는 점에서 격리 치료가 가능한 요양소가 필요했다. 이영춘은 소작인의료공제조합(小作人醫療共濟組合)의 설립도 주장했다. 무료진료가 지속될 경우 소작인들이 의뢰심만 키울 우려가 있다는 이유 때문이었다. 소작인들의 자치, 자립을 위해서 조합의 설립이 필요했다.

농촌위생연구소 설립은 이영춘에게는 연기할 수 없는 과제였다. 하지만 구마모토는 난색을 표했다. 1940년대 초반은 일본이 전쟁의 상대를 중국에서, 영국, 미국으로 확대하고 있던 시기였다. 구마모토는 전쟁으로 인해 세금이 많아져 곤란하다는 핑계를 댔다. 그러나 이영춘의 각오는 단단했다. 만일 자신의 제안을 수용하지 않으면 진료소를 사임하겠다고 말했다. 결국 구마모토는 그의 요청을 수용하기로 결정했다. 하지만 너무 늦었다. 구마모토의 재단법인 신청을 받은 총독부는 시급한 사항이 아니라는 이유로 결정을 미뤘고, 1945년 한국은 해방되었다. 구마모토는 한국을 떠나야 했다. 이영춘의 계획과 기대는 해방과 함께 사라져 버렸다.

해방과 농촌위생연구소 설립

그러나 이영춘은 좌절하는 사람이 아니었다. 무엇보다 그의 진료를 받아온 2만 명의 소작인들이 그의 꿈을 버리게 하지 않았다. 소작인들은 이영춘에게 자신들의 곁에 남아 있어달라고 간청했다. 이영춘은 해방의 공간에서 농촌위생이라는 꿈을 다시 꾸어보기로 했

전라북도 개정 농촌위생연구소 낙성식

다. 식민지가 종식되고 새로운 국가가 건설되는 상황도 이영춘에게 일종의 사명감을 불러일으키고 있었다. 민족의 장래가 질적인 측면에서는 민족의 건강, 양적인 측면에서는 민족구성원의 증가에 달려 있다면, 성공 여부는 농촌과 농민의 건강에 의해 결정될 것이 분명했다. 이영춘은 해방 전 구상했던 농촌위생연구소 설립을 추진해 나가기로 했다. 신한공사 그리고 뒤를 이어 생긴 토지행정처 역시 이영춘의 구상에 대해 호의적이었다. 실질적인 지원도 뒤따랐다.

1948년 7월 이영춘이 이십 년 가까이 꿈꿔왔던 농촌위생연구소가 마침내 설립되었다. 구마모토 농장 자혜진료소가 있던 자리였다. 부속 진료기관으로 화호 중앙병원, 개정 중앙병원 및 각 지역에 진료소를 두었다. 인력 양성을 위해 1951년 3월 고등위생기술원양성소(高等衛生技術員養成所)도 설립했다. 설립 목적은 보건간호사 양성에 있었다. 보건간호사는 농민과 직접 접촉하며 그들의 위생상황을 조사하고, 각종 위생지식을 전달하는 예방의학의 실천자들이었다. 나아가 이영춘은 중앙병원과 진료소 사이에 의료전달체계를 수립했다. 중앙병원에서는 중환자, 수술환자의 입원 치료를, 진료소에서는 구급환자와 일반환자의 치료를 하게 했다. 전국적인 규모에서 의료전달체계 수립이 시도된 시기가 1962년이었던 점을 고려하면, 이영춘의 시도는 그만큼 선구적이라고 할 수 있었다.

시대를 앞서간 선각자, 이영춘

농촌위생을 위한 이영춘의 꿈은 서서히 현실화되어가고 있었다. 특히 1948년부터 6·25전쟁이 시작된 1950년 6월까지 발전은 그야말로 눈부셨다. 하지만 6·25전쟁이 마무리되면서 연구소의 활력은 서서히 줄어들기 시작했다. 문제는 부족한 재정 기반에 있었다. 무료 진료를 계속하고 있었고, 그나마 농민들로부터 받는 진료수입은 연구소의 사업을 뒷받침할 수 있을 정도로 많지 않았다. 겨우 이어지던 정부의 지원도 1961년 박정희의 집권 이후 중단되어 버렸다. 대한민국은 농업에 투신한 구마모토 리헤이가 아니었다. 대한민국은 농촌에서 도시로, 농업에서 공업으로 자신의 관심을 이동시키고 있었다. 건강한 농민이 뒷받침하는 건강한 한국을 건설하고자 했던 이영춘의 꿈은 그 현실 속에서 좌절될 수밖에 없었다.

이영춘의 생애는 시대를 앞서간 선각자의 그것이었다. 그가 꿈꾸었던 이상은 20세기 한국이 함께할 수 없는 꿈이었을 것이다. 어쩌면 이영춘은 자기의 시대를 뛰어넘지 못하고 좌절했는지 모른다. 그 좌절을 본 보통 사람들은 이영춘의 삶이 과연 행복했을까 하는 의문을 품을 것이다. 하지만 흔히 선각자들은 자신이 염원하는 바를 현실 속에서 실현해나가는 과정 그 자체에서 행복을 느끼곤 한다. 아마 이영춘도 마찬가지였을 것이다.

크리스마스실의 계승자, 문창모

1931년 세브란스연합의학전문학교를 졸업한 문창모(1907~2002)는 해주 구세병원에 부임하면서 결핵에 대해 본격적인 관심을 가지기 시작했다. 1932년 한국 최초로 발행된 크리스마스실 간행에 참여했던 문창모는 해방 후 세브란스병원 원장으로 활동하는 동시에 크리스마스실의 재발행을 주도했다.

기도하는 의사

해방된 지 4년이 지난 1949년 세브란스병원 원장실에서 중년의 남성이 무릎을 꿇고 기도를 하고 있었다. "하나님, 저를 택하심은 무슨 까닭이십니까? 저에게 바라는 기대가 무엇입니까?" 그는 하나님의 말씀을 들었다. "아직도 한국에는 결핵이 창궐하고 있다. 치료비가 없어 숨져가는 결핵환자들을 위해 오랫동안 중단했던 크리스마스실을 다시 발행하여라." 그의 이름은 문창모, 1931년 세브란스의학전문학교를 졸업하고 당시 세브란스병원 원장을 맡고 있었다.

1932년 한국에서 최초로 크리스마스실이 발행되었을 때 7인 발행 위원 중 한 명이었으며, 해방 후 마산결핵요양원 원장을 맡기도 한 인물이었다.

셔우드 홀과 해주 구세요양원의 설립

문창모와 결핵의 만남은 1932년으로 거슬러 올라간다. 그해 문창 모는 해주 구세병원에 취직했다. 해주 구세병원은 1909년 미 감리 회 선교사인 노튼이 설립한 병원으로 당시는 셔우드 홀이 운영하고 있었다. 셔우드 홀은 1893년 한국에서 활동하던 의료선교사 부부 윌리엄 홀과 로제타 홀 사이에서 태어났다. 그의 고향은 서울이었 다. 백인 아이는 한국인들에게 신기함 그 자체였다. 아이의 파란 눈 을 보고 "아기가 꼭 개같이 생겼다."고 하는 사람도 있었고, 아이의 이곳저곳을 만지기도 했다. 그 극성에 아이는 큰 소리로 울고는 했 다. 1926년 그 아이는 캐나다 토론토대학을 졸업한 의사가 되어 한 국에 다시 돌아왔다.

셔우드 홀의 꿈은 결핵 전문의가 되는 것이었다. 그는 자신의 누 이와도 같았던 에스더 박을 결핵으로 잃었다. 에스더 박은 셔우드 홀의 어머니인 로제타 홀을 도와 미 감리회 선교병원을 이끌었던 한 국 최초의 여의사였다. 에스더 박의 죽음은 셔우드 홀에게 큰 충격 이었다. 그는 회고했다. "그녀를 이 세상에서 앗아갔고 그녀가 사 랑한 수많은 동족들의 생명을 앗아간 병, 나는 이 병을 퇴치하는 데

결핵 퇴치를 위해 크리스마스
실 발행에 앞장선 문창모

앞장서기로 결심했다." 그의 결심은
1928년 해주 구세요양원의 설립으로
이루어졌다. 한국 최초의 결핵 전문 병
원의 탄생이었다. 요양원 입구에는 환
자들을 환영하는 문구가 적혔다. "이
곳에 들어오는 모든 이들은 두려워말
고 희망을 가지세요!"

기적을 낳는 요양원

처음 요양원이 개원하였을 때 3주 동안 입원 환자는 단 3명이었다.
하지만 곧 입원 신청이 줄을 이었다. 환자의 치료를 위해서 각종 최
신 요법이 동원되었다. 엑스레이가 설치되었고, 병리실이 갖추어졌
다. 환자들은 자외선 요법으로 치료받았다. 환자의 반응에 따라 의
료진이 정확히 자외선 노출 시간을 조절해주었다. 인공 기흉요법도
사용되었다. 흉강에 공기를 집어넣어 감염된 폐를 고정함으로써 자
연적인 치유를 기다리는 요법이었다. 1940년대 중반 결핵 특효약
이 나오기 전까지 주로 활용되던 방법들이었다.

요양원이 개원한 지 얼마 되지 않아 4명의 환자가 완치되어 퇴
원했다. "요양원 위치가 좋아서 환자들이 빨리 회복될 수 있었던 것
이다." 휴식, 신선한 공기, 햇빛, 그리고 유능한 진료가 매일 기적

을 만들고 있었다. 요양원은 당시 아무런 희망을 가질 수 없는 결핵 환자들에게 복음으로 다가왔다. 환자가 전국 각지에서 몰려들었다. 북만주에서 일주일이라는 시간을 들여 찾아온 사람도 있었다.

거북선과 남대문

하지만 이들을 수용할 공간이 부족했다. 처음에 있던 병동만으로는 환자를 다 수용할 수 없었다. 일광욕실, 치료실, 심지어 의사의 집무실까지 환자를 받았다. 하지만 여전히 공간은 부족했다. 입원을 기다리는 사람들의 수가 많아졌고, 기다리는 시간은 길어졌다. 결국 완치 가능성이 높은 환자를 우선 입원시킬 수밖에 없었다. 증세가 가벼운 환자나 회복 가능성이 없는 환자들은 돌려보냈다. 그때마다 홀을 비롯한 의료진의 가슴은 찢어졌다. 해주요양원 이외에는 그들을 치료할 수 있는 공간이 없다는 사실을 알고 있었기 때문이다.

해결책은 공간의 확대일 수밖에 없었다. 돈이 필요했다. 서우드 홀은 안식년 기간에 알게 된 크리스마스실에 주목했다. 당시 크리스마스실은 미국 결핵협회의 주요 수입원이었다. 홀은 크리스마스실위원회를 조직했고, 의료선교사협의회에는 보급을 부탁했다. 본격적으로 발행 준비를 시작했지만, 그 과정은 쉽지 않았다. 처음 도안에 사용하고자 했던 거북선 그림을 총독부에서 허가하지 않았다. 홀은 거북선이 민중의 호응을 얻는 데 도움을 주리라 생각했지만, 일본은 임진왜란에서 패전을 기억했다. 홀은 도안을 바꿀 수밖에

크리스마스실 도안으로 그려진 거북선

없었다. 대신 남대문이 채택되었다. 남대문은 결핵을 방어하는 성루를 상징했다.

크리스마스실 판매원, 문창모

1932년 마침내 한국 최초의 크리스마스실이 발행되었다. 다음 문제는 선전과 판매였다. 판매를 위해 해주 구세병원 직원, 해주 지역의 목사, 약사 등 7명으로 구성된 실 판매위원회가 조직되었다. 당시 병원 의사였던 문창모도 참여했다. 하지만 1932년은 세계대공황의 여파가 아직 사라지지 않은 때였다. 인구의 대다수를 차지하고 있던 농민들은 가난했다. 사람들은 크리스마스실이 과연 팔릴 수 있을지 의심했다. 실을 오해하는 사람도 있었다. 어떤 환자는 가슴에 실을 붙였음에도 기침이 낫지 않는다는 불만의 편지를 홀에게 보냈다. 실을 요양원 입원권으로 생각한 사람은 "당신의 요양원에 무료 입원할 수 있는 크리스마스실 입원권을 좀 보내주십시오."라는 편지를 썼다.

문창모를 비롯한 위원들은 실 판매를 위해 지역을 나누어 홍보에 나섰다. 문창모는 평양을 맡았고 광성고보, 정의여고보 등 감리회 계통의 중등학교를 찾았다. 전교생이 모인 아침기도회 시간에 폐결핵의 실상과 실의 의미에 대해 설명했다. 장로회 계통의 학교는 안면이 있는 한경직 목사에게 부탁했다. 미국에서 유학했던 한 목사는 결핵의 무서움과 실의 의미를 이해하고 있었다. 그 자신이 결핵을 앓았던 환자이기도 했다. 한 목사의 소개로 문창모는 숭실전문, 숭실고보, 숭실여고보 등을 찾았다. 학생들의 반응은 뜨거웠다. 그는 다른 지역을 찾은 어떤 위원보다 많은 실을 판매했다. 평양방문을 마친 문창모는 "홀 박사의 칭찬과 인정을 받았다."

크리스마스실의 성공

첫해 크리스마스실 발행은 성공을 거두었다. 실제 경비를 제하고도 170달러가 이익으로 남았다. 이 돈은 결핵 퇴치사업에 참여하는 선교 병원에 보내졌다. 실의 성공은 단지 경제적 이익에만 있지 않았다. 실 발행의 진정한 목적은 교육과 계몽에 있었다. 실에 대해 듣고

해주 결핵요양원에서 크리스마스실을 보내는 장면

구입하는 과정에서 사람들은 결핵의 위험함과 예방의 중요성을 알아갔다. 실에 대해 들은 학생들은 자신의 집으로 돌아가 어른들에게 그 이야기를 전했고, 점점 이야기는 도시에서 시골로, 시골에서 산속으로 퍼져갔다. 크리스마스실은 결핵으로부터 사람을 지키는 파수꾼이 되었다.

해방과 크리스마스실 재발행

하나님의 말씀을 들은 문창모는 1949년 다시 크리스마스실을 발행하기 위해 나섰다. 도안 마련을 위해 고등학교 미술교사를 찾았다. 하지만 뜻을 이루지 못했다. 미술교사들은 실을 본 적이 없었다. 할수 없이 문창모는 스스로 그림을 그렸다. 크리스마스 저녁을 상징하는 검은 휘장 앞에 광명을 약속하는 촛불 그림이었다. 그 그림을 가지고 칼라 인쇄가 가능한 인쇄소를 찾았다. 하지만 뒷면에 풀칠을 하거나 한 장씩 뜯어 붙이기 쉽게 구멍을 뚫는 시설은 없었다. 우여곡절 끝에 한국복십자회 명의의 실이 발행되었다. 하지만 문창모 스스로 보기에도 불만스러웠다. "그해 크리스마스실은 정말 우스운 모양을 하고 있었다." 게다가 사는 사람이 없었다. 고생도 고생이었지만, 경제적 손실까지 떠안아야 했다.

그러나 문창모는 쉽게 포기하는 사람이 아니었다. "하나님께서 하시는 일이니 언젠가는 잘 되리라는 믿음"도 있었다. 1950년 문창모는 다시 실의 발행을 시도했다. 전쟁이 터져 세브란스병원이 거제도로, 원주로 옮겨 다니는 상황이었지만, 실만은 반드시 발행하겠다는 결심을 버리지 않았다. 발행을 위해 한국기독교의사회를 조직하고 실의 의미에 대해 설명했다. 하지만 호응이 크지 않았다. 할 수 없이 "이번에도 처음부터 끝까지 나 혼자서 뛰어다니는 수밖에 없었다." 결과는 좋지 않았다. 발행 시기도 늦었고, 판매도 잘 되지 않았다. 다시 막대한 손해를 입었다. 지칠만도 했지만 문창모는 다시 일어섰다.

문창모의 꿈

1953년 6·25전쟁의 정전과 함께 대한결핵협회가 창립되었다. 전쟁 동안 늘어난 결핵을 퇴치하기 위해서였다. 문창모가 그 모임을 주도했다. 협회는 자신의 이름으로 크리스마스실을 발행하기로 의견을 모았다. 하지만 사람들은 여전히 크리스마스실을 이해하지 못하고 있었다. 실을 우표로 착각하여 사용하는 경우가 많았고, 불교 신자 중에는 크리스마스라는 말만 듣고 머리를 가로로 젓는 경우가 있었다. 홍보에 더욱 노력할 수밖에 없었다. 명망가에게 취지를 알리는 글과 함께 실을 우송하기도 했다. 반송도 되었지만 송금하는 사람들의 숫자도 늘어났다. 1954년 미8군까지 구매에 참여하면서 모금액을 초과하는 성과를 거두었다. 1957년 이승만 대통령은 결핵협회장을 경무대로 초대하여 손수 실을 구입했다. 정부의 행정적인 보조가 이어졌다. 크리스마스실의 발행이 본 궤도에 오르는 계기였다.

크리스마스실은 현재도 계속 발행되고 있다. 2011년 발행된 실은 어린이들이 '뽀통령'이라 부르는 뽀로로와 친구들을 소재로 삼아 큰 인기를 끌었다. 하지만 사실 문창모는 실이 계속 발행되는 것을 바라지 않았다. 그는 "결핵을 예방하고 퇴치시켜 결핵이란 질병이 온 지구상에서 영원히 사라졌으면 한다. 그래서 크리스마스실마저 쓸데없는 것이 되는 날이 오기를 기대해 본다."고 말했다. 하지만 현재 결핵 환자 수는 지속적으로 증가하고 있다. 꾸준한 감소세를 보이던 결핵 사망자 수까지 상승세로 돌아서고 있다. 문창모의 꿈은 아직 이루어지지 않았다. 그 꿈의 실현은 이제 후배들의 몫이 되었다.

귀환동포를 구제한
세브란스학도대

국내외로 흩어졌던 동포들이 해방을 맞자 귀향을 위해 서울역으로 모여들었고, 치안 공백으로 인한 혼란이 발생했다. 세브란스 재학생들은 세브란스학도대를 조직하여 귀환동포들의 원활한 귀향과 서울역 부근의 치안을 담당함으로써 해방 후 정국의 안정을 위해 노력했다.

해방과 동포들의 귀환

1945년 8월 15일 한국은 해방되었다. 36년 동안 이어진 일제의 지배로부터 해방이었다. 민족차별로 지속된 36년은 한국인들에게 고난의 시간이었다. 1930년대 후반부터는 전쟁의 공포와 궁핍의 고통에 시달려야 했다. 1937년 중일전쟁을 일으킨 일제는 한국인들을 본격적으로 전쟁에 동원하기 시작했다. 청년들은 '지원'이라는 명목으로 군인이 되어 전쟁에 참여했다. 1944년에는 징병제가 실시되었다. 약 21만 명의 한국인들이 징집되었다. 군인뿐 아니었다. 징용이라는 이름을 통해 한국인들은 전쟁 노동자로 일했다. 1939년 이후 일제가 강제로 동원한 한국인은 국내 활용인원만 480만 명, 일본 150만 명, 군대 20~30만 명을 헤아렸다. 해방은 이들에게 채워졌던 족쇄가 풀어지는 계기였고, 이들은 서둘러 자신의 고향으로 돌아갈 준비를 시작했다. 그들은 항구로, 기차역으로 모이기 시작했다.

북새통의 서울역

해방 당시 가장 중요한 교통수단은 철도였다. 20세기가 시작되기 직전 놓이기 시작한 철도는 일제의 지배가 확대됨에 따라 전국적으로 넓어져갔다. 한반도의 남단인 부산에서 북단 신의주까지, 목포에서 원산까지 철도가 놓였다. 철도는 만주와 러시아로 이어지며 한국을 세계와 연결시키는 통로 역할을 하기도 했다. 그 중심에 서울역이 있었다. 철도노선에는 경부선, 경원선, 경의선처럼 서울을 의미하는 '경'이 성처럼 붙었다. 1925년에는 르네상스양식의 서울역 청사가 새롭게 건립되었다.

해방을 맞이하면서 서울역은 자신의 고향으로 돌아가려는 사람들로 북새통을 이루기 시작했다. 그들은 서둘러 떠나온 탓에 옷도 제대로 갖춰 입지 못했고, 먹을 것도 부실했다. 부상을 당했음에도 불구하고 여비는커녕 의복 한 벌 없는 경우도 있었다. 더구나 식민체제의 붕괴로 사회가 혼란스러웠다. 이 혼란을 벗어나기 위해서는 믿을 만한 사람들이 질서를 만들어야 했다. 누구나 믿을 수 있는 사

서울역 앞에 있던 세브란스
오른쪽 건물이 세브란스고, 멀리 숭례문이 보인다.

람들이 필요했다. 학생은 그런 사람들이었다. 그들은 일제강점기
동안 전개된 민족운동의 주동력이었고, 해방공간에서도 가장 중요
한 세력이었다. 그리고 서울역 앞에는 세브란스가 있었다. 세브란
스의 학생들은 해방을 주체적으로 맞이하기 위한 노력을 시작했다.

세브란스학도대 결성

세브란스학도대가 만들어졌다. 1학년부터 4학년까지 전 학년의 학
생들이 참여했다. 대장은 4학년이었던 윤복영, 부대장은 역시 4학

년이었던 나도헌이 맡았다. 해방의 열기는 그들을 뜨겁게 만들고 있었다. 처음에는 4학년들이 주로 참가했지만, 일손이 모자라자 3학년, 2학년들이 참가하기 시작했다. 세브란스가 가진 장점도 있었는데, 해방으로 인한 혼란이 세브란스에는 없었다. 이미 학교의 운영은 선교사들 손에서 한국인에게 옮겨진 상태였다. 오긍선 교장에 이어 이영준 교장, 해방을 맞이하여 최동 교장이 취임하여 활동하고 있었다. 일본인 교수가 있었지만 극히 소수였다. 일제 말기 일본인 학생이 3명 입학하였지만 졸업을 하기 전에 해방을 맞이했다. 세브란스는 글자 그대로 한국인의, 한국인에 의한, 한국인을 위한 학교였다. 나아가 다른 학교의 학생들이 학병으로 징집될 때 세브란스의 학생들은 의학도라는 이유로 학교에 남아 있을 수 있었다. 이제 그들이 새롭게 탄생한 한국을 책임질 때였다.

해방을 맞이하여 전국적인 조직이 만들어지기 시작했다. 학생들의 조직으로 조선학도대가 만들어졌다. 일본 각지에서 유학하다 돌아온 학생들과 전국에 있던 전문대학 재학생이 구성원이었다. 그들은 대학생들의 단결, 나아가 치안과 계몽사업을 목표로 했다. 세브란스도 참여했다. 세브란스학도대는 지부였다. 하지만 조선학도대는 일사분란한 조직이 아니었다. 정치성향도 있었다. 세브란스학도대는 독자적으로 활동하기 시작했다. 주요 사업으로 귀환하는 동포들을 위한 구호사업을 하기로 결정했다. 누가 시켜서 한 일이 아니었다. 학생들은 서울역을 통해 귀환하는 동포들의 참상을 누구보다도 잘 알고 있었다.

구호활동과 치료

처음에 학도대는 서울역에 '세브란스 역전 구호소'를 만들고 구호부, 자위부, 청소부로 나뉘어 활동했다. 학교 운동장에 천막을 쳤고, 부속 교회였던 남대문교회를 정리해 숙소로 만들었다. 전재동포구호회 구휼부에서 일하던 방수원에게서 서울역 맞은편에 있는 향린원을 인수받아 구호활동에 사용하기도 했다. 해방 후 서울고등학교로 바뀌는 경성중학교를 사용하라는 제안도 받았다. 처음에는 진료활동이 위주였다. 간단한 치료를 해주겠다는 것이 목표였다. 다치거나 병든 사람을 고쳐주는 일은 의학도의 본분이었다.

그러나 수용한 귀환동포들을 위해서는 식량과 의복이 필요했다. 학도대원들은 서울시와 구호본부를 찾아가 "싸우다시피 하여" 식량과 의복을 구해왔다. 학교 식당은 귀환동포들에게 식사를 제공했다. 구호에는 너와 내가 없었다. 식당의 아주머니들은 헌신적으로 식사를 만들었다. 미군들도 도와주었다. 미군들은 서빙고에 있던 일본군 피복창고에서 군복과 내의를 운반해 세브란스학도대에 인계했다.

순수한 학생들

해방된 지 2주일 정도가 지난 8월 28일에는 구호사업을 위한 기구를 개편하여 본부, 구호부, 자위부를 두었고, 구호부에는 용도계,

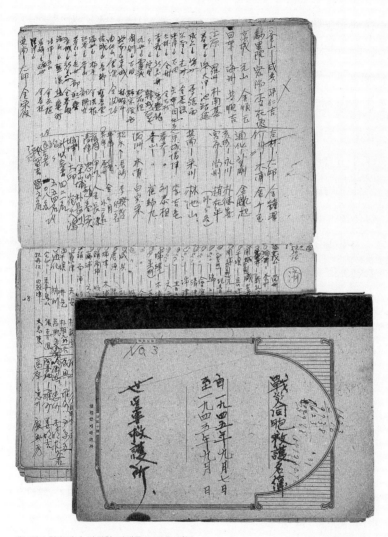

세브란스학도대가 작성한 전재동포 구호 명부

취사계, 치료계, 수용계 및 서무계를 두어 활동했다. 구호활동이 본격적으로 진행되자 건국준비위원회, 재외동포구제회, 서울시청 등에서 구호품을 보내주었다. 경성의사회에서도 약품을 협조해 주었는데, 이 과정에서 세브란스의 동문들이 직접 치료에 참가하기도 했다.

다른 학교 중 세브란스학도대의 활동을 보고 자극을 받아 자신들도 구호에 나서겠다고 한 경우가 있었다. 하지만 다른 학교 학도대가 효율적으로 활동하기는 쉽지 않았다. 사람들은 교통이 먼 지역까지 가려 하지 않았다. 경성제대학도대에 보낸 5백여 명의 전재동포들이 되돌아오기도 했다.

9월에 접어들면서 동포들의 숫자는 늘어났고, 기존에 마련한 숙소만으로 해결이 힘들게 되었다. 더 큰 공간이 필요했다. 학도대는 긴치요(金千代)회관을 떠올렸다. 긴치요는 남대문시장 건너편 북창동 입구에 있던 술집으로 서울에서 손꼽히는 큰 건물이었다. 소유주는 일본인 사이토였다. 교섭은 어렵지 않게 이루어졌다. 긴치요는 귀환동포들을 위한 새로운 보금자리가 되었다. 평소에는 2백 명정도의 손님을 받던 공간에 5백여 명이 생활하기도 했다. 학도대의 봉사에 감동을 받은 사이토는 자신의 전 재산을 기부하겠다는 뜻을 밝히기도 했다. 사이토는 "학생들의 전재민구호사업이 정말 순수하게 느껴진다."고 말했다. 하지만 학생들의 조직인 학도대가 재산을 인수할 수는 없었다.

학도대는 더 적극적으로 구호사업에 참여했다. 이번에는 승차권 발매였다. 귀환동포들은 넉넉한 돈을 가지고 있지 않았다. 같이 기차 타기가 꺼려질 정도로 추한 몰골을 한 사람들도 있었다. 처음에 학도대는 차표를 대신 사줄 생각이었다. 하지만 불가능했다. 귀환하는 사람들의 숫자가 예상했던 것보다 더 늘어나고 있었기 때문이다. 학도대는 서울역장을 찾아갔다. 어차피 무임승차를 할 수밖에 없는 사람들이라고 설득했다. 서울역 직원으로는 관리가 힘들지 않겠느냐는 말도 덧붙였다. 결론은 세브란스학도대에서 무임승차권을 발매하는 것으로 났다.

'세브란스학도대'의 도장이 찍힌 종이는 승차권을 대신했다. 그 종이를 가지면 전국 어디든지 갈 수 있었다. 학생들에 대한 신뢰가 없다면 불가능한 일이었다. 학생들도 신뢰에 답했다. 승차권을 발급하면서 일일이 이름과 행선지를 적었다. 체계적으로 일을 하기 위한 방법이기도 했고, 부정을 방지하기 위한 노력이기도 했다. 연줄로 공짜표를 주는 일은 없었고, 생각하지도 못했다. 학생들이었고, 순수했다.

해방 후 시가행진을 하는 세브란스 학생들

치안과 질서 유지

학도대는 치안과 질서 유지도 담당했다. 일본인 경찰은 자신들의 안위를 돌보기에 바빴고, 한국인 경찰은 친일 혐의에서 자유롭지 못했다. 경찰이 자신의 역할을 할 수 없는 시간이었다. 학생들은 경찰을 대신했다. 세브란스학도대는 서울역 앞에 있던 파출소를 담당했다. 담당 지역은 남대문에서 갈월동에 이르렀다. 학생들은 아래위로 하얀 유니폼을 입고 모자를 썼다. 구별하기 위한 조치였다. 세브란스 동문이 창고에 쌓아두었던 포목이 사용되었다. 유니폼을 입은 학도대는 상인을 단속했고, 음식점을 감독했다. 노점들을 규율하기 위해 회칙을 만들어주기도 했다. 심지어 도둑과 소매치기를 직접 잡기도 했다. 서울역이 교통의 요지이다 보니 소매치기가 많았다. 하지만 학생들의 활동에 대한 반발이나 충돌은 없었다. 치안을 담당할 경찰이 자기 역할을 하지 못하다 보니 학생들이 '왕'이었다. 그만큼 인정을 받았다.

학도대가 구호사업을 마무리한 시기는 해방 후 두 달 정도가 지난 10월 중순이었다. 학도대가 당시 교장이었던 최동 선생에게 상의를 하자 최 교장은 학생들에게 복교를 지시했다. 학생 본연의 임무인 학업을 위해 돌아올 시간이었다. 4학년들은 졸업을 앞둔 시기이기도 했다. 아쉬웠지만 학생들은 학교로 돌아왔다. 구호사업은 재외동포구제회에 인계했다. 그동안 학도대가 수용하여 취사한 연인원은 75,840명, 희사된 금액은 15만 원이 넘었다.

의학생의 본분과 활동 종료

해방은 일제강점기 동안 억눌렸던 정치사회적 요구를 폭발시키고 있었다. 정치사회단체들이 그야말로 우후죽순처럼 생기고 있었다. 학생들은 원하건 원하지 않건 그 중심에 있었다. 세브란스학도대는 구호활동을 넘어 정치단체로 성장할 수도 있었다. 하지만 학교로 돌아갔다. 일제강점기를 거치면서 의사들은 자신의 정체성을 순수한 직업인으로 고정해왔기 때문이다. 의과대학생들이 의사가 되는 길을 포기하고 정치사회활동에 뛰어들겠다는 생각은 좀처럼 하기 힘들었다. 어떻게 보면 안주하는 것일 수 있었고 다르게 보면 본분에 충실한 것일 수 있었다.

세브란스학도대는 활동을 정리하면서 자신들의 활동에 대해 아쉬워했다. 열정적으로 참여한 만큼 아쉬움이 없을 수 없었다. 기간도 짧았고, 자신들의 활동을 이어받을 조직도 분명하지 않았다. 자랑스러운 일이었지만, 알아주는 이도 없었다. 귀환동포들은 잠시 서울역에 머물렀을 뿐 자신의 고향으로 가기 바빴다. 공식적으로 대한민국은 세브란스학도대에 대해 어떤 감사도 표하지 않았다. 하지만 그들은 겸손했다. 『의학백년』에 학도대 편을 집필한 필자는 "모든 사업은 모교 병원과 의계 선배들이 물심양면으로 도와준 결과"라고 썼다.

한국의 쉰들러,
현봉학

1944년 세브란스연합의학전문학교를 졸업한 현봉학(1922~2007)은 미국 버지니아주립의대에 유학하여 임상병리학을 공부했다. 6·25전쟁이 발발하자 미군 민사부 고문으로 참전했고, 흥남철수작전이 진행되는 과정에서 함경도민의 피난을 도와 '한국의 쉰들러'라는 칭호를 얻었다.

흥남철수와 금순이

눈보라가 휘날리는 바람찬 흥남 부두에
목을 놓아 불러봤다 찾아를 봤다
금순아 어디로 가고 길을 잃고 헤매었던가
피눈물을 흘리면서 일사이후 나 홀로 왔다

1953년 가수 현인이 불러 공전의 히트를 기록한 '굳세어라 금순아'의 1절이다. 이 가사의 주인공은 그의 누이(혹은 애인) 금순이와

1950년 12월 진행된 흥남철수작전

함경남도 흥남 부두에서 헤어진다. 당시 부두에는 중공군의 남하를 피해 남한으로 가려는 십만의 피난민들이 몰려 있었다. 기다림에 지친 피난민 중에는 바다에 빠져 죽는 사람도 있었다. 추위와 굶주림은 수많은 피난민의 생명을 앗아가고 있었다. 비록 피난민을 구하기 위해 배가 도착했지만, 주인공과 그의 누이는 피난민들이 만든 아수라장 속에서 서로 헤어지고 말았다. 아직까지 한국사회를 짓누르는 이산가족이 탄생되는 순간이었다. 1950년 크리스마스 전야였다.

1950년 12월 당시 북한을 점령하고 있던 미군과 한국군은 예상하지 못한 중공군의 개입으로 인해 철수를 서두르고 있었다. 군인들의 철수도 바쁜 마당에 함경남도에 거주하던 민간인들에 대한 철수는 생각도 할 수 없는 상황이었다. 함흥과 흥남에 살고 있던 수십만의 주민들이 다시 공산당의 지배 아래 놓이게 될 상황이었다. 이때 이들을 구하기 위해 한 명의 의사가 나섰다. 세브란스연합의학전문학교 1944년 졸업생이자 당시 미10군단 고문관으로 근무하던 현봉학(玄鳳學)이었다.

임상병리학 연구와 귀국

대학 졸업 후 평양 기독병원에서 인턴으로 일하던 현봉학은 1947년 한국에서는 생소한 학문인 임상병리학을 공부하기 위해 미국으로 떠났다. 미 감리회 선교사였던 애리스 윌리엄스의 소개 덕분이었다. 그녀는 현봉학에게 자신의 아들이 미국 리치먼드의 버지니아 주립대학에 있다며 유학을 주선했다. 그녀의 아들인 윌리엄스 박사는 당시 임상병리학 분야에서 미국 최고의 권위자로 인정받고 있었다. 임상병리학은 혈액학, 혈청학, 세균학, 생화학, 혈액은행 개념이 합쳐진 신생 학문이었다. 현봉학은 그의 지도 아래 공부를 시작했다.

처음에는 견디기 힘들 정도로 어려웠지만, 영어가 익숙해지면서 공부는 편해졌다. 새로운 학문을 배우는 재미도 있었다. 하지만 그 기간이 길지는 않았다. 1949년 윌리엄스 박사는 현봉학에게 한국으로 돌아가 후진 양성에 힘써달라는 이야기를 했다. "하루빨리 세브란스에도 임상병리교실을 열어야 한다."는 엄명이었다. 해부병

현봉학
1982년 7월 밀렌버그병원 연구실에서 찍은 사진이다.

리학까지 공부하고 싶은 아쉬움은 있었지만, 스승의 '엄명'을 거부할 수는 없었다. 귀국한 현봉학은 자신의 모교인 세브란스의과대학에 임상병리학을 이식하기 시작했다. 1950년 3월에는 한국 최초로 임상병리학 강의를 시작했다. "가르치는 일은 참으로 즐거웠다."

6·25전쟁과 미군 민사부 고문 취임

1950년 발발한 6·25전쟁은 그의 인생 경로를 바꾸어놓았다. 그의 영어 실력은 참전한 미군과 한국군 사이를 이어주는 중요한 통로가 될 수 있었다. 그는 해병대사령관 고문으로 발탁되었다. 그해 10월 국군이 38선을 넘어 진격하는 가운데 미10군단 알몬드 소장이 해병대 사령부를 방문하게 되었다. 사령부에서 이야기를 나누던 알몬드는 현봉학의 영어에 반했다. 어디서 공부를 했기에 그렇게 영어를 잘하느냐고 물었다. 현봉학이 리치먼드에 있는 버지니아 주립대학에서 공부했다고 대답하자, 알몬드는 자신의 고향이 버지니아 루레이라며 반색했다. 나아가 현봉학의 고향이 함흥이라는 이야기에 마침 10군단이 함흥에 있으니 같이 근무하자고 제안했다.

하지만 현봉학은 마음대로 몸을 옮길 수 있는 처지가 아니었다. 해병대 소속이었기 때문이다. 그는 거절할 수밖에 없었다. 며칠 후 수복을 기념하는 행사가 함흥에서 열렸다. 현봉학도 초대 대상이었다. 행사에서 훈장 수여가 있을 때 현봉학은 통역을 담당했다. 행사를 마치고 나온 현봉학에게 명령장 하나가 날아왔다. "오늘부터 미군 10군단 민사부 고문으로 임명함." 현봉학은 함흥에 남게 되었다. 나중에 알몬드는 해병대가 필요로 하는 트럭 70대, 수백 톤의 탄약과 현봉학을 교환했다고 말했다.

중국의 참전

1950년 10월 유엔군의 38선 진격으로 전쟁은 새로운 국면에 접어들고 있었다. 만일 유엔군이 38선에서 걸음을 멈추었다면, 상황은 1945년으로 돌아가게 되어 있었다. 38선 진격은 새로운 전쟁을 의

강원도 고성 해병대 사령부에서(1950. 10.)
맨 오른쪽이 현봉학이다.

미했다. 중국의 참전이 예견되었기 때문이다. 중국은 만일 유엔군
이 38선을 넘을 경우 참전하겠다고 경고하고 있었다. 하지만 유엔
군은 발걸음을 멈추지 않았다. 유엔군은 공산군의 무조건 항복을
목표로 전장을 확대해나갔다. 새로운 통일전쟁의 시작이었다. 북한
이 한번 짓밟은 38선은 남북을 가르는 경계선으로 더는 현실적인
힘을 가질 수 없었다.

유엔군이 압록강까지 진격한 가운데 중국의 인민지원군이 압록
강을 넘었다. 중국 내전 과정에서 공산당을 도운 한국인들에게 보
답한다는 명분을 내걸었다. 그들은 진격하면서 피리를 불고 꽹과

리를 치고 함성을 질렀다. 그 소리는 메아리를 만들며 실제보다 훨씬 많은 숫자가 진격하고 있다는 착각을 일으켰다. 그 착각은 유엔군에게 공포감을 불러일으켰다. 중공군의 개입으로 전세가 유리하게 돌아가자 관망하던 소련도 항공사단을 보내 북한을 돕기 시작했다. 미군의 공습에 속수무책이던 북한에 공군력을 보완해준 것이었다. 공산군은 평양을 장악했고, 원산으로 나아갔다. 함흥이나 흥남을 포함한 함경도 지역도 점차 공산군 치하로 넘어가고 있었다.

사령관의 고민

독실한 기독교 신자였던 현봉학은 북한이 다시 공산당의 지배 아래 놓이게 된다면 기독교인을 포함한 주민들에 대한 박해는 불을 보듯 뻔하다고 생각했다. 함흥의 기독교인들도 현봉학을 찾아왔다. 그에게는 힘이 없었다. 하지만 그들의 고통을 충분히 예견하면서 모른 체할 수는 없었다. 그는 "번민으로 밤을 지새웠고 할 수 있다면 무슨 일이라도 다하겠다고 결심했다." 그는 미10군단 사령관인 알몬드 소장을 만나 민간인 철수를 도와달라고 간청했다. 하지만 알몬드는 말이 없었다.

사실 사령관 입장에서 보면 곤란한 문제가 많았다. 알몬드는 이미 맥아더 사령부로부터 철수 명령을 받은 바 있었다. 철수의 우선순위는 군인이었다. 민간인 철수는 상부의 지시 없이 단독으로 결정할 수 없었다. 나아가 원산이 공산군에 의해 차단당했기에 흥남을 통한 해상 철수를 선택할 수밖에 없었다. 흥남 부두의 시설도 많은 수의 피난민을 철수시키기에는 열악했다. 혹시 피난민 중에 북한군이 섞여 있을지도 모를 일이었다.

현봉학의 설득

현봉학은 포기하지 않았다. "민간인을 내버려서는 안 되며 반드시 구출해야 한다고 간곡히 말했다." 거듭된 설득은 마침내 사령관을 움직였다. 알몬드 소장은 현봉학에게 4천 명 정도의 민간인을 구출할 생각이니 기독교인과 유엔군을 위해 일할 사람을 우선 철수시키라고 했다. 한 사람도 구할 수 없을지 모른다고 생각했던 현봉학의 기쁨은 컸다. "눈앞이 뿌옇게 흐려왔다. 고맙다고 몇 번이나 머리를 꾸벅거렸다." 그의 머리에는 기뻐할 교인들의 모습이 선명했다.

현봉학은 빠르게 움직였다. 10군단 군목으로 일하는 클리어리 신부에게 천주교인들 연락을 부탁했다. 다음으로 같은 10군단 군목이자 장로회 선교사인 옥호열(Harold Voelkel)과 함께 함흥으로 달려갔다. 시청과 도청으로 가서 가능한 모든 방법을 동원해서 사람들에게 알리도록 부탁했다. 각 교회에도 들러 남한으로 가고 싶은 사람은 함흥역으로 모이라고 말했다. 남부교회에 들렀을 때는 절망에 빠진 교인 사십여 명이 지하실에 모여 기도를 드리고 있었다. 철수 소식을 들은 교인들은 "모세가 우리를 구하러 왔다."며 환호했다. 감옥에 교인들이 갇혀 있다는 소식에 그곳으로 달려가기도 했다. 미군들이 공산당으로 착각하여 교인들을 수감하였던 것이다. 현봉학은 미군이 내어준 차에 그들을 태워 함흥역으로 보냈다.

흥남으로 모여드는 사람들

함흥역에는 시 인구의 절반은 되는 듯한 5만여 명의 사람들이 모여 있었다. 혼란 그 자체였다. 모든 사람들이 기차에 탈 수는 없었다. 4천 명 정도가 기차 안에, 1천 명 정도가 지붕 위에 올랐다. 기차를 타지 못한 사람들은 논둑길과 산길을 걸어 흥남으로 모여들었다. 삼십 리 길이었다. 흥남에 도착했지만 그곳에 피난민들을 위한 숙소는 없었다. 머물 곳을 찾지 못한 사람들은 벌판에서 노숙을 할수밖에 없었다. 날씨는 혹독하게 추웠다. 노약자들은 추위와 굶주림에 죽어갔다. 흥남 부두는 '지옥'이 되어가고 있었다. 유일한 길은 남쪽으로 내려가는 배밖에 없었다.

그러나 사람은 많고 배는 적었다. 배에는 적게는 5천 명, 많게는 1만 2천 명을 태웠다. 규정된 승선 인원의 10배가 넘는 경우도 있었다. 하지만 모든 피난민이 배에 타는 일은 불가능했다. 승선 여부가 생명을 좌우했기에 서로 배를 타려 했다. 아비규환이었다. 사람들의 발길에 밟히는 사람들이 생겼고, 그물에 기어오르다 떨어지는 사람들이 생겼다. 주인 잃은 보따리가 산처럼 쌓이기도 했다. 그 소란을 뚫고 현봉학의 도움을 받은 십만의 함경도민들은 흥남을 떠나 남한으로 향했다. '한국의 쉰들러, 현봉학'이 탄생하는 순간이었다.

현봉학은 자신의 공을 자랑하는 사람이 아니었다. 그는 자신을 '한국의 쉰들러'라 부르는 사람들에게 "내가 한 일은 아무 것도 아니다."라며 손사래를 쳤다고 한다. 오히려 그는 자신이 혹시 실수를 한 것은 아닌지 반성하고 있었다. "한국전쟁 시 십만 명의 고향 피난민을 흥남에서 철수할 수 있도록 도왔지만 나는 적어도 백여만 명의 이산가족을 만든 장본인이나 다름없다." 혹시 원하지 않은 이산가족을 만들어 그들의 삶을 망가트린 것은 아닌지 고민하고 있었던 것이다.

나아가 그는 다짐했다. 앞으로 "이산가족 재상봉과 재결합은 나의 생애를 두고 노력하고 이루어야 할 일이다." 그가 1985년 설립된 미중 한인우호협회나 1991년 창설된 국제고려학회에 주도적으로 참여한 이유도 위의 결심과 무관하지 않을 것이다. 하지만 그는 자신이 그토록 원했던 통일을 보지 못한 채 2007년 11월 25일 자신의 반생을 보냈던 미국 뮐렌버그병원에서 세상을 떠났다.

쓰러져간 진달래,
최정규

1959년 연세대학교 이과대학 의예과에 입학한 최정규(1941~1960)는 다음 해
4·19혁명이 전개되는 과정에서 총상을 입고 세브란스병원에서 사망했다.

4·19혁명과 진달래

4월은 산천을 분홍빛으로 물들이는 진달래의 달이기도 하다. 한반
도 남단 제주도에서 피기 시작하는 진달래는 서서히 걸음을 북쪽으
로 옮기다가 두만강으로 넘어갈 것이다. 봄이 되면 어디나 지천이
었기에 시인들은 즐겨 진달래를 노래했다. 한국인이 가장 사랑하는
시인인 김소월도 예외는 아니었다. 김소월에게 진달래는 이별의 꽃
이자, 체념의 꽃이었다. 그는 자신을 떠나는 임에게 진달래꽃을 따
다 바친다. 그리고 그 꽃을 즈려밟고 가라고 부탁한다. 다만, 사뿐
히 즈려밟아 달라고 애원한다. 밟히는 진달래는 아마 시인의 마음
이었을 것이다.

최정규군 영결식

21일 홍제동서 화장으로 거행

4·19 학생데모 사건으로 인하여 경찰의 발사로 불행한 죽엄을 당한 본 대학교 이공대학 의예과 2년, 최종규군의 영결식이 지난 21일 시내 홍제동 화장터에서 거행되었고, 그의 유해는 곧 이어 화장장으로 행하였다.

그의 가족들과 친지 및 본 대학교 조의설 문과대학장, 이정환 상경대학장, 이길상 이공대학장, 신동욱 정법대학장과 조우현 학생처장및 이경우 동문이 영결식에 참석하여 진리, 자유를 울부짖다 희생당한 그의 고결한 죽엄을 충심으로 애도하였다.

한편 본 대학교에서는 그을 조의하는 뜻으로 조위금 20만환을 전달하였다.

(고 최정규 군)

최정규 영결식 기사

『연세춘추』 1960년 4월 27일자 기사이다.

김소월의 진달래만큼 널리 알려져 있지 않지만, 1970년대 이후 대학생들 사이에서 전혀 내려오는 진달래도 있다. 이영도가 짓고 한태근이 곡을 붙인 진달래이다.

눈이 부시네 저기 난만히 묏등마다

그날 쓰러져간 젊은 같은 꽃사태가

맺혔던 한이 터지듯 여울여울 붉었네

그렇듯 너희는 지고 욕처럼 남은 목숨

지친 가슴 위엔 하늘이 무거운데

연연히 꿈도 설워라 물이 드는 이 산하

이영도에게 진달래는 한(恨)의 꽃이었다. 맺힌 한을 붉은 빛으로 토해내는 꽃이었다. 그리고 '그날' 진달래는 사태를 이루며 쓰러져 갔다. 1960년 4월 19일이었다. 진달래는 이영도에 의해 1960년 민주주의를 외치다 스러져간 젊은 넋의 꽃으로 다시 태어났다.

연세대학교 입학

1960년 4월 그렇게 스러져간 꽃사태 속에 세브란스인이 있었다. 최정규(崔正圭). 1959년에 연세대학교 의예과에 입학하였으니 대학 2학년이었다. 그는 대학 생활을 만끽하며 이제 다가올 본격적인 의학도 생활을 준비하는 학생이었다. 아마 인생의 가장 아름다운 시절을 즐기고 있었을 것이다. 하지만 그에게 1960년 대한민국은 개인의 안온한 삶을 넘어 거대한 시대의 흐름에 참여할 것을 요구하고 있었다.

미완성의 석가모니

지인들이 기억하는 최정규는 무척 온순한 성격을 가지고 있었고, 귀족적이라고 할 만큼 섬세하고 수려한 용모를 지니고 있었다. 기분파였고, 주머니에 돈이 있으면 남김없이 쓰곤 했다. 친구들은 그를 '미완성의 석가모니'라 불렀다. 그는 아침저녁으로 승마를 즐기는 스포츠맨이었고, 최신 영화는 빼놓지 않고 보았다. 훌륭한 의사가 되려면 의학지식이나 진료기술 못지않게 다방면의 교양이 필요하다고 생각한 까닭이었다.

문학이나 음악 이야기를 할 때면 과학을 배우는 의학도로서 정연함을 보여주었다. 음악은 샹송을 즐겼고, 애잔한 멜로디를 흥얼거리곤 했다. 윌리엄 와일러의 1949년 작품인 '사랑아, 나는 통곡한다(The Heiress)'의 주제곡은 그의 애창곡이었다. 그를 기억하는 한 글은 그의 애창곡을 소개하며 "이는 또 어떤 운명의 전조인지?"라고 썼다.

전후세대와 민주주의

최정규는 무엇보다 대한민국에서 정규 교육과정을 통해 민주주의의 가치를 배운 첫 세대였다. 해방 후 의무교육은 점차 확대되어 나갔고, 초등학교와 중등학교를 거치면서 학생들은 서양에서 발전한 정치사상을 배워 나갔다. 그들은 학교에서 자신의 대표를 직접 선출했다. 민주주의는 그들에게 생활이었다. 그들에게 민주주의는 빵만큼이나 중요한 가치로 인식되었다. 언론도 성장했다. 신문은 다양한 여론을 만들어 나갔다. 정부에 비판적인 목소리가 신문을 통해 여러 사람들에게 전해졌다. 사람들은 다른 사람의 목소리에 귀를 기울였고, 자신의 생각을 이야기했다. 대한민국은 아래로부터 서서히 민주화를 실현하고 있었다.

이승만과 독재

그러나 정치 구조와 행태는 아직 미성숙한 상태였다. 1948년 초대 대통령으로 선출된 이승만은 종신 대통령을 꿈꾸었고, 자유당은 그 꿈을 실현하기 위해 몸을 바치고 있었다. 국민들의 반대에도 불구하고 여러 차례 자신의 의지를 관철했던 이승만과 자유당은 1960년 다시 그 꿈의 실현을 위해 무모한 시도를 하기 시작했다. 이 해 3월 15일 대한민국은 새로운 대통령을 뽑을 예정이었다.

연임을 노리던 이승만의 앞길은 어둡지 않았다. 가장 강력한 경쟁자였던 민주당 후보 조병옥이 선거일 한 달 전인 2월 15일 지병으로 사망하였기 때문이다. 이승만의 대통령 연임은 불을 보듯 뻔했다. 문제는 부통령이었다. 부통령은 대통령 유고 시 계승자였다. 당시 이승만 대통령은 이미 86세의 고령이었다. 건강을 장담하기 힘든 대통령을 생각하면 부통령은 반드시 자유당 후보였던 이기붕이 되어야 했다. 4년 전인 1956년에는 민주당 후보였던 장면이 부통령이 되었다. 자유당에게 그런 악몽은 다시 일어나서는 안 되었다.

부정 선거와 학생들의 시위

3월 15일 이승만과 자유당은 이기붕을 부통령으로 당선시키기 위해 가능한 모든 방법을 동원했다. 유권자의 40%에 해당하는 표를 자유당 지지로 미리 기표한 후 투표함에 넣어두는 4할 투표가 시도되었고, 3인이 함께 자유당에 기표하도록 한 3인조 공개투표가 이루어졌다. 투표함이 바꿔치기 되었고, 표가 뒤바뀌었다. 야당이 우세한 지역에서는 아예 투표함이 사라지기도 했다. 부정 선거, 불법 선거는 전국에 걸쳐 이루어졌다. 야당인 민주당은 선거 무효를 선언했다.

분노한 학생과 시민들은 불법, 부정 선거에 항의하는 시위를 벌였다. 그 시위는 4월에 접어들면서 뜨거워지기 시작했다. 4월 11일 부정 선거에 항의하다 행방불명되었던 마산상고 학생 김주열의 시신이 마산시 앞바다에 떠올랐다. 최루탄이 오른쪽 눈에 박힌 처참한 모습이었다. 마산의 시민과 학생들은 '시체를 내놓아라', '살인선거 물리치자'는 구호를 외치며 시위를 벌였다. 하지만 이승만 정부의 대응은 실망스러웠다. 그들은 시위가 공산주의자들에 의해 조정되고 있다는 상투적인 말을 반복할 뿐이었다.

시위의 물결은 서울에서 폭발했다. 4월 18일 시위를 마치고 귀가하는 고려대 학생들을 깡패들이 습격했다. 다음 날 신문 1면에 피투성이가 되어 쓰러진 고려대 학생들의 모습이 게재되었다. 그 모습을 본 학생과 시민들은 거리로 나섰다. 연세대학교 신촌캠퍼스의 학생들은 4월 19일 12시 대강당에 모였다. 그들은 신촌네거리를 거쳐 아현시장에 이르렀고, 서대문 로터리로 나아갔다. 2학년생이었던 최정규도 예외는 아니었다. 그는 무교동에 있던 친구 집에 가방과 실험복을 맡기고 시위에 참여했다. 그가 외친 구호는 "백만 학도여, 정의의 칼을 잡자!"였다.

의과대 학생들도 참여했다. 4월 19일 아침 연세대 의과대학생들은 학생회 간부들을 주축으로 서울역 앞 세브란스병원 현관에 모였다. 교수들도 학생들의 시위를 암묵적으로 지지해주고 있었다. 의과대학생들로 구성된 시위대는 남대문을 돌아 시청 쪽으로 향했다. 신촌캠퍼스에서 떠난 본교 학생들과 시청 앞 광장에서 만났다. 오후 1시 20분이었다. 연세대학생들이 참여한 시위대는 종로로 나아갔다. 광화문, 중앙청(현재 경복궁 앞)을 거쳐 경무대(현재 청와대)로 향하려던 시위대는 방향을 바꿔 종로 4가에서 원남동 로터리를 지나 중앙청에 다가가고 있었다.

서울역 앞에 있던 세브란스병원

발포

의과대학 학생들은 원남동에서부터 시위대의 선두에 섰다. 자신들이 입은 하얀 가운이 경찰들의 무차별 진압을 막아줄지도 모른다는 기대 때문이었다. 학생들이기에 가질 수 있는 순수한 기대였다. 하지만 순진한 기대이기도 했다. 오후 1시 40분경 시위대가 점차 거리를 좁히자 경무대를 막고 있던 경찰의 총구에서 불꽃이 튀었다. 사격이 시작된 것이었다. 여기저기서 총에 맞은 학생들이 쓰러져 피를 흘렸다.

20대를 맞이하지 못한 최정규

시위대로 가득한 중앙청 일대에서도 총격이 이루어졌다. 시위대가 중앙청 무기고 쪽으로 진출하자 경찰은 사격을 시작했다. 오후 2시경이었다. 무차별 사격이었다. 학생들이 쓰러졌다. 가운을 입고 있던 의과대학생들은 서둘러 부상자 구호에 나섰다. 사이렌을 울리며 구급차가 달렸다. 사람들은 쓰러져 있는 최정규를 발견했다.

최정규의 몸은 피투성이였다. 경찰이 쏜 총탄은 이미 오른쪽 손을 뚫고 그의 몸을 헤집었다. 최정규는 근처를 지나던 시발택시에 실려 세브란스병원으로 옮겨졌다. 하지만 오후 3시 그는 돌아올 수 없는 길을 떠났다. 총탄이 이미 하행대정맥과 간장을 관통한 상태였다. 그날 최정규의 가족들은 돌아오지 않는 그를 기다리며 밤을 새웠다. 1941년생이었으니 만 19세. 그는 인생의 꽃이라 불리는 20대를 영원히 맞이하지 못했다.

이승만의 하야

최정규를 비롯하여 수많은 학생과 시민들이 쓰러졌지만 이승만의 욕심은 사라지지 않았다. 여전히 그는 권력에 대한 집착을 버리지 못하고 있었다. 마침내 4월 25일 서울지역 대학교수들이 '학생의 피에 보답하라'는 플래카드를 들고 시가를 행진했다. 다음 날인 4월 26일 이승만 대통령은 "국민들이 원한다면 대통령직을 사임하겠다."고 발표했다. 최정규가 쓰러진 지 일주일이 지난 후였다. 영원할 것 같던 독재의 벽은 학생들이 흘린 피와 땀으로 마침내 부서져 내렸다. 전국적으로 186명이 사망했고, 6,026명이 부상을 당한 뒤였다.

정의와 자유를 위한 투쟁

최정규에 대한 영결식은 4월 21일 홍제동 화장터에서 거행되었다. 5월 4일에는 연세대학교 노천극장에서 그를 추도하는 예배가 열렸다. 추모예배에서 백낙준 총장은 최정규를 "민족 정기를 되살아 피게 하는 한 알의 밀알"이라고 표현했다. 그 밀알은 땅에 떨어져 죽는 것이 아니라 몇 배의 열매를 맺을 터였다. 예배에 참여한 최정규의 아버지는 아들의 친구들에게 부탁했다. "여러분들은 유명을 달리한 정규와 영원한 우정을 이어주기 바라며, 또한 이제 정규의 죽음을 위로하는 길은 정의와 자유를 위해 투쟁하는 것"이라고 말했다.

4월의 보람은 어디로 갔는가

1945년 해방이 되고 대한민국 정부가 수립되면서 한국에서도 본격적으로 민주주의가 이야기되기 시작했다. 새롭게 탄생한 대한민국은 민주공화국이었다. 하지만 헌법의 문구는 단지 문구일 뿐이었다. 대한민국의 지도자로 선출된 이승만 대통령은 자신의 조국을

연세대학교 노천극장에서 열린 최정규 추모제

민주주의 국가로 키우는 데 큰 관심이 없어 보였다. 현실에서 민주주의의 꽃은 쉽게 피지 않았다. 그 꽃은 피와 땀을 자양분으로 하는 까닭이었다. 1960년 4월 19일은 민주주의를 꽃피울 피가 뿌려진 날이었다.

그러나 한국의 민주주의는 1960년 4월에 만개하지 못했다. 1966년 『연세춘추』는 4·19혁명 6주년을 맞이하여 다음과 같은 글을 남겼다.

4월, 앙상한 가지에 물이 오르면 이제는 퇴색한 4월이 다시금 생각난다.

참지 못할 울분 속에 피로 물들었던 4월의 포도 위, 젊은 사자의 포효는 지금 어디로 갔는가?

'나는 죽어도 조국은 영원히 살아야 한다'고 마지막 순간까지 외치던 그들의 함성이 또다시 울려 퍼질 듯한 4월의 하늘 아래, 숨진 이들은 통곡하노라. 그때 4월의 보람, 지금은 어디로 갔느냐고.

4·19혁명과 민주주의

1966년이면 군사쿠데타로 집권한 박정희 대통령이 본격적인 산업화를 추진하던 시기였다. 차관을 재원 삼아 이루어진 5년 동안의 경제성장률은 7.9%를 기록했다. 비록 제조업 분야의 성장률까지 높은 것은 아니었지만 한국의 경제 발전에 대한 전망은 밝았다. 박정희 정부도 서서히 자신의 미래에 대한 자신감을 보이던 시기였다.

그러나 『연세춘추』는 경제 성장의 이면에서 사그라지는 민주주의의 열기를 안타까워하고 있었다. 경제 성장이라는 명목 아래 민주주의는 점차 퇴색되어가기 시작했다. 하지만 최정규의 후배들은 선배들의 피와 땀을 잊지 않고 있었다. 최정규가 떠난 지 20여 년이 지난 1987년 대한민국은 민주항쟁을 거치면서 본격적으로 민주주의 제도를 정착시켜나갔다.

1960년 4월 대한민국에는 민주주의의 꽃을 피우기 위해 자신을 희생한 학생과 시민들이 있었다. 그들의 피를 머금고 한국의 민주주의는 성장해나갔다. 그 피의 한가운데에 세브란스인 최정규가 있었다.

후학 양성과 기술개발로
국력을 키우고자 한 유전

한말 일본의 선진문물을 수용하기 위한 방안으로 각 분야별로 관비유학생이
파송되었는데, 유전은 도쿄제국대학에서 응용물리화학(화학공학)을 공부한 최
초의 공학도 중 한 명이었다. 귀국 후 세브란스 의학교육에 참여하기 시작한
유전은 의학도들에게 화학, 물리학, 수학 등 기초과학을 가르쳤다.

자신의 일에 최선을 다한 공학도 출신 교수

학교 예배시간과 주일 예배시간은 빠지지 않으려고 합니다. 나
는 기독교인은 아니지만 예배시간을 지키는 것이 기독교기관에
서 일하는 사람이 갖춰야 할 최소한의 예의라고 생각합니다.

누구 하나 그에게 예배 참석을 강요하지 않았는데도, 유전(劉銓)
교수는 이처럼 이야기하며 스스로 예배시간을 지키고자 노력했다.
그는 항상 자신의 일에 최선을 다하자는 것을 삶의 신조로 삼았고,

주위에 민폐를 끼치는 상황을 만들지
않기 위해 항상 신경 썼다.

유전(1917)

유전은 세브란스연합의학교 교수
진 중에서 유일한 공학도 출신이었으
며, 의학생들에게 화학과 물리학 등을
가르쳤다. 일본에서 귀국한 지 얼마 되
지 않아 한국어가 익숙하지 않았지만,
또박또박한 어투로 화학의 기초이론
을 강의했다. 또 자신이 맡은 일을 충
실하게 하다보면 더 좋은 기회가 찾아올 것이므로, 지금 힘들고 어
렵더라도 용기를 잃지 말고 자신의 소명을 지켜나가라고 학생들에
게 늘 당부하는 선생이었다.

세브란스의 기초과학 교육을 맡다

갑오개혁 이후, 정부는 개화와 개혁 추진을 감당할 인재 양성을 위
해 일본에 관비유학생을 파견하기로 결정했다. 이후 수차례에 걸쳐
유학생 파견이 이루어졌지만, 정치적 혼란과 재정부족 등으로 조
기 소환되는 등 도중에 중단되는 사태가 발생했다. 하지만 대한제
국 정부는 국가개조를 위한 인재 양성을 위해 유학생을 계속 선발했
다. 유학생들은 대부분 양반 출신으로 관직에 있던 사람들이었다.

그러나 초창기 관비유학생들이 공부를 마치고 귀국할 즈음, 한

강의 중인 유전(1917)

국은 일본에 병합되어 주권을 잃고 말았다. 대부분의 관비유학생들은 식민지 관공서에 취직하며 식민권력에 편입되었지만, 일부는 사립학교 교사로 남거나 계몽운동에 참여하는 방식으로 식민권력에 대항했다.

유전은 대한제국 말기에 파송되었던 관비유학생 중 한 사람으로, 1907년 8월 도쿄제국대학 응용물리화학과에 입학해 1911년 7월 졸업했다. 1900년대 중반 일본 유학생 사회에서 『태극학보』, 『공수학보』를 창간할 때 주도적인 역할을 한 점, 귀국 후에도 한국어가 어눌했다는 회고 등을 종합해볼 때, 그는 일찍부터 일본에 유학했던 것으로 보인다. 당시 한국에는 공학사 학위를 가진 제국대학 출신자가 거의 없었기 때문에, 조선총독부는 그를 식민당국에 끌어들이기 위해 다양한 제안을 했다. 그러나 유전은 조선총독부의 제안을 뿌리치고 연희전문학교의 전신인 경신학교 화학 교사로 취직했다. 제국대학 졸업생이 사립학교 교사로 취직하는 예는 거의 없었기 때문에 유전의 선택은 매우 충격적인 사건이었다.

당시 경신학교 부교장으로 있으면서 세브란스병원의학교를 종합대학으로 발전시키고자 하는 계획을 가지고 있었던 에비슨에게는 기초과학을 전담해 줄 교원 확보가 절실한 상황이었다. 세브란스병원의학교 운영초기에는 제1회 졸업생 박서양이 주로 화학을 강의했지만, 화학, 물리학, 수학의 기초와 심화까지 가르치기엔 부담이 될 수밖에 없었다. 이런 상황에서 유전은 1912년 세브란스연합의학교가 신축되었을 때부터 활동을 시작해 10여 년 동안 화학, 물리학, 수학 등 세브란스의 기초과학 교육을 책임졌다.

실업구국의 이상 실현에 나서다

유전이 10년 동안 재직했던 교단을 떠나 새 출발을 하게 된 것은 실업구국이라는 자신의 이상을 실천하기 위함이었다. 그는 조선제사회사의 전무로 취임하였는데, 이 회사는 일제강점기 최대의 견직회사로 300여 명의 직공들이 근무하고 있었다. 견직물을 염색하고 가공해 해외로 수출하는 것이 회사의 목표였지만, 설립 직후 경제적 타격을 입어 자금난에 허덕이게 되었다.

경영난에 처한 회사를 구하기 위해 급하게 초빙된 인물이 바로 유전이었다. 그는 우선 은행 융자를 받아 자금을 회전시키고, 미국에 판로를 개척해 공장의 활로를 찾았다. 그의 이러한 노력에 힘입어 조선제사회사는 한국 최대의 견직물 가공회사로 성장했고, 실업계의 성공신화가 되었다.

유전이 이처럼 실업구국에 나서게 된 계기는 3·1운동이었다. 적지 않은 세브란스의 교직원들이 3·1운동에 참여했지만, 운동을 주도했던 대부분의 인사들이 체포되고 투옥되면서 더는 지속되기가 어려웠다. 이에 일부 지식인들은 과학기술과 산업기술의 개발을 통해 국력을 키우는 데 역량을 집중해야 한다고 강조했다.

유전은 이에 공감했고, 후학 양성도 필요하지만 그 이전에 3·1운동을 계승하여 실업구국을 실천하기 위해 직접 현장에 뛰어들어야겠다고 결심했다. 마침 견직 산업은 자신의 전공을 발휘할 수 있는 직종이었다. 그는 경성상공업협회 부회장(1930년), 조선제사회사의 고문(1933년) 등으로 재직하면서 실업계의 대표적인 인물로 성공 가도를 달렸다.

1936년, 유전은 다시 교단으로 돌아왔다. 여성 실업인을 양성하기 위한 경성여자상업학교 창립에 관여하면서 학교의 초대 교장으로 초빙되었기 때문이다. 해방 이후에도 그는 공업연맹 이사 등으로 활약하며, 실업구국의 시대적 사명을 다하고자 했다.

한국 최초의 안과·이비인후과
의사, 홍석후

홍석후(1883~1940)는 세브란스병원의학교 제1회 졸업생으로서 한국 최초의
면허의사 중 한 사람이 되었다. 전문의 제도가 정착되지 않았던 시절, 그는
한국 최초로 안과·이비인후과 의사가 되어 의학교육과 전문 진료를 이끌어
나갔다.

남은 자, 후진을 양성하다

나는 세브란스의학교와 함께 자라난 사람입니다. 십구 년 전에
그 학교를 졸업한 후 그때부터 지금까지 교편을 잡아왔습니다.
그때야 설비는 말할 여지도 없거니와 교수며 교과서까지도 몹
시 부족했지만 사실 말이지 교장 에비슨 씨와 지금은 고인이 된
김필순 군과 나 세 사람이 갖은 고통을 다 바쳐왔었지요. 지금
은 교장의 노력 덕분인지 우리 학교도 매우 완전해졌습니다. 우
리 학교 졸업생은 대개 일백오륙십 명이나 되리라고 생각합니

다. 그들 모두 각지로 흩어져서 개업을 했는데, 그 성적들이 양호한 것을 생각할 때에 나는 무엇보다도 기쁩니다. 이는 그들의 실력과 또는 우리 학교 졸업생을 신용하는 까닭이라고 생각합니다. 그리하여 나는 앞으로 더욱 실력 있는, 인격 있는 의사들을 많이 양성하여 사회에 대한 도움이 있게 하기를 기대합니다.

1927년 7월 30일자 『동아일보』에 실린 한 의사의 인터뷰 내용이다. 그는 관립의학교를 3회로 졸업하고, 다시 세브란스에 편입해 세브란스병원의학교를 1회로 졸업해서 한국 최초의 면허의사가 된 독특한 경력의 소유자였다. 그는 세브란스병원의학교 교수로 활동하면서 한국 최초로 안과 및 이비인후과 분야를 개척해 나갔다. 그가 바로 홍석후다.

세브란스병원의학교의 졸업생이 되기까지

1883년 4월, 홍석후는 경기도 화성에서 홍준의 2남 2녀 중 장남으로 태어났다. 부친인 홍준은 한학자였는데, 일찍이 기독교로 개종하여 언더우드에게 한국어를 가르치기도 했고 번역하는 일을 직업으로 삼았다. 홍석후는 선교사들과 친분이 있던 부친의 영향으로 배재학당을 다녔다. 당시 홍석후는 에비슨을 알고 있었지만, 제중원의학교가 정기적으로 학생선발을 하지 않아서, 1902년 관립의학교 학생모집에 응시했다. 홍석후는 1905년 12월 관립의학교를 3회로 우등

졸업한 뒤, 종로에 자혜의원을 개원했
다. 그러나 관립의학교 교육과정에 임
상실습이 거의 없었을 뿐만 아니라 실
질적인 치료지식도 없다시피 해서, 임
상경험을 쌓을 수 있는 세브란스병원
의학교에서 다시 공부하고 싶어 했다.
당시는 세브란스병원의학교가 세브란
스의 지원으로 남대문 밖에 현대식병
원을 세운 지 얼마 안 된 때였다. 홍석

홍석후

후는 자신과 뜻을 같이했던 홍종은과 더불어 에비슨을 찾아갔다. 그
들은 얼마가 걸리든지 졸업이 될 때까지 수업을 받겠다고 에비슨에
게 말하면서 세브란스병원의 조수가 되기를 희망했다.

1906년 드디어 홍석후는 관립의학교 동기 홍종은과 함께 세브
란스병원의학교에 편입했다. 그런데 편입 후 에비슨의 교육 내용은
주로 해부학, 생리학, 세균학, 병리학 등 기초학 위주였다. 의학교
에서는 주로 일본어 교재로 공부했기 때문에, 홍석후 역시 기초부
터 기본기를 다질 수밖에 없었다. 1907년부터는 내과와 외과 등 본
격적인 임상실습에 들어갔다. 학생들은 에비슨과 허스트 등을 도와
실습을 했기 때문에, 크고 작은 수술에 직간접적으로 참여할 수 있
었다. 난산을 겪는 산모를 처치하기 위해 허스트와 왕진을 나가기
도 했다. 세브란스병원 개원 후 17개월 동안 1만 6천여 명의 환자
를 진료하면서 의학생들은 백내장이나 편도선과 같은 간단한 수술
부터 난소적출, 종양제거와 같은 복잡한 수술에 이르기까지 다양한

경험을 쌓을 수 있었다. 1906~1907년 사이에 세브란스병원에서 훈련받는 의학생들은 16명에 달했다. 그중에서 성적이 우수한 7명만이 최종 졸업자격을 갖추었다. 홍석후는 1908년 세브란스병원의학교 1회 졸업생이자 한국 최초의 면허의사 중 한 사람이 되었다.

졸업 후 동기생 대부분은 독립운동을 위해 해외로 망명한 터라 홍석후 역시 독립운동에 참여할지 학교에 남을지 몇 날 며칠을 번민했다. 지극한 효자로 유명했던 그는 결국 몸이 불편한 노부모를 모시기 위해 망명을 포기했다. 대신 실력과 인격을 겸비한 의사들을 양성하겠다는 의지를 불태웠다. 의학교육에 대한 열정 하나로 외길 인생을 걸었던 홍석후는 뉴욕의과대학과 캔자스시립대학 등에서 최신의 의학지식을 연수하는 등 "학식과 기능이 바야흐로 완숙해지고, 환자의 숭앙이 날로 깊어가는" 전성기에 접어들었다.

1929년 홍석후가 세브란스의전 학감(오늘날 의대학장)으로 취임했을 때, "의학에 대한 풍요한 지식은 말할 것도 없거니와 원만한 인격의 소유자인 선생을 학감으로 맞이하게 된 일은 학교를 위해서나 학생을 위해서나 기뻐할 일"이라며 안팎의 칭송을 받았다. 교수, 직원, 학생들의 기대 속에서 홍석후의 최대목표는 세브란스의 경제적 자립이었다. 이를 위해 병원에 의약품을 납품하는 세브란스 의용품 상회를 통해 병원 차입금의 비중을 높이고 기부운동을 전개해 병원 재정을 보충하고자 했다.

그러나 2년 후에는 학감뿐만 아니라 교수직에서도 물러날 수밖에 없었다. 당시 일본 문부성은 의학전문학교 심사를 위해 각 학교에 조사단을 파견하였는데, 세브란스의학전문학교 졸업생들이 의사면허상의 차별을 받지 않기 위해서는 세브란스가 문부성 지정학교로 선정되어야 했다. 문부성 지정여부를 결정짓는 가장 중요한 항목 중의 하나가 교수들이 일본정부가 인정하는 일본 박사학위를 가지고 있느냐 여부였다. 홍석후는 이미 20년 이상 교수로 재직해 오고 있었지만, 일본 박사학위를 가지고 있지는 않았다. 결국 홍석후는 후진을 위해 자진 사퇴 형식으로 퇴직하는 길을 선택했다. 퇴직 후 그는 종로 YMCA 건물 안에 홍석후진료소를 개원했다. 병원 안에 '광안사'라는 안경점이 딸려 있는 독특한 형태의 개인병원이었다. 이 병원은 한국에서 안과 전문진료병원의 효시가 되었다.

한국 최초의 안과·이비인후과 의사

홍석후는 세브란스병원의학교 편입 후 에비슨을 도와 『생리교과서』와 『진단학』 등 의학교과서를 편찬하는 일을 도왔다. 졸업 후에는 교수로 임용되어 김필순, 박서양 등과 함께 세브란스의 의학교육을 이끌었다. 1909~10년 1학년 교육과정에 1회 졸업생들이 참여했는데, 김필순은 해부학을, 박서양은 화학을, 홍석후는 현미경 사용법, 물리학 및 동물생명학 등을 가르쳤다. 홍석후는 2학년생들에게 물리학을 강의했다. 1910~11년 홍석후는 2학년생에게 조직학과 세균학을, 3학년생에게 병리학을, 4학년생에게 외과학과 산과를 강의했다. 홍석후는 1911년 세브란스병원의학교 제2회 졸업식부터는 교수 자격으로 참가했다.

안과 강의 중인 홍석후(1917)

홍석후가 의학교에서는 주로 기초학을 강의했지만, 실제 임상
은 주로 산부인과와 외과에서 훈련을 받았다. 그런데 이 분야는 이
미 허스트와 러들로 등 외국인 선교사들이 교수로 활약하고 있었
다. 또, 1913년 세브란스병원의학교가 교파연합인 세브란스연합의
학교로 바뀌면서, 각 교파별로 한국인 교수들을 후원하게 되었다.
홍석후를 후원하던 남감리교가 안과 및 이비인후과 교수였던 바우
만(N. H. Bowman)을 지원하고 있었기 때문에, 바우만과 교류하는
가운데 안과와 이비인후과의 전문지식을 습득하게 되었다. 홍석후
는 의학교에서 생리학 등 기초학뿐만 아니라 안과와 이비인후과를
바우만과 함께 강의했다. 바우만이 떠나면서 홍석후가 그의 뒤를

이었고, 세브란스의 안과와 이비인후과는 홍석후가 책임지게 되었다. 1916년 박서양이 독립운동을 위해 모교를 떠나면서 1회 졸업생 중 학교에 남게 된 자는 홍석후가 유일했다. 1917년 세브란스연합의학교가 세브란스연합전문학교로 바뀌면서 홍석후는 안과 과장으로 임명되었다. 1923년 안과와 이비인후과가 분리되면서 홍석후는 이비인후과만을 담당하게 되었다.

풍류의 멋을 아는 든든한 후원자

홍석후는 동생인 홍난파(본명 영후)와 함께 조선정악전습소를 다닐 정도로 음악에 관심이 많았다. 홍난파 역시 형이 교수로 있는 세브란스의전에 입학했지만, 의학이 자신과 맞지 않아 결국 작곡가의 길을 걸었다. 홍난파는 '봉선화', '성불사의 밤', '옛동산에 올라' 등 민족적 정서와 애수가 담긴 명곡을 남겼다.

홍석후는 음주를 즐겼다. 웬만한 주당들도 그를 대적할 수 없어 '주국대통령'이라는 별칭으로 불릴 정도였다. 한번은 어느 목사가 에비슨 교장에게 "환자를 진료하고 고통받는 사람들을 도와주어야 할 세브란스의 중추 교수인 자가 매일 음주를 일삼고 있으니 이를 시정해달라."고 건의했다고 한다. 이에 에비슨은 학생도 잘 가르치고, 환자도 잘 돌보는데, 교장이 교수의 사생활에 이래라저래라 간섭할 수 없다며 완곡히 거절했다는 이야기가 전해진다.

초대 세브란스 동창회장이 된 홍석후는 에비슨 내한 30주년 축

1929년 동창회 사무실에서
왼쪽부터 최동, 동창회장 홍석후, 동창회 간사 김명선이다.

하연, 에비슨 동상 건립, 동창회 학술대회 개최, 세브란스 후원회
조직 등 동창회가 조직적 틀을 갖추는 데 기여했다. 홍석후는 전문
의제도가 정착되지 않던 시절, 안과와 이비인후과를 선구적으로 개
척했으며, 퇴직 후에도 동창회 활동과 후원회 조직으로 세브란스
사랑을 지속적으로 실천했다.

사회적 통념을 넘어
새로운 길에 도전한 신필호

신필호(1892~1952)는 대단한 용기를 가진 의사였다. 남성 의사를 꺼리던 사회적 통념을 깨고 그는 산부인과 의사라는 새로운 길에 도전했다. 그는 최초의 산부인과 의사로서 진료와 연구 영역에서 뛰어난 발자취를 남겼다.

오직 환자를 위해 최선을 다하다

이 환자를 계속 치료할 수 있도록 해주시오. 내가 책임지겠소.

목소리는 두려운 듯 떨고 있는 게 분명했으나 어조는 매우 단호했다. 초조한 눈빛 속에서 뿜어져 나오는 단호함 때문에, 그의 말을 듣고 있던 경무부 고등과 형사조차도 당황한 기색이 역력했다. 장안에서 제일 잘 나가는 의사의 언명인지라 식민권력의 권위를 대표하는 경무부에서조차 그의 기세를 막을 수 있는 사람은 없었다. 그 용기 있는 의사가 바로 신필호였다. 신필호가 치료하고자 했던 환

세브란스연합의학교 제4회 졸업생 사진
둘째 줄 맨 왼쪽이 신필호다.

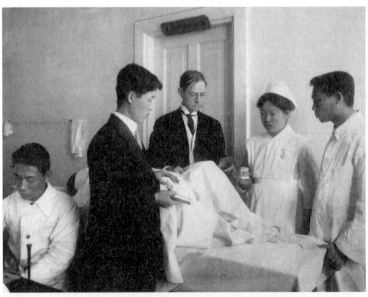

산부인과 외래 진료 중인 신필호(왼쪽에서 두 번째)와 허스트(왼쪽에서 세 번째)

자는 3년 전인 1925년 4월 조선공산당 창당을 주도했던 코민테른의 고위급 간부인 신철이었다. 신철은 척수염 치료를 위해 일시 귀국하여 가명으로 신필호의 병원에서 치료를 받고 있었다. 당시 일제의 치안유지법은 공산주의자뿐만 아니라 그들을 은닉하거나 돕는 자들도 엄격하게 처벌했기 때문에, 신필호의 처신은 매우 대담한 것이었다. 이 사건은 신문지상에도 알려져 뛰어난 의술가로서 신필호의 명성을, 자신의 안위를 돌보지 않고 오로지 환자의 생명만을 중시하는 인술가로서 신필호의 면모를 세상에 드러냈다.

국내 최초의 인턴, 최초의 산부인과 의사

신필호는 한말 자성군수와 덕천부사를 역임한 신정식의 다섯 아들 중 둘째로 충북 청주의 명망가 집안에서 태어났다. 그의 집안은 신문물과 신사상에 개방적이었으며, 신규식, 신채호, 신백우 등 다수의 독립운동가를 배출했다. 신필호의 오형제 중 세 사람이 의사가 되었을 정도로 그의 가족들은 의학에 관심이 많았다. 신필호는 휘문의숙을 거쳐 1914년 세브란스의학교를 제4회로 졸업했다. 이즈음 그는 기독교로 개종하여 선교 사역에도 관심을 뒀다. 1914년은 세브란스가 인턴제도를 처음으로 실시한 해였고, 신필호는 우리나라 최초의 인턴 중 한 사람이었다. 이듬해 신필호는 허스트의 지도 하에 산부인과 의사로 수련생활을 시작했다. 당시만 해도 부녀자가 남자 앞에서 옷을 벗고 진료를 받는다는 것은 상상조차 할 수 없었다. 특히 출산을 돕는 일은 여성 산파가 담당했는데, 당시 산파는 의사의 지도를 받아야 했다. 앞으로 산부인과 의사가 반드시 필요할 것이라는 것은 누구나 알았지만, 이 분야에 선뜻 나서는 이는 없었다. 신필호 자신도 고백했듯이, 산부인과에 대한 사회적 통념으로 인해 "과연 산부인과 의사로 성공할 수 있을까 내심 걱정"하지 않을 수 없었다.

백정의 딸을 아내로 맞이하다

신필호는 어느 날 우연히 친구의 병문안으로 세브란스병원을 찾은 한 여성을 보고 첫눈에 반했다. 단발머리와 단정한 옷맵시로 보아 한눈에 신여성임을 알 수 있었다. 그녀는 바로 의학교 선배이자 동료 교수인 박서양의 여동생 박양빈이었다. 박양빈은 백정 박성춘의 큰딸로 이화학당을 졸업하고 정신여학교에서 교편을 잡고 있던 당대의 인텔리 여성이었다. 당시 백정에 대한 신분차별은 폐지되었지만, 사회적 차별은 여전히 남아 있었다. 그러나 그러한 사회적 인식이 박양빈에 대한 신필호의 사랑과 열정을 가로막을 수는 없었다. 오히려 그는 명문집안 규수보다는 신여성과 장래를 도모하는 것이 자신의 삶의 방향과 일치한다고 생각했다. 평생 배필과의 사랑과 결혼은 그렇게 이루어졌다.

　박양빈은 결혼 후 신필호를 내조했던 것은 물론 기독교 여성선교사업에 관심을 보였다. 박양빈은 경성여자기독교청년회의 일원

으로 시국강연 및 선교활동 등 여성운동에 참여했고, 일제의 감시
와 탄압 속에서도 자신의 활동을 멈추지 않았다.

의료선교의 길로 들어서다

행복한 결혼생활과 더불어 세브란스에서 교수로서 안정된 삶을 살
던 신필호는 1925년 어느 날 돌연 교수직을 사임했다. 연구와 실험
을 좋아했던 그가 안정된 직장을 버리고 아무런 연고가 없는 시골
에서 개업을 한다는 것은 일종의 모험이었다. 그러나 신필호는 이
때가 아니면 선교활동을 할 수 있는 기회가 다시 오지 않을 것이라
고 생각했다. 황해도 연백군 연안지역에 연안의원을 세우고 의료선
교를 시작했다. 당대에 신필호는 이미 저명인사여서 그가 연안에서
개업했다는 사실은 신문에도 보도되었고, 새로 개업한 연안의원에
서 매일 30명 이상의 외래환자를 봐야 할 정도로 바쁜 나날을 보냈
다. 다만 외부지원이 없었기 때문에 극빈자에 한해 무료진료를 실
시했다. 천성이 사교적인 데다 성실했기 때문에 연안에서의 그의
활동은 성공적이었다. 그가 계획한 4년 동안의 선교활동을 마감했
을 때, 연안 지역민들과 연안교회 관계자들은 신필호와 그의 가족
들을 위해 송별회를 열어주며 그와의 이별을 아쉬워했다.
　신필호는 새로운 마음가짐으로 본격적인 연구와 진료를 다시 시
작하고자 했다. 그는 세브란스의전으로 돌아가고 싶었으나 모교 산
부인과교실에는 윤치왕 등 이미 새로운 교수들이 포진하고 있었다.

이에 신필호는 인사동에 산부인과의원을 개설하고 진료활동을 재개했다. 당시 경성 시내에 산부인과의원은 고작 네 곳에 불과했고, 한국인이 개설한 산부인과의원으로는 신필호 산부인과의원이 유일했다. 바쁜 개원의 생활 중에서도 그는 연구를 게을리하지 않았고, 자신의 연구결과를 규슈제국대학(九州帝國大學) 의학부에 제출했다. 1935년 신필호의 「산욕열 및 유아 각기의 기초적 연구」라는 주 논문과 여섯 편의 부 논문이 통과되어 의학박사 학위를 받게 되었다. 이처럼 개원의로서 의학박사 학위를 받을 정도로 연구활동에 매진했던 경우는 당시로서는 매우 드문 일이었다.

한성의사회를 주도하다

신필호는 의사들의 조직적인 사회활동에도 적극적이었다. 1905년 성립된 일본인들의 경성의사회에 대응하기 위해 한국인들의 한성의사회가 성립되었다. 한성의사회는 1915년 12월 서울에서 개업을 하고 있던 19명의 의사들이 창립했다. 한성의사회는 기본적으로 개업의들의 친목과 이익을 추구하는 단체였다. 그러나 한성의사회는 콜레라가 유행하거나 수재 등이 발생하면 한국인들을 위한 무료 진료활동을 전개하며 사회봉사 및 계몽활동에 적극 참여했다. 한성의사회의 가장 주목할 만한 활동 중의 하나는 1927년 영흥 에메틴 중독사건이 일어났을 때, 조사위원을 파견하여 사건의 진상을 밝히는 데 기여한 일이었다. 한성의사회는 이 사건이 단순 감기의 유행에

세브란스연합의학전문학교 초창기 교수진 일동(1917)
앞줄 맨 오른쪽에 선 인물이 신필호, 그 옆이 박서양, 맨 왼쪽이 유전이다.

의해 폐렴으로 발전한 사건이 아니라 식민당국이 폐흡충증 치료제를 개발하기 위해 일본 본국에서는 사용하지 않던 에메틴을 강제 주입하여 사망자가 발생했다는 것을 밝혀내기도 했다. 식민당국으로서는 한성의사회를 반일 조직으로 간주하고 감시의 눈을 떼지 않았다. 1938년에는 신필호가 회장이 되어 한성의사회의 사회계몽활동을 주도했다. 한성의사회를 눈엣가시로 여겼던 식민당국은 신필호를 설득하여 일본인 의사단체인 경성의사회와 한성의사회의 통합을 시도했다. 그러나 신필호는 "이완용 같은 사람이 될 수는 없다." 며 이를 결사적으로 막아냈다. 그러나 결국 한성의사회는 1941년 해산되었다.

민족의 선각자이자 개명지식인으로서 삶을 주저하지 않았으며, 당대 최초의 산부인과 의사로서 오직 환자를 위해 헌신했던 신필호는 1952년 어느 날 갑작스럽게 찾아온 심장발작으로 육십 성상의 삶을 내려놓았다.

세브란스의 영원한 스승, 김명선

김명선(1897~1982)은 일제강점기에 미국에서 생리학 이학박사를 취득했다. 그는 부지런함과 청렴으로 본을 보였고, 말이 아닌 실천으로 제자들을 가르쳤다. 아울러 한국 의학교육에 헌신하면서 54년간 세브란스와 고락을 함께한 영원한 스승이다. 그는 6·25전쟁으로 폐허가 된 세브란스의대와 병원의 재건을 위해 세브란스와 연희의 통합을 주도하여 연세대학교로 통합하는 데 결정적인 역할을 했다.

세브란스의 스승상

세브란스에는 세 분의 스승상이 있다. 인자한 할아버지상의 에비슨 선생, 유교적 선비상의 오긍선 선생, 그리고 엄격한 아버지상의 김명선 선생이다. 김명선의 생리학 수업은 의대졸업의 마지막 관문으로 여겨질 정도로 까다롭기로 유명했다. 그리고 김명선은 수업시간 이외에 채플, 흡연문제 등 학생들의 생활태도를 교육하는 데도 철

김명선
미국 노스웨스턴대학에서 생
리학 이학박사 학위를 받았다.

두철미했다. 공수병에 걸리면 물을 무
서워하게 되는 것을 빗대, 제자들 사이
에서는 김명선을 무서워하는 '공명선
병(Myungsun phobia)'이 유행하기도
했다.

그러나 신기하게도 그에게서 배웠
던 수천 명의 졸업생들은 예외 없이 김
명선이 자신을 특별히 사랑했다고 기
억한다. 학생들의 가족사를 낱낱이 꿸
정도로 개인사정에 밝아, 생활이 어려
운 학생들에게 구두 한 켤레, 외투 한 벌에서 대학 등록금까지 챙겨
줄 정도로 세심했기 때문이다. 김명선은 학생들의 사정을 파악하려
고 시간 날 때마다 기록과 장부들을 수시로 살펴보았다. 또한 외국
이나 지방에 나갈 때면, 제자들을 찾아가서 격려해 주었고, 자신이
갈 수 없는 곳에 있는 제자들에게는 일일이 편지를 보냈다. 한마디
로 김명선은 엄격하면서도 자상함을 갖춘 진정한 스승이었다.

공익과 약자를 최우선으로 하는 인생철학

유달리 공직에 나가는 것을 꺼렸음에도 김명선은 세브란스뿐만 아
니라 학계나 사회에서 막강한 영향력을 행사했다. 언제 어디서나
선생의 언명이 곧 법이고 진리였다. 그런 일이 가능했던 것은 타고

난 부지런함과 사익을 추구하지 않는 깨끗한 마음 때문이었다. 김명선은 평생 일신의 영달을 추구하지 않고 검소하고 소박하게 살았으며 그런 삶을 소명으로 알았다.

그는 "노력은 천재도 이긴다."는 말을 좌우명으로 삼아 근면을 최상의 가치로 여겼다. 그리고 그것을 단순히 말로 그치지 않고, 실천하는 삶을 살려고 애썼다. 고아원, 교도소, 학교, 병원, 교회 등 그를 필요로 하는 곳이면 어디든 한걸음에 달려갔다. 김명선은 학연이나 지연에 연연하지 않고 도움이 필요한 곳에는 언제나 손을 내밀었고, 약자를 돕는 일과 공공의 이익을 최우선에 두었다.

그러다보니 농촌이나 오지에 제자들을 배치하는 일이 많았다. 심지어 "김명선 선생 때문에 남들 가지 않는 곳에서 근무하는 것은 세브란스 출신뿐"이라는 볼멘소리를 하는 제자들도 종종 있었다. 하지만 김명선의 명령을 거부하는 사람은 없었다. 그가 하는 일이 사사로운 감정이나 이익을 위한 것이 아니라는 사실을 누구나 잘 알았기 때문이다. 김명선의 첫 제자인 이영춘이 스승의 가르침을 따라 농촌위생의 선구자가 된 일 역시 우연이 아니었다.

생리학 이학박사가 되다

김명선은 1897년 11월 황해도 장연군에서 부농의 장남으로 태어났다. 그가 자란 송천은 한국 최초의 교회인 소래교회가 설립된 곳으로 일찍부터 개화사상과 기독교문화가 자리 잡은 곳이었다. 김명선

1936년 동물생리학 실습 중인 김명선(왼쪽에서 다섯 번째)

은 거기서 에비슨, 원한경(언더우드의 아들) 등과 친분을 맺었다. 부
유하고 자유로운 가풍 속에서 교육자가 되기 위한 꿈을 키우며 김명
선은 교육자가 되기 위해 일본으로 유학을 갔고, 유학 도중 삼일운
동을 겪으면서 독립운동에 참여하기 위해 만주와 연해주 등지를 전
전했다.

김명선은 블라디보스토크에서 독립운동을 하던 고향 선배 곽병
규(세브란스 3회 졸업생)를 만나 독립운동도 좋지만 실력양성을 위해
의학공부를 해보라는 권유를 받고 귀국했다. 김명선은 세브란스에
진학하고자 했으나 마침 그해는 의학생을 모집하지 않았다. 우여곡
절 끝에 김명선은 연희전문 수물과로 입학할 수 있었고, 1년 후인
1921년 세브란스에 진학할 수 있었다.

졸업 후 김명선은 반버스커크(J. D. VanBuskirk) 교수 밑에서 생리학을 본격적으로 공부하기 시작했다. 세브란스 교수요원 양성 프로그램에 선발된 김명선은 미국유학을 선택했다. 그리고 1932년 미국 노스웨스턴대학의 세계적 생리학자인 아이비 교수 지도를 받아 "간장추출물이 위액분비에 미치는 영향"이라는 논문으로 생리학 이학박사 학위를 취득했다.

세브란스의대와 연희대학교 통합의 주역이 되다

김명선은 일제강점기부터 해방 이후 격동의 시대를 거치며 세브란스와 한국 의학교육을 이끌었다. 평생 관직에 나가지 말라는 아버지의 유언을 따라 가능하면 관직과는 담을 쌓고 교육자로서 교육현안을 해결하는 데 힘썼다.

재직시절 김명선이 떠안은 최대 과제는 세브란스와 연희전문의 통합문제였다. 이 문제는 에비슨 박사가 연희와 세브란스 양교의 교장을 맡을 때부터 본격적인 논의가 있었다. 이른바 종합대학 설립안이었는데, 일제는 경성제국대학의 우월적 지위를 유지하기 위해 사립대학의 인가를 내주지 않았다. 해방 이후에도 양교 통합 논의는 성사직전까지 갔으나 6·25전쟁으로 좌절되었다. 전쟁으로 세브란스가 폐허가 되자, 당시 학장을 맡은 김명선은 통합을 통해 병원과 의과대학을 재건하고자 했다.

그러나 통합 학교명칭을 연희대학교로 하자는 주장에 대해 세브

생리학 강의 중인 김명선(1936)

란스동창회와 일부 교직원들이 극렬히 반대하면서 통합안은 교착
상태에 빠졌다. 반대론자들은 교통이 불편한 신촌지역에서 병원이
성장하기 어렵고, 연희에 예속될 가능성이 높다고 보았다. 그러나
김명선은 이러한 위기에 직면하여 오히려 기부운동을 전개하며 반
대파를 설득해나갔다.

설득의 과정을 거쳐, 교명이 양교의 머리글자를 따서 '연세대학
교'로 결정되면서 1957년 1월 마침내 통합이 완료되었다. 김명선은
통합의 주역으로 위기에 봉착한 세브란스를 한 단계 도약시켰다.

미국에서 사업에 성공한 유일한은 에비슨의 권유로 한국에서 함께
일할 것을 제안받고 귀국하였는데, 연희전문의 교수직을 사양하고
제약회사인 유한양행을 설립했다. 에비슨의 소개로 유일한을 알게
된 김명선은 가족처럼 친하게 지내면서, 어려운 일이 있으면 상의하
는 사이가 되었다. 1963년 어느 날 유일한은 자신이 세운 고려공과
기술학교라는 기술자양성기관에 막대한 자금이 투자되었지만 10여
년이 지나도록 이렇다 할 성과가 없다는 점을 상의해왔다. 김명선
은 지금껏 투자해 왔으니 정식 학교로 인가를 받아 본격적으로 발전
시키는 것이 어떻겠냐고 의견을 냈다. 석 달 뒤, 유일한은 김명선에
게 학교를 제대로 키워달라고 부탁하며 대지 5천 평, 건축비 7백만
원, 유한양행 주식 1만 5천 주를 내놓았다. 이에 응하여 김명선은 정
년퇴직 후 근무하던 원자력병원장직을 사임하고 유한공업고등학교
를 설립하는 데 뛰어들었다. 이와 더불어 김명선은 학교부근에 지역
주민들을 위한 무료진료소도 개설했다. 김명선은 유한재단 이사장
으로 재임하면서 유한공업고등학교가 제대로 정착할 수 있도록 노
력했으며, 1977년에는 유한공업전문학교(현 유한대학교)를 설립하여
대학교육을 통해 기술자를 양성할 수 있는 과정을 설치했다. 그 일
은 유한공업전문대학이 종합대학교로 발전할 수 있는 기초를 다지
는 작업이었다.

유일한은 이 외에도 김명선의 학교발전을 위한 헌신에 감사하여
유한양행 주식 1만 2천 주를 세브란스 발전기금으로 기부했다. 이

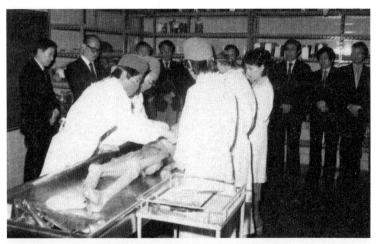

해부학 실험교재로 써달라는 김명선의 유언에 따라 부검을 준비 중인 제자들(1982)

기금은 현재 시가로 500억 규모의 가치를 가지고 있고, 한 해 3억 원에 이르는 이자가 연세대학교 의과대학 연구비로 활용되고 있다.

유일한은 김명선을 믿고 유한재단을 맡겼으며, 김명선은 그의 유지를 받들기 위해 병마로 쓰러지기 전까지 매일 아침 세브란스병원에 출근했다가 의과대학과 병원구내를 한 바퀴 돌고나면 오류동의 유한공업고등학교와 진료소로 가는 일과를 계속했다. 세브란스와 함께한 영원한 스승 김명선은 1982년 4월 자신의 시신을 해부학 교재로 써달라는 유언을 남기고, 86세의 일기로 세상을 떠났다.

인본주의와 과학주의를
실천한 정신의학자, 이중철

배재학당을 거쳐 세브란스연합의학전문학교를 졸업한 이중철(1904~1945)은
일본 규슈제국대학에서 한국인 최초로 신경정신과 박사학위를 받았다. 그는
세브란스 신경정신과 교실의 주임 교수로 재직하며 노인성 치매 등 세계적인
연구를 선도했다.

최고의 의사를 꿈꾸며

포마드를 바른 단정한 헤어스타일, 넓은 이마, 짙은 눈썹과 부리부
리한 눈, 굳게 다문 입술, 신사 정장차림에 심각한 표정. 흡사 홍콩
느와르의 주인공으로 착각할 만한 외모의 이 사람은 한국 최초의 정
신의학자 이중철이다. 이중철은 세브란스연합의학전문학교를 졸업
한 이후 줄곧 이런 스타일을 고수했고, '세브란스의 신사'라는 별칭
을 기꺼워했다.

평안남도 신안주에서 이진형 목사의 2남 2녀 중 막내로 태어난

이중철
한국 최초로 규슈제국대학에서 신경정신과 의학박사 학위를 받았다.

이중철의 본명은 이성은이다. 그의 부친 이진형은 강원도 원주 출신으로 감리교 신학교인 협성신학교를 1회로 졸업하여 한국 개신교의 초창기에 목사가 된 인물이었다. 이진형은 신학교 졸업 후 주로 평안남도 일원과 평안북도 영변, 강원도 원주, 경기도 강화, 충청도 부여 등에서 개척교회의 전도사로 일했으며, 한평생을 봉사와 개척 정신으로 살았던 시대의 선구자였다. 이진형에게는 가족보다 가난한 사람과 약자를 돕는 일이 우선이었다. 그의 집 안에는 항상 거지와 고아가 넘쳐났다. 심지어 가족이 먹을 양식마저 가난한 사람들에게 나누어 주었기 때문에, 이중철의 가족은 굶기를 밥 먹듯 했다. 이진형의 인간적 풍모는 가족에게는 늘 일상의 배고픔과 고통으로 돌아왔다.

이중철에게 배재학당 입학은 아버지의 선교활동이 가져다준 뜻밖의 선물이었다. 이중철은 선교사들과 친분을 쌓아가는 한편 전력을 다해 공부했고, 입학 후 한 번도 전교 수석을 놓치지 않았다. 이중철은 점차 주위 사람들에게 기대를 받기 시작했고, 친인척들의 경제적 지원도 이어졌다. 그는 신앙을 지키는 것과 최고가 되는 것만이 그 기대에 보답하는 길이라고 여겼다.

목사 아들로 선교사들과 친분을 쌓아온 이중철이 세브란스연합의학전문학교에 입학한 것은 당연한 선택이었고, 세브란스는 그의 인생에 새로운 전환점이 되었다. 1924년 입학 후 이중철은 훌륭한 신앙인이자 은사인 맥라렌(Charles I. McLaren)에게서 롤 모델을 발견했다. 호주 출신의 맥라렌은 신앙심이 깊고 인품이 대쪽 같았다. 또, 맥라렌은 수련의들에게 엄격하기로 유명한 교수였다. 진주 배돈병원에서 활동하던 맥라렌은 1923년부터 신경정신과 정식 교수로 활동했고, 세브란스병원에 10병상 규모의 정신병동을 설치하기도 했다. 맥라렌이 지도하는 신경정신과는 한국인들에게는 낯선 학문이기도 해서, 졸업생들은 그의 교실에 들어가는 것을 꺼렸다.

그러나 최고의 의사가 되기를 갈망했던 이중철은 오히려 이런 기회를 반겼고, 맥라렌에게서 학문과 신앙을 사사했다. 맥라렌도 "훌륭한 성품과 뛰어난 능력을 가진" 이중철을 총애했고, 그를 최고의 신경정신과 의사로 키우기 위해 동분서주했다. 맥라렌은 우선 이중철을 경성제국대학 의학부로 연수를 보내 유행성 뇌척수막염에 관한 논문을 발표하게 했으며, 이중철이 중국, 일본, 유럽 등지에서 연수할 수 있도록 해외경비를 지원하기도 했다.

마침내 이중철은 세브란스의 교비연수자로 선발되어, 1935년 12월 일본 규슈제국대학에서 「마비성 치매에 있어서 소뇌의 병리조직학적 연구」라는 논문으로 한국인 최초로 신경정신과 의학박사 학위를 취득했다. 이런 인연으로 그의 후배인 남명석(1938년 졸업)

신경정신과 강의 중인 이중철(1936)
신사풍의 모습이 인상적이다.

과 김인수(1939년 졸업)도 뇌조직병리학 연구로 규슈제국대학에서 박사학위를 받았다. 후에 남명석은 서울대 정신의학교실의 교수가 되었고, 김인수는 함흥의과대학 정신과 교수로 활약했다. 이중철은 뇌의 병리조직 연구과정에서 핍지교세포(oligodendroglial cell)의 염색방법을 개발했고, 그의 연구방법론은 '이씨염색법(Lee's method)'이라고 명명될 정도로 학계의 비상한 관심을 받았다. 이후 이중철은 노인성 치매 등의 분야에서 세계적 연구를 주도해 나갔다. 일제가 맥라렌을 강제 추방하면서 이중철은 신경정신병과 교실의 제2대 주임교수가 되었고, 이후 그는 최고의 전성기를 구가했다.

1886년 발간된『제중원 일차년도 보고서』에서 볼 수 있는 것처럼, 서양의학의 도입과 함께 정신질환이 질병분류체계에 포함되기 시작했다. 정신질환자가 전문적 치료를 받을 수는 없었지만, 점차 의사들의 관심 대상이 되어간 것은 분명하다. 흥미로운 점은『계림의사』를 지은 고이케 마사나오(小池正直) 같은 일본인 의사들은 일본인에게는 정신질환자가 존재하지만 조선인들에게는 정신질환이 존재하지 않는 것으로 보았다는 것이다. 그들은 조선이 문명화되지 않아 고민의 정도가 낮기 때문에 조선인들에게 정신질환이 적다고 주장했다. 정신질환까지도 민족적 우월성을 입증하기 위한 논리로 사용되었다. 반면 세브란스에서 정신의학을 주도했던 맥라렌은 정신질환은 민족이나 지역에 상관없이 인류사회의 보편적 현상이라고 보았다. 맥라렌은 기독교사상의 바탕 위에 인도주의적 입장에서 정신치료의 중요성을 강조했으며, 정신질환에 대한 정책적·사회적 관심을 호소했다. 실제로 맥라렌은 환자 중심의 진료를 위해 한 명의 환자에게 2~3시간씩 할애했으며, 정신병동의 설립과 사회운동 등에 적극적이었다.

이중철은 맥라렌을 사사하여, 정신의학을 독립적인 분과학문으로 발전시키는 데 기여하였으며, 정신질환에 대한 사회적 관심과 전문병원 설립의 필요성 등을 지지했다. 이중철은 조선에서 정신질환을 결핵, 한센병과 더불어 3대 질병으로 파악하였으며, 정신병원은 국가가 관리하는 병원이 필요하며, 정확한 통계가 뒷받침되어야 한다고 보았다. 일제강점기 동안 한국에 정신질환자를 위한 전문병원은 존재하지 않았으며, 조선총독부의원, 동대문부인병원, 세브란스병원 등에서 소규모로 운영되었고, 정신질환에 대한 대응과 인식이 미비한 상황이었다.

이중철은 학문적으로 맥라렌의 환자 중심 사고방식을 계승하였지만, 맥라렌이 정신의학의 인도주의적·정신적 접근을 강조하였다면, 이중철은 정신의학의 과학적·조직학적 접근을 시도했다. 독실한 기독교인이었던 이중철은 심정적으로는 맥라렌을 지지하였지만, 실질적인 연구와 진료는 과학주의를 지지했고, 한국의 정신의학은 과학주의를 실천하는 방향으로 토착화되어 갔다.

참된 신앙인으로 정의를 위해 싸우다

젊은 나이에 화려하게 시작된 교수 생활은 그리 오래 지속되지 못했다. 이중철은 교내 입시비리 사건에 뜻하지 않게 휘말렸다. 비리를 폭로한 해부학 교실의 최명학 교수가 권고사직 되면서, 사태를 조정하는 입장에 섰던 이중철은 최 교수의 사직에 동정 사표를 내고 세브란스를 떠났다. 동료 교수가 권고사직을 통보받았다는 이유로 동정 사표를 내는 건 전무후무한 일이었는데, 정의감과 공명심이 컸던 이중철은 그토록 갈망했던 교수직 앞에서도 초연한 모습을 보였다. 이후 그는 종로구 당주동에 이중철의원을 개원해, 장안의 명의로 이름을 널리 알렸다. 이중철은 개원 이후에도 남명석, 김인수

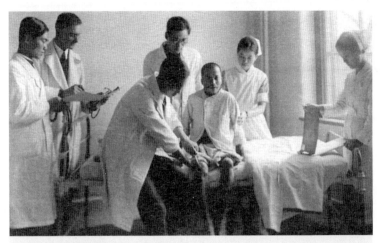

진료 중인 이중철(1936)

스승 맥라렌(왼쪽 두 번째)이 차트를 보는 가운데, 이중철(가운데 앉은 사람)이 환자를 진찰하고 있다.

등과 함께 실험동물의 전기충격요법과 뇌조직의 변화 등에 관한 연구와 실험을 지속했다.

태평양전쟁이 시작되자 일제당국은 황국신민화의 일환으로 조선인들에게 창씨개명과 신사참배를 강요했다. 또 전시의복 통제의 일환으로 국민복을 제정하여 남성들에게 착용시켰고, 두발도 짧게 깎거나 삭발을 권장했다. 그러자 이중철은 창씨개명과 신사참배를 거부했을 뿐만 아니라, 깔끔한 신사복과 단정한 머리는 자신의 정체성과도 같다며 일제의 의복과 두발 통제를 거부했다. 일제의 통치가 잔악해지면서 교회에서는 '가미다나'라는 신사참배 신단을 교회 안에 설치하자는 절충파 교인들이 등장했는데, 정동제일교회의 장로였던 이중철은 그 주장에 강력히 반대했다. 아울러 이중철은 당시 반일운동 등에 참여하던 유형기 목사, 정일형 박사 등의 체포를 막기 위해 진단서를 제출해 옥살이를 면하게 해주기도 했다. 한국 최초의 정신의학자로서 세계적인 명성을 얻으며 불꽃 같은 삶을 살았던 이중철은 해방을 몇 달 앞두고 발진티푸스 감염으로 41년의 짧은 생애를 마감했다.

기초의학을 세계적 수준으로
이끈 윤일선

윤일선(1896~1987)은 세브란스연합의학전문학교 병리학교실 주임교수로서 병리학의 기초를 확립했을 뿐만 아니라 조선의사협회를 조직하고『조선의보』를 발간하는 등 한국 기초의학의 발전에 기여했다.

조선의사협회 조직과 우리말 의학잡지의 창간

1930년 2월 21일 세브란스연합의학전문학교 강당에 조선을 대표하는 의학자들이 속속 모여들었다. 이들은 조선의학계의 발달, 조선민중의 위생사상 향상과 보급, 지식교환 및 상호 친목도모 등을 목표로 조선의사협회를 조직했다. 조선의사협회가 한국인들의 첫 의사조직은 아니었다. 그보다 앞서 1908년 11월 조직된 한국의사연구회(韓國醫事研究會)는 특정학교 출신들로만 구성되어 유명무실한 데다 1910년 8월 한국이 병합되면서 강제로 해산된 단체였다. 이에 반해 조선의사협회는 세브란스의전 출신뿐만 아니라 경성제

윤일선
그는 교토제국대학에서 한국
인 최초로 병리학 박사학위를
받았다.

국대학과 경성의학전문학교 출신 등
이 고루 참여했고, 400여명의 한국인
들이 전국적 규모로 만든 최초의 의사
조직이었다. 조선의사협회 발기모임
은 세브란스의전 강당에서 추진되었
고, 협회사무실도 세브란스의전 병리
학교실로 정해졌다. 이 모임을 처음부
터 주도한 인물이 한국 최초의 병리학
자 윤일선이었다. 그는 조선의사협회
의 기관지로 순우리말 의학잡지인 『조

선의보』를 편찬했다. 조선의사협회는 1939년 하와이에서 열린 서
태평양지역 외과학술대회에 한국대표 이용설 씨를 파견하는 등 국
제적인 학술활동을 지향했다. 이 회의에 참가한 일본 대표가 조선
인도 국제학술대회에 참가하는데 경성제대 교수들은 무슨 일을 하
느냐며 비난했고, 이 사건을 계기로 조선의사협회는 조선총독부의
탄압을 받아 1941년 해산되었다.

민족 후학 양성 위해 책임을 다하다

윤일선은 1896년 10월 일본 도쿄에서 태어났다. 부모의 고향은 충
남 아산으로 조부 윤영렬은 6남 2녀를 두었다. 장남 윤치오가 윤일
선의 부친이고, 차남 윤치소는 윤보선 전 대통령의 부친이다. 또한

1932년 병리학 실험실에서 학생들을 지도하는 윤일선(뒤쪽 오른편에 서 있는 인물)

한말의 계몽사상가 윤치호가 부친 윤치오의 사촌형이다. 윤일선의 부친은 일찍이 개화운동에 투신하다가 윤치호의 권유로 일본에 유학해 게이오의숙을 졸업했다. 윤일선은 윤치오가 일본 유학 중에 낳은 장남이다. 윤일선은 도쿄에서 소학교를 졸업하고, 한국에 건너와 경성중학교를 졸업했으며, 다시 일본 오카야마에서 고등학교를 졸업 후 1919년 교토제국대학 의학부에 입학했다.

1923년 교토제대 의학부를 졸업한 윤일선은 사회의학의 창시자 독일 피르호(Rudolf Virchow: 1821~1902)의 제자이자 일본의 대표적인 병리학자인 후지나미 아키라(藤浪鑑: 1870~1934) 교수 밑에서 병리학을 공부했다. 당시 일본에서 병리학은 의학의 정수로 간주되고 있었고, 후지나미 교수는 독실한 기독교인으로 인품도 뛰어나 그에게 사사하고자 하는 학생들이 많았다. 후지나미 교수의 지도를 받던 중 윤일선은 세브란스연합의학전문학교로부터 교수직 제의를 받았다. 그러나 윤일선은 독일유학을 계획하고 있어 그 제안을 받아들일 수 없었다. 얼마 후 윤일선은 건강문제로 학업을 중단할 수밖에 없었다. 학업이 중단되자 더 일본에 머무를 이유가 없었다.

귀국 후 윤일선은 건강이 회복되자 경성제대 의학부장 시가 기요시(志賀潔: 1871~1957)로부터 교수직 제의를 받았다. 당시 경성제대 의학부 병리학교실에는 주임교수인 도쿠미츠 요시토미(德光美福: 1889~1952)가 있었다. 도쿠미츠 휘하에 조교수는 물론 조수(助手)와 부수(副手)도 없는 상황에서 한국인을 조교수로 발령할 리 없었다. 당시 경성제대에는 3명 이상의 교수진이 확보되어야 조선인 1명을 조교수로 발령할 수 있다는 묵계가 있었다. 결국 윤일선은 도쿠미츠 교수 밑에서 부수와 조수를 거쳤고, 교실 규모가 커지자 조교수로 승진할 수 있었다.

1929년 3월 그는 교토제대 의학부에서 의학박사 학위를 받아 한국 최초의 병리학 박사가 되었다. 윤일선의 학위는 의학박사로는 여섯 번째였다. 그러나 경성제대에서 윤일선의 생활은 만족스럽지 못했다. 일본인의 감시도 있었고, 한국인 제자가 많지 않은 상황에서 의학교육에 대한 보람도 크지 않았다.

세브란스의전에서도 병리학 강의를 지속하고 있었는데, 뜻하지 않게 세브란스의전에서 함께 일해보자는 오긍선 학감의 제안을 받았다. 일본에서 처음 제의가 있었을 때, 세브란스 측의 제안을 받아

1936년 교수연구실에서의 윤일선

들이지 않고 그동안 여러 가지로 고생해온 기억들과 "새롭게 출발하는 학교에서 병리학교실을 키워보는 것도 보람된 일이다."라고 말했던 후지나미 교수의 조언 등도 윤일선의 머릿속에서 파노라마처럼 떠올랐다. 세브란스의전에서는 모든 것을 새로 시작해야 하는 부담감도 없지 않았으나, 무엇보다 자유로운 학풍 속에서 한국인 제자를 양성할 수 있다는 기대감이 윤일선을 세브란스로 이끌었다.

세브란스의전에 온 후 윤일선의 강의는 크게 달라졌다. 경성제대에서는 일본어로 강의하고 학술용어는 독일어를 썼는데, 세브란스의전에서는 한국말로 강의하고 학술용어는 영어를 사용했기 때문이다. 처음에는 모든 게 낯설었지만, 객지에서 생활하다가 고향에 돌아온 것처럼 마음만은 편했다. 윤일선이 부임한 후 세브란스 의전의 분위기는 크게 새로워졌다. 연구풍토를 조성하기 위해 그는 도서관을 정비할 필요성을 제기하고 스스로 책임자가 되었다. 또 학교당국을 설득하여 동물실험동을 신축했다. 윤일선의 행보에 비판적이었던 외과의 러들로 교수는 점차 윤일선의 열성과 진정성에 감동했고, 세브란스가 매년 보내주는 3천 달러의 연구비를 병리학교실로 이전해 주었다. 윤일선은 이를 기반으로 연구활동에 매진할 수 있었다. 윤일선이 지도하는 병리학교실은 인적자원, 연구시설, 연구실적 등에서 1930~40년대 최고의 전성기를 구가했다.

학교, 연구, 제자를 키운 열정

1932년 2월 세브란스의전 학감에 취임한 윤일선에게는 일본 문부성의 지정을 받는 일이 당면한 최대 과제였다. 경성제대와 경의전은 일본 문부성의 지정을 받아 졸업생들이 한국, 일본, 만주 등에서 자유롭게 의료행위를 할 수 있었다. 반면 세브란스의전이 그런 혜택을 받지 못한다면 학교의 위상이 크게 흔들릴 것이 뻔했다. 윤일선은 문부성 규정에 맞게 학교시설, 교수진, 학제 등을 마련하는 데 힘을 쏟아 1934년 지정을 받아냈다.

1935년 6월, 윤일선의 첫 제자인 이영춘이 교토제국대학에서 박사학위를 받은 사실이 신문에 크게 보도되었다.

17일 교토의 전보는 순전히 조선 안의 사학에서 학업을 닦고 또 조선인 교수의 지도 밑에서 연구하여 필경 박사의 논문이 패스 되었다는 뉴스를 전해왔다. 이것은 철두철미 우리의 힘으로써 길러낸 최초의 박사로서 실로 전도가 양양한 조선교육에게 더욱 굳은 자신과 찬란한 빛을 발하고 있다.

이영춘은 일본 병리학회에서 세 차례나 강연요청을 받았을 정도로 학문적 성과를 인정받고 있었다. 이와 같은 성과는 윤일선의 지도가 있었기 때문에 가능했다.

윤일선은 1937년 오긍선 교장의 권유를 받아 유럽과 미국 등지로 의학시찰을 나갔다. 그는 당시 세계 병리학계를 주도하던 오스트리아 빈 대학을 방문했을 때 알레르기에 관한 책을 선물받았다. 윤일선은 그 책에 자신이 지도한 이영춘의 논문이 인용된 것을 보고 감격하지 않을 수 없었다. 그것은 세브란스의 의학 연구가 세계적 수준에 도달했다고 인정받았음을 의미했기 때문이다.

해방 후 혼란을 극복하며

1945년 8월 15일 감격스런 해방을 맞이하였지만, 새로운 질서를 찾기 위한 진통이 계속되었다. 미군정청은 경성제국대학 의학부를 일본인들로부터 접수하기 위해 윤일선을 책임자로 임명했다. 윤일선은 일본인 교수들을 소집하고 정식으로 사무인계를 받았다. 윤일

徹頭徹尾, 우리 힘으로 =

길러낸最初의博士

尹日善博士의指導下에研究

文化朝鮮에새光明!

堂堂한論文에
京大에서도놀라

病理學會席에서세번講演

感激에늣치는師弟

이영춘의 박사학위 소식을 다룬 신문기사(『동아일보』 1935년 6월 19일자)

선은 경성대학 의학부장에 임명되었다. 윤일선이 학원정상화를 위한 노력을 계속하는 동안, 신탁통치 문제가 불거지고 경성대학 3개 학부와 9개 전문학교를 통합하는 국립 서울대학교 설치안(이하 국대안)을 둘러싼 갈등이 표출되었다. 좌우갈등으로 학원은 만신창이가 되었지만, 대한민국 정부 수립과 국대안은 그대로 진행되었고, 학원은 점차 안정화되었다. 서울대학교가 출범하면서 윤일선은 초대 대학원장에 올랐고, 이후 서울대학교 총장 등으로 재임했다.

세브란스의전과 서울대학교 양교에서 학장과 총장 등 중책을 맡았던 윤일선은 한국인 최초의 병리학자로 세계적 수준의 의학 연구를 수행했으며, 기초의학 체계의 확립과 토착화를 위해 평생 공헌했다.

근대 해부학의 토착화를 이끈 최명학

최명학(1898~?)은 학교의 해외 유학 지원을 받아 해부학을 배우기 위해 교토 제국대학 의학부로 유학을 떠났다. 그는 거기서 귀의 발생에 관한 실험발생학 적 연구로 의학박사 학위를 받았으며, 이는 한국 최초의 해부학 박사 학위이 자 세브란스 출신으로 일본에서 받은 최초의 의학박사 학위였다.

해부학에 대한 특별한 소명감

최명학 선생님이요? 잊을 수가 없지요. 해부학을 무섭도록 철 저하게 가르치셨지요. 당시 선생님은 3단계로 해부학을 가르쳤 는데, 먼저 인체 뼈대를 그림으로 상세하게 그리게 하고 석고를 빚어서 그림대로 조각하도록 훈련시켰지요. 그 다음에야 진짜 인체 해부에 들어갔습니다. 요즘도 그렇게 가르치는 선생님은 아마 없을걸요. 그땐 해부학 때문에 낙제하는 친구가 많았죠. 그래도 그때 해부학을 제대로 배운 게 의사생활 내내 큰 도움이 되었습니다.

최명학으로부터 직접 해부학을 배운 유기원(세브란스의전 1931년 졸업) 전 국립의료원장은 최명학을 이렇게 기억했다. 최명학은 매우 엄격하고 기본에 철저한 해부학자였던 것이다.

한국 해부학의 선구자 최명학
(1932)

근대 서양의학의 도입 이래로 유난히 해부학을 둘러싼 에피소드가 많았다. 세브란스병원의학교에서는 그레이의 해부학 번역교과서가 두 번이나 불타는 불운을 겪기도 했고, 1899년 관립의학교 교관으로 고빙되었던 고조 바이케이(古城梅溪: 1860~1931)는 골학의 좌우를 구분하지 못한다는 이유로 학생들로부터 퇴진요구를 받고 해임되기도 했다. 1921년 경성의학전문학교의 해부학 교수인 구보 다케시(久保武: 1879~1921)는 두개골 분실 사건이 발생하자, 해부학적으로 야만적이고 국민성도 야만적인 조선인 학생들이 훔쳐간 것으로 단정 지으며 학생들과 학교당국이 대립하게 된 구보 망언 사건이 발생했다. 학생들은 구보의 망언에 동맹휴학으로 대응했고, 학교당국은 퇴학 조치로 맞서는 등 민족갈등이 고조되기도 했다. 구보는 당시 해부학 분야에서 인종주의와 체질인류학을 주도하던 대표적인 학자였다.

당시 해부학은 서양의학의 가장 기초적인 분과 학문이었지만 동시에 식민지배의 정당성을 주장하는 인종론, 체질인류학을 뒷받

해부학을 강의하는 최명학(1935)
졸업생들은 해부학 강의를 하는 최명학의 유창한 영어발음과 나비넥타이가 인상적이었다
고 기억한다.

침하며 제국주의의 대표적 학문체계로 기능하기도 했다. 따라서 해
부학과 관련된 끊임없는 논란 속에서 누군가는 해부학을 인종주의
적 사고방식에서 탈피한 본래 의과학의 위치로 되돌려 놓아야 했
다. 최명학은 세브란스연합의학전문학교를 졸업하자 성공이 보장
된 임상의사의 길을 포기하고 해부학을 전공하기로 결심했다. 학
교당국은 우수졸업생을 대상으로 해외 유학을 지원하기로 결정했
는데, 최명학이 그중 한 사람으로 선발되었다. 최명학은 제국의 심
장부에서 해부학을 배우기 위해 교토제국대학 의학부로 유학을 떠
났다.

"순수한 과학자로 일생을 바칠 작정이외다"

1898년, 최명학(崔明鶴)은 함경남도 함흥군 함흥면 중존리에서 최봉익의 장남으로 태어났다. 1913년 함흥영신보통학교, 1917년 함흥영생학교를 졸업했는데, 모두 장로교 계통의 학교였다. 졸업 후 선교병원인 함흥제혜의원 서기로 근무하면서, 최명학은 장래에 의사가 된다면 세브란스에 진학하겠다는 꿈을 가졌다. 1922년 4월, 그는 드디어 세브란스연합의학전문학교에 입학했고, 1925년 2월 본과에 편입한 후, 1926년 3월 졸업했다. 졸업 후 그는 세브란스 해부학교실 조수로 임명되었다.

1928년 기초의학 육성을 위한 장학 프로그램에 선발된 그는 일본 교토제국대학 의학부 해부학교실 연구과로 유학을 떠났다. 그곳에서 오가와(小川)의 지도하에 발생학 및 조직학을 연구했다. 1931년 귀국한 최명학은 모교의 강사로 학교에 발을 디뎠고, 같은 해 9월 조교수로 승진했다. 1932년 일본 교토제국대학에서 귀의 발생에 관한 실험발생학적 연구로 의학박사 학위를 받았으며, 이는 한국 최초의 해부학 박사 학위이자 세브란스 출신으로는 일본에서 받은 최초의 의학박사 학위이기도 했다.

박사논문이 통과된 것은 기쁘다는 것보다도 사회적 책임이나 학교에 대한 책임이 더욱 무거운 것을 깨닫게 할 뿐입니다. 앞으로도 연구에 연구를 거듭하여 순연한 과학자로서 일생을 바칠 작정이외다.

박사학위 취득 소감을 이렇게 밝힌 그는 1933년 모교의 해부학 주임교수가 되었다. 그는 발생학, 조직학, 체질인류학 등을 연구해 「조선인의 체형학적 연구」, 「귀의 발생에 관한 새로운 사실」, 「조선인의 머리형태·부피에 대하여」 등의 논문을 발표했다. 또 그는 여러 편의 논문을 영문잡지 *Folia Anatomica Japonica*에 발표했다. 최명학은 일본 유학으로 박사 학위를 받았지만, 실제 연구결과는 대부분 영어로 발표했다. 이와 같은 다년간의 발표업적을 인정받아 1934년 일본해부학회 평의원에 추대되었는데, 이는 한국의 해부학이 높은 수준에 올라섰다는 것을 인정받은 것이었다.

최명학은 당시 세브란스연합의과대학에서 기초연구 활성화를 위해 설립한 연구부의 일원으로 병리학 분야에서 기초연구를 주도하던 윤일선 등과 함께 학교의 연구활동을 주도했다. 또한 *The Journal of Severance Union Medical Journal*의 편집자로도 활동했다. 당시 그의 해부학 수업을 들은 학생들은 최명학을 유창한 영어발음과 단정한 나비넥타이의 신사로 기억하고 있다.

왕성한 연구활동 후 안타까운 행적

최명학은 연구 외에도 학교의 여러 일에 중추적인 역할을 감당했다. 교우회 간사, 의학구락부 서기, 학교의 생도감(오늘날 학생과장) 등을 역임했으며 세브란스 후원회 이사, 세브란스의학전문학교 이사 등을 역임하는 등 다방면으로 활약했다. 최명학은 운동에도 소질이 있

해부학 실습 중인 학생들(1933)
뒷줄 오른쪽에서 네 번째에 나비넥타이를 매고 서 있는 인물이 최명학이다.

어 정구, 야구, 축구, 탁구, 배구, 아이스하키 등 교내외의 체육활동
에도 적극적으로 참여했다.

그는 해부학 연구에 평생 매진할 것을 약속했지만, 그 약속은 지
켜지지 못했다. 특히 최명학은 발생학과 체형학 분야에서 독보적인
연구업적을 냈지만, 그의 밑에서 공부하는 연구생이 없어서 제자를
양성하는 데도 어려움이 있었다. 그가 지도한 논문으로는 이병희(세
브란스의전 1935년 졸업)가 제출한 「올챙이 발육에 미치는 조선산 인
삼의 영향」이라는 논문이 유일하다.

1934년 교내 입시비리 사건이 발생하자 최명학은 이를 폭로하
고 관련자의 사퇴를 촉구했다. 관련자들이 혐의를 인정하면서 사태

는 곧 수습되는 것처럼 보였지만 돌연 이를 번복하고 혐의를 부인함에 따라 혼란에 빠지게 되었다. 이 과정에서 오히려 최명학이 권고 사직되기에 이르렀고, 결국 그는 교수직을 사직한 뒤 고향 함흥에 최명학 외과의원을 개원했다. 그는 해방 직후에는 함흥의학전문학교에서 해부학 담당교수로 활동하다 1948년 9월 함흥의학대학장에도 올랐다. 같은 해 최명학은 북한에서 다시 박사 학위를 받아 의학과학원 원사가 되었다. 1953년 11월 최명학은 당시 과학원 대표단장으로 베를린에서 열린 국제과학자협회 광학분과회의에 참석했다. 1956년 1월에는 과학원 중앙위원회 상무위원이 되었고, 제4차 총회에서 과학원 의학연구소 소장이 되었다. 그는 1962년 10월부터 1965년 1월까지 의학과학원 부원장으로 재직하였으며, 그 후 행적은 알려진 바 없다.

최명학은 해방 이후 북한에 남아 있었다는 이유만으로 제대로 조명받지 못했다. 그러나 일본인이 주도하던 해부학 분야에 정면으로 도전해 한국인에 의한 해부학 연구활동을 주도한 그는 남북한에 걸쳐 기초의학의 발전에 기여한 근대 해부학 분야의 대표적 선구자였다.

암수술의 대가,
민광식

민광식(1912~1979)은 일제강점기의 일본식 외과학에서 6·25전쟁 이후 미국식 외과학으로의 전환을 주도한 대표적 인물이다. 그는 새로운 외과학을 적극 도입해 외과학 발전의 기틀을 마련했다. 한국 외과학에 분과체계를 세운 그는 한국 외과학의 개척자였다.

의사의 세 가지 조건

의사는 항상 세 가지를 만족시켜야 합니다. 첫째는 학생으로부터의 존경이요, 둘째는 동료 및 선배 사이의 신뢰요, 셋째는 환자로부터의 존경입니다. 이 세 가지가 충족되지 않는다면 진정한 의사라 할 수 없을 것입니다.

자타가 공인하는 암수술의 대가였으나 민광식에게는 자만함이 전혀 없었다. 또, 환자든 교실원이든 누구든 정성을 다해 대했으며,

많은 사람들은 인화를 중시한 그를 따랐다. 민광식은 의사가 자만심에 빠져서는 안 되며, 사람들이 스스로 따르도록 겸손한 자세로 인화의 리더십을 가져야 한다고 강조했다.

실제로 그를 지켜본 후학들은 민광식이 온후함과 독실함의 상징적 존재였다고 기억했다. 흉부외과의 홍필훈 교수는 다음과 같이 민광식을 회상했다.

민 교수와는 평양기독병원에서도 같이 외과에서 일하였으며, 해방 후 민 박사가 교통병원장 재직 시에도 제가 외과에서 일했고, 그 후 모교의 외과를 재건하는 데 심혈을 기울이신 민 교수님을 제가 미국 남방에서 공부하고 돌아와서 교실을 돕게 된 것도 우연한 일이 아닙니다. 예전 말에 온후독실(溫厚篤實)이라는 말이 있지요. 이 말이 민 교수님을 두고 하는 말이지요. 교실의 인화는 말할 것도 없고 외부의 접촉도 자연스럽게 이루어져요. 민 교수님은 교실이나 환자를 위하여 지성으로 누구에게나 정성스럽게 대하였습니다. 그분은 오로지 기술 연마에 충실하셨어요. 그 기풍이 기술원들에게도 기술과 함께 전수되었겠지요. 민 교수님이 외과에 계실 때 저는 다시 외유하였지요. 민 교수님의 서거를 듣고 의외라고 생각했어요. 마음 가운데 항상 그분의 모습이 우뚝함을 잊지 못합니다.

해방 이후 외과계를 주도한 민광식은 일본식 의학에서 미국식 의학으로의 전환을 상징하는 대표적 인물이다. 그는 암수술의 대가

라는 별칭을 얻었을 정도로 위암과 대
장암 수술 분야에서 독보적인 존재였
다. 실제로 1950년대에서 1970년대까
지 국내 지도층 인사들의 암수술을 도
맡다시피 할 정도였는데, 실력과 인격
을 갖춘 민광식으로부터 진료와 수술
을 받기 위해서는 적지 않은 환자들이
인내심을 가져야만 했다.

1960년대 한국 외과학의 새
시대를 연 민광식

의학교육의 선구자

민광식은 민영희와 부인 권 씨 사이의 장자로 태어났다. 민씨는 전
통적인 충청도 양반가문으로 숙부인 민영수는 해방 이후 심계원장
(현재의 감사원장)을 지낸 법조계의 거물이었으며, 부친 역시 법조계
에서 활동했다. 민광식은 어려서 학업이 뛰어나 보통학교 졸업 후
상경하여 제2고등보통학교(경복고등학교의 전신)에 입학했다. 1932년
세브란스연합의학전문학교에 입학해 1936년 졸업했다. 당시 세브
란스에는 러들로, 이용설, 고병간 등이 외과를 주도하고 있었고, 민
광식은 이들에게 외과를 사사했다. 졸업 후에는 김명선 박사가 병원
장으로 있는 평양기독병원에서 수련했다. 당시 평양기독병원은 지
방 병원 중에서는 최고의 시설과 의료진을 확보하고 있었고, 외과에
는 장기려 박사가 과장으로 재직하고 있었다.

간디스토마를 수술요법으로 치료한 민광식의 소식을 다룬 신문기사(『동아일보』 1962년 10월 9일자)

5년 동안 평양기독병원 외과에서 인턴과 레지던트 과정을 마친 민광식은 미국 선교부의 지원으로 일본 유학을 떠났다. 경성제대 의학부에서 외과를 담당하던 기리하라(桐原) 교수가 있는 나고야대학 의학부에 들어갔다. 기리하라 교수는 독실한 기독교인으로 한국에서도 환자를 정성껏 대하는 인물로 유명했다. 그러나 태평양전쟁이 발발함에 따라 1년 만에 다시 귀국한 민광식은 세브란스병원에서 연구와 임상을 계속했다.

해방과 6·25전쟁은 민광식의 삶과 학문을 완전히 바꿔놓았다. 민광식은 특히 4년여 동안의 미국 펜실베이니아의과대학 유학 시절에 외과분야가 신경외과, 흉부외과, 소아외과, 혈관외과 등 전문분야별 특수클리닉으로 나뉘어 운영되고 있는 점에 깊은 인상을 받았다. 귀국 후 외과 주임교수, 의과대학장, 의료원장 등을 역임하면서 민광식은 외과의 분과체계 도입, 암센터의 건립 등 외과학의 현대화에 전념했다. 또 각종 암의 외과 수술을 비롯해 1962년 간디스토마의 외과적 처치, 1969년 돼지가죽의 사람 피부 이식 등 새로운 의술을 개발해, 사회적으로 주목을 받으며 신문지상에도 자주 등장했다.

분과와 협력으로 외과학 선도

6·25전쟁 이후 외과학은 급속한 발전을 이루었다. 특히 선진 각국에서는 일반외과 이외에 심장외과, 혈관외과, 신경외과, 성형외과 등 각 분야로 분과된 외과학이 발전하고 있었다. 민광식은 미국 펜

연세대학교 의과대학 외과학 교실원들과 함께(1960)
가운데 앉은 인물이 민광식이다.

실베이니아의과대학에서 전문의교육을 받으며 분과교육의 필요성
을 절감했다. 민광식이 귀국하자 세브란스의과대학 외과학교실은
민광식의 외과술을 사사하려는 수십 명의 교실원들로 북적거렸다.
교실원 중에는 세브란스의과대학 출신 이외에도 서울대 출신 10명,
우석의대(현재 고려의대) 출신 10명, 부산대 출신 3명, 가톨릭의대
출신 1명 등 여러 대학 출신이 섞여 있었다. 민광식은 주임교수로서
각 분야를 분과했다. 일반외과에 황규철, 김춘규, 흉부외과에 홍필
훈, 신경외과에 문태준, 소아외과에 이성식, 성형외과에 유재덕 등
분과별 지도급 교수를 양성했고, 이들에게 각 과의 책임을 맡겼다.

부총장 재직시절의
민광식(1972)

이러한 노력은 학회의 발전으로도 이어졌다. 1956년 대한마취과학
회를 창립하고 초대회장이 되었으며, 1960년에는 대한외과학회장,
1965년에는 대한성형외과학회를 창립하고 초대회장이 되었다.

민광식은 대내외의 신망 속에서 1968년에는 의과대학 학장을
지냈고, 1970년에는 의무부총장 등으로 재임했다. 그는 외국에서
파견 나온 의료선교사들과도 돈독한 관계를 유지했다. 세브란스병
원에서 일하고 있던 의료선교사들뿐만 아니라 전국에서 활동 중인
선교의사들과도 수시로 연락하고 학문적으로 교류할 수 있는 길을
열었다. 전국 각지의 선교병원과 긴밀한 연락체제를 구축해 환자이
송이나 의료진이 필요할 때 상호지원할 수 있는 시스템을 구축하기
도 했다. 이러한 협력체계는 서양선교사들이 겸손하고 온화한 민광
식 교수를 신뢰하고 있었기 때문에 가능한 일이었다.

민광식은 외과학 각 분야의 분과체제를 확립하는 것뿐만 아니라

각 과의 협진체제를 확립하는 일에도 힘을 쏟았다. 협진체제가 잘 이루어져야 환자중심의 진료가 가능하기 때문이었다. 아울러 협진에 기초한 공동연구에도 전력했으며, 지방 선교병원과의 협력체제에도 관심을 기울였다. 분과체계의 확립을 통해 한국 외과학의 현대화에 기여한 민광식은 1979년 11월 운동을 하다가 급사하고 말았다. 그의 나이 향년 68세였다.

간호학의 현대화를
이끈 홍신영

세브란스산파간호부양성소 졸업생 홍신영(1915~2001)은 한국 간호학의 개척
자다. 50여 년간 간호학과와 간호대학의 독립을 위해 헌신했으며, 연세대학교
에 4년제 간호학과와 간호대학을 설립해 한국 최초로 간호학 정규학사 16명
을 배출했다.

간호학을 한국 최고수준으로 이끌다

세브란스간호양성소로부터 69년의 가장 긴 역사를 자랑하는 연
세대는 간호대학으로 독립되어 우수한 의대교수진과 함께 간호
학과도 가장 뛰어난 교수진이다. 홍신영 간호협회장, 전산초 학
장, 김모임 교수 등 박사만 3명이며, 크라우드, 최연순, 심치정
등 전국에서 가장 많은 14명의 교수진 중 11명이 외국에서 수업
하고 돌아왔다.

간호사로서 한국 최초로 이학
박사 학위를 받은 홍신영

1975년 어느 일간신문의 기사다. 전국 대학의 간호학과에 대한 소개 기사로, 연세대 간호학과가 1906년 세브란스간호부양성소 창립 이래로 가장 오랜 전통을 지녔으며, 교수진이 가장 뛰어난 최고의 학과로 손꼽힌다는 내용이다. 6·25전쟁이 일어났음에도 불구하고 세브란스 간호 교육을 한국 최고 수준으로 이끌었던 대표 주자가 바로 홍신영이다.

언제나 단정했던 홍신영은 한 번도 흐트러진 모습을 보이지 않는 매우 깔끔한 성격의 소유자였다. 냉정하고 이지적인 태도 때문에, 그를 편하게 대하기는 어려웠다고 회상하는 사람도 종종 있었다. 하지만 홍신영은 학교와 병원 일에는 늘 헌신적이었다. 그녀는 간호협회 활동과 보육 및 간호사업 등을 할 때도 열정을 다해 일해서 주위로부터 높은 평가를 받았다. 홍신영은 학교와 병원, 대한간호협회 등에서 독보적인 지위를 활용해 학교 및 병원행정 등에서 뛰어난 수완을 보였고, 이것은 간호학의 발전이나 졸업생의 활동에도 적지 않은 영향을 미쳤다.

홍신영은 1915년 평양 출생으로 남양 홍씨 가문 개신교 목사의 6남
매 중 둘째로 태어났다. 개신교를 받아들인 아버지의 영향으로 홍
신영은 신문물을 일찌감치 접할 수 있었다. 아버지는 조용하고 온
순한 성품인 신영에게 간호학이 맞겠다고 판단해 세브란스에서 간
호교육을 받도록 했다. 어머니도 여성이 직업인이 되어야 한다는
믿음으로 신영을 뒷받침해주었다. 홍신영은 부모의 지원 아래 일찍
부터 선교사들이 경영하는 기숙사에서 지냈고, 그러면서 자연스럽
게 선교사들의 보육과 간호사업에 관심을 두었다.

세브란스산파간호부양성소는 1932년에 수업연한이 3년에서
4년제로 개편되었다. 그 결과 졸업생들은 무시험으로 일본 제국에
서 통용되는 간호부 및 산파 면허를 동시에 받을 수 있었다. 그러나
학생들이 수업기간의 연장 반대 및 교육환경 개선 등을 요구하며 수
업을 거부하면서 수업연한은 다시 3년제가 되었다.

일제 식민당국은 간호교육을 고등교육이 아닌 직업교육의 일환
으로 간주해 3년제로 제한하다가 4년제로 조정하려던 것이었는데,
학생들은 수업연한의 확대로 오히려 취업이 늦어지는 것을 우려했
고, 이것은 일제하의 간호교육을 3년제로 고정되게 만들었다. 하지
만 3년제 졸업생은 국내외에서 대학원에 진학할 수 없었기 때문에,
3년제 학제는 결과적으로 간호학의 발전과 간호 분야의 심화연구를
가로막았다. 당시 이런 배경으로 인해 1933년 입학한 홍신영도 3년
만에 양성소를 졸업했다.

해방 이후 세브란스산파간호부양성소가 세브란스고등간호학교로 바뀌고, 전쟁 이후에 다시 세브란스간호학교로 개칭되었지만, 여전히 3년제였다. 샌들(Ada Sandell) 교장에 이어 1954년 세브란스간호학교 제2대 교장에 취임한 홍신영은 간호교육의 발전을 위해서는 4년제 정규학과의 도입과 대학원 설치가 최우선적 과제라고 생각했다. 그러나 당시 4년제 간호교육에 대한 사회적 인식은 그다지 높지 않은 상황이었다. 당시의 상황을 홍신영은 다음과 같이 회고했다.

우리나라에서는 여러 가지 이유로 간호교육의 수준을 높이는 데 대한 반대가 많았었다. 그러한 반대를 하는 이유로 첫째로, 이론을 많이 배우기보다는 실습을 많이 함으로써 간호원의 책임을 다할 수 있으리라는 단순한 생각과, 둘째로는 대학교육을 받은 간호원이 과연 환자를 직접 잘 간호해 줄 것인가 하는 의심과 또 지원자가 적어서 학교 문을 닫게 되거나, 그렇게까지는 안 되더라도 적은 수의 지원자 가운데서 좋은 학생을 뽑을 수 없을 것이라는 염려에서였다.

그런데 때마침 세브란스와 연희의 통합안이 논의되고 있었다. 1957년 1월 세브란스의과대학과 연희대학교가 통합되어 연세대학교가 출범하게 되자, 홍신영은 이 기회에 간호대학을 독립시키고자 하는 야심찬 구상을 제안했다. 의과대학 행정 책임자회의와 연세대

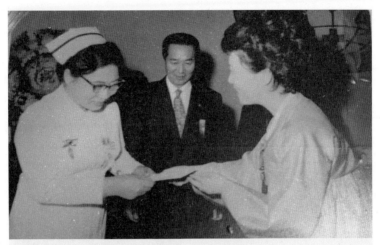

육영수 여사로부터 나이팅게일 기장을 받고 있는 홍신영(1971)

학교 이사회는 간호학과를 4년제 정규과정으로 승인하는 것도 쉽지 않은 터에 단과대학 독립까지 승인하는 것은 어렵다는 의견을 표명했다. 결국 의과대학 간호학과 정규과정으로 승격된 것에 만족해야 했지만, 이 역시 홍신영의 끈질긴 설득 끝에 얻어낸 성과였다. 간호학과 초대 학과장으로 홍신영이 임명되었으며, 1957년 세브란스간호학교 졸업생들이 의과대학 간호학과에 편입하여 1958년 2월 국내 최초로 간호학사 16명을 배출했다. 또 간호학과 개편 10여 년이 지난 1968년 12월 드디어 간호대학으로 재편되기에 이르렀다.

정규학사를 배출하면서 또다시 대학원 교육의 필요성도 제기되었다. 이를 위해 1959년 본인 스스로 연세대학교에서 이학사 학위를, 1962년 미국 웨인주립대학교에서 석사학위를 받았다. 1963년

연세대학교 의과대학 간호학과 초대 학과장 시절의 홍신영(1957)

연세대학교 대학원에 간호학 석사과정을 설치했다. 1972년 홍신영
은 간호사로는 국내 최초로 이학박사 학위를 받았고, 1982년 역시
국내 최초로 대학원에 간호학 박사학위과정을 설치했다.

한국 간호학의 주춧돌을 놓은 삶

간호학을 세계적 수준으로 끌어올린 공로에 힘입어 문교부는 연세
대학교 간호학과 정원을 증원하는 데에도 호의적이었다. 1961년도
에 160명이었던 간호학과 정원은 1962년도에 200명으로 증원되었

고, 1966년에는 225명, 1967년에는 245명, 1968년 320명 등 국내 최고 수준의 정원을 확보하게 되었다.

1962년 개정된 의료법은 간호분야에서도 남자가 활동할 수 있는 법적 근거를 마련했는데, 일부 남학생들이 입학원서를 제출하는 등 사회적 반응은 빨랐다. 학교당국은 이에 적극적인 대응을 하지 않고 있었는데, 1968년 홍신영은 간호분야에도 남자 간호사의 이점이 분명한 만큼 10여 명가량의 남성 간호사를 선발할 것이라고 공표했다. 실제 남학생들의 간호학과 지원이 본격적으로 이루어졌다. 그러나 입학시험에 모두 낙방하여 신입생을 뽑을 수 없었고, 최초의 간호학과 남자 졸업생 노경식 씨는 1985년도에 배출되었다.

수천 명의 간호학도들이 생겨나 든든하지만 간호의 질적 수준을 높이는 데 방해되는 수많은 사람들의 무지와 관료적 행정을 보면 가슴이 아파요. 개인차원의 발전과는 정반대로 간호에 대한 행정 제도적 개념은 점차 소극적이 돼서 당국은 지방간호를 총괄하지도 못하고 있으니 말입니다.

40여 년 동안 교단에서 학생들을 가르쳤던 홍신영 교수는 교단을 떠나면서도 간호교육의 발전을 걱정했다. 홍신영은 평생을 독신으로 살면서 자신이 평생 모은 재산 5억 원을 모교에 기증했다. 한국 간호학의 기틀을 마련하기 위해 외로이 개척자의 길을 걸었던 홍신영은 87세의 일기로 세상을 떠났다.

신경외과학의 분과체계를
확립한 이헌재

이헌재(1921~1981)는 6·25전쟁 이후 미국에서 신경외과 전문의 자격을 취득한 한국 신경외과학 분야의 개척자였다. 그는 신경외과의 분과체계를 확립하고 최신 수술기법과 수술도구 등을 직접 개발하는 등 신경외과학의 세계화를 선도했다.

불치병에 도전하다

신경외과학자가 되기 위해서는 신경해부지식에 밝아야 하고 창의적인 태도가 필수적입니다. 또 효과적인 진료를 위해서는 신경외과 분야를 세부 전문화해야 합니다.

이헌재는 항상 무언가에 골몰해 있었다. 복도를 거닐 때나 차를 탈 때도 뭔가 딴 생각을 하고 있는 것처럼 보였다. 이런 태도는 조금이라도 시간을 아껴 새로운 진료법과 수술법을 고안하려는 습관에

서 비롯된 것이었다. 임상가로도 뛰어
났던 그는 대인관계가 원만하고 성품
이 좋아 후학들이 존경하고 배우고 싶
어 하는 스승이었다.

이헌재

1950년대까지만 해도 뇌전증(간
질), 수전증, 안면경련, 파킨슨병, 운
동장애, 통증 등의 신경질환은 일종의
불치병처럼 여겨졌다. 특히 6·25전쟁
을 거치면서 가벼운 뇌손상이라도 적
극적으로 대응하지 못하게 되면 군전력에 상당한 차질을 초래하게
된다는 사실과 신경외과학이 전상자 치료에 매우 유용한 분과학문
임이 밝혀졌다. 한국의 현대 신경외과학이 군대에서 시작되었다는
점은 결코 우연이 아니었다.

그러나 이들 신경질환의 치료를 위해서는 신경조직을 파괴하거
나 약물을 주입하는 등 신경계의 변화를 일으키기 위한 고도의 정
밀 기술과 의료장비가 필요했으며, 능숙한 외과적 술기를 필요로
했다. 6·25전쟁에서 수많은 신경외과 환자들을 치료하면서 신경외
과 의사들은 필요한 외과적 술기를 축적해 나갔지만, 새로운 장비
와 기술이 동반되지 않는 신경외과학은 그 한계 역시 명확한 것이었
다. 전쟁을 경험한 신경외과 의사들이 선진적인 신경외과학을 배우
기 위한 최선의 선택은 미국 유학이었다.

이헌재는 1921년 경상북도 고령에서 태어났다. 성산 이씨 가문은
대대로 한학자의 집안이었으며, 유학자인 아버지 이봉환은 독립운
동에 참여하여 3년 동안 옥살이를 한 항일투사였다. 이헌재는 아버
지의 영향으로 한학에 능통했으며, 시서화 등에도 능했다. 대구 계
성학교를 거쳐 1940년 세브란스연합의학전문학교에 진학한 그는
졸업후 김명선 선생의 권유로 평양기독병원에 재직했다. 해방과 더
불어 대구의과대학에서 외과수련을 받고 전임강사로 활동하다가
6·25전쟁 때 군의관으로 차출되었다. 그는 군의관으로 근무하면서
사소한 두뇌손상이 생명을 잃게 만드는 경우가 많다는 점을 깨닫고
신경외과학을 본격적으로 공부해야겠다고 느꼈다. 당시 한국군 내
에서 신경외과학에 독보적인 존재였던 이주걸 박사와 윤복영 박사
등과 함께 이헌재는 신경외과학의 트로이카 시대를 열면서 신경외
과 환자진료에 전념했다.

3년 동안의 군생활을 마치고 신경외과학을 본격적으로 공부하
기 위해 1955년 미국으로 유학을 떠났다. 미시건대학 신경외과에
서 레지던트 수련을 받는 동안 이헌재는 재치 있고 성실한 태도로
동료들 사이에서 신망이 두터웠을 뿐만 아니라 서예와 동양화에 능
숙해 미국인들에게도 인기가 높았다고 한다.

그는 미국에서 신경외과학 분야를 공부하면서 전이성 뇌종양 치
료에 관심을 가졌다. 지도교수인 칸(Kahn)은 자신의 저서에서 전이
성 뇌종양 항목의 집필을 이헌재에게 맡길 정도로 그의 연구를 높이

평가했다. 이헌재는 1955년부터 1958년까지 미국 미시건 대학 신경외과에서 레지던트와 펠로우를 거쳤다. 그는 전문의 자격증을 취득하면서 미국에 계속 남아 있을 것인지 귀국할 것인지를 고민하지 않을 수 없었다.

뇌전상 치료에서 기능성 신경질환 치료로

이헌재는 모교로 돌아가고 싶었으나 세브란스병원에는 미국에서 신경외과학을 공부하고 전문의 자격을 취득하기 전에 귀국한 문태준이 이미 자리를 잡고 있었다. 문태준은 1957년 연세대학교 의과대학 신경외과학교실을 창립했고, 1959년에 미국 신경외과 전문의 자격을 취득했다. 이헌재를 한국에 부른 것은 수도의대(고려의대의 전신)의 이주걸 교수였다. 이주걸 교수는 6·25전쟁 당시 보여준 이헌재의 능력을 높이 사면서, 수도의대 신경외과학의 부흥을 위해서는 이헌재가 필요하다고 보았다. 1959년 수도의대에 신경외과학교실이 창립되면서, 이헌재는 수도의대 교수로 활동하기 시작했다. 1960년 이헌재는 이주걸 교수에 이어 제2대 주임교수를 담당했는데, 국립의료원 신경과와의 교류를 통해 신경외과학의 기초를 다지는 데 주력했다.

6·25전쟁 시기에는 뇌전상(腦戰傷)에 의한 신경외과 환자가 많이 발생했다면, 1950~60년대 신경외과를 찾는 환자 중에는 두부손상 및 신경손상 등 외상환자와 뇌전증, 뇌종양, 뇌동맥류와 같은 기

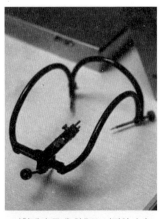

이헌재가 국내 최초로 뇌정위 수술
에 사용한 쿠퍼 프레임

능성 신경질환 환자가 많았다. 특히 뇌침습에 의한 신경손상의 경우는 두뇌 뼈를 잘라내는 개두술에 의한 외과수술로서 치료해야 하는 경우가 많았다. 예를 들어 기생충 감염에 의한 뇌손상의 경우, 약물치료를 거의 기대할 수 없었기 때문에, 신경외과 수술의 역할이 중요했다. 민물 게와 가재를 생식하는 한국인의 식습관으로 발생하는 폐흡충증은 감염환자의 절반 정도가 뇌폐흡충증으로 발전하여 환자에게 치명적인 손상을 주었다. 1960년대 초까지 상용된 에메틴과 설파다이아진의 병합요법에 의한 폐흡충증 치료는 치료효과가 크지 않았기 때문에, 신경외과 의사의 외과시술 역할이 상대적으로 클 수밖에 없었다. 반면 기능성 신경질환에 대해서는 두개골 미세 천공을 통해 개두술의 침습적 요법을 최소화하려는 노력이 진행되고 있었다.

신경외과 수술은 경우에 따라서는 개두술에 의해 뇌 일부를 적출할 필요도 있었지만, 개두술은 후유증이 크고 필요 이상으로 뇌 주위를 침습한다는 위험성이 컸다. 이헌재는 가급적이면 개두술보다는 뇌에 구멍을 뚫어 뇌의 침습을 최소화할 수 있는 미세 수술에 관심을 가졌다. 미세 천공술이 정착된다면 뇌동맥류, 뇌종양, 뇌농양, 뇌출혈 등 다양한 신경외과 질환에 응용될 여지가 컸기 때문이

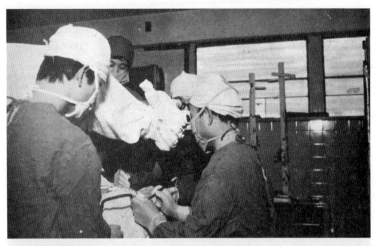

수술 중인 이헌재

다. 그런데 뇌에 구멍을 뚫는 일은 약간의 실수만으로도 치명적인 뇌손상을 초래할 수 있으므로 뇌에 구멍을 뚫는 각도나 깊이가 정확해야 하고 두뇌를 안정적으로 받쳐 줄 장치가 필요했다. 이 장치가 두뇌를 나사로 고정하는 쿠퍼 프레임(Cooper's frame)이었다. 이헌재는 국내 최초로 파킨슨병 환자에 대해 두개골에 장착하는 쿠퍼 프레임을 이용하여 화학적 시상핵 파괴술을 시행하며 많은 이들의 관심을 받았다. 실제로 그의 외래진료실에는 수전증 및 파킨슨병 환자들로 장사진을 이루었다고 한다. 이때부터 국내에서도 기능성 신경질환에 대한 수술적 치료가 본격적으로 시행되었으며, 뇌종양, 두개골 성형, 두부외상, 뇌동맥류, 뇌혈관질환 등 다양한 분야에 대한 치료와 연구가 진행되었다.

연세대 의대 신경외과학 교실원들과 함께(1970)
뒷줄 한가운데에 서 있는 인물이 이헌재다.

1966년 문태준이 국회의원에 출마하면서 연세의대를 사직하
자, 그 후임으로 이헌재가 지목되었다. 이헌재는 연세의대 신경외
과학교실의 제2대 주임교수로 취임하여 연세의대가 한국 신경외과
학의 메카로 성장하는 디딤돌을 마련했다. 이헌재는 고려의대 정환
영 교수를 연세의대로 불러들였고, 이주걸 박사와 김정근 박사를
외래교수로 임용하는 등 고려의대와의 유대를 돈독히 했다.

이헌재는 교실의 발전을 위해서는 전공영역을 세분화하는 것이
가장 중요한 과제라고 판단, 이규창(뇌혈관외과), 정상섭(뇌정위 기능
신경외과), 김영수(척추신경외과), 최중언(소아신경외과) 등이 각 분야

를 선도할 수 있도록 전공영역을 세분화했다. 이들은 각 분야를 주도하는 최고의 의료진이 되어 이헌재의 선견지명을 확인시켜 주었다. 이 외에도 그는 신경해부학 등 기초분야 연구의 중요성을 늘 강조했다. 교실원들이 신경해부학에 대한 공부를 심화할 수 있도록 막스플랑크 연구소와 같은 기초과학 기관에서 연수받을 수 있도록 독려했다. 아울러 이헌재는 항상 새로운 의료기구 개발에 관심을 가지고 뇌동맥류 결찰기, 척추견인기 등을 직접 개발하기도 했다.

1970년대 초반에는 수술현미경을 도입하여 수술결과에 괄목할 만한 진전을 보였으며, 미세수술 사진술을 발전시켜 교육을 위한 시청각 자료 보존에 새로운 장을 열었다. 또, 이헌재는 신경외과 의사들에게 반드시 필요한 미세수술 술기를 배우도록 연수과정을 별도로 마련하기도 했다.

이헌재의 열정적인 연구열과 후학들에 대한 세심한 배려로 교실은 언제나 분주하면서도 따뜻했다. 평소 검소하고 소박한 생활을 해온 그는 난방비에서 남는 돈을 연구비에 보태겠다며 집을 개조하면서 새로 연탄보일러를 설치했다. 1981년 3월 어느 날 연탄가스에 중독되어 그는 부인과 함께 급작스럽게 세상을 떠나고 말았다. 그의 나이 60세였다.

최초의 판막수술과
개심술을 주도한 홍필훈

1942년 세브란스의학전문학교를 졸업한 홍필훈(1921~2004)은 미국으로 건
너가 한국인 최초로 흉부외과 전문의 자격을 취득했고, 귀국 후에는 한국 최
초의 심장수술을 집도하면서 흉부외과학의 정착에 기여했다.

심장수술을 주도한 홍필훈

세브란스의과대학 부속병원에서는 지난 9월 6일 우리나라 처음
으로 심장절개수술에 성공했습니다. 방년 22세의 유내영 군은
2년 전부터 호흡곤란으로 고통을 받아오던 중 이 병원의 차홍도
박사의 진단으로 심장수술 적응증이라는 것이 밝혀져서 홍필훈
박사의 집도로 수술을 했던 것입니다. 환자의 왼편가슴을 이와
같이 절개하고, 늑골 두 개를 잘라낸 다음에 심장부를 수술한
것입니다. 환자는 수술 후의 경과가 매우 좋다고 하며, 이 환자
는 심장 승모판이 협착해서 호흡이 곤란하던 것을 수술을 해서

넓힌 것입니다. 이것은 수술 시의 환자의 심장의 움직임을 전기
심동계로 살펴본 것입니다.

1956년 9월 6일 대한뉴스에서 보도된 내용이다. 우리나라 최초
의 심장수술은 서울역 앞 세브란스병원에서 홍필훈 박사의 집도로
시작되었다. 1956년 9월의 일이다. 그 후 경북의대와 서울의대에
서도 승모판 협착증에 대한 수술에 성공하면서 우리나라 심장외과
의 기반이 구축되었다. 이윽고 심장외과분야는 판막수술부터 저온
마취를 통한 심장개심술에까지 이르게 되었다. 개심술은 심장을 잠
시 멈추게 하고, 그동안 심장으로 들어가는 혈액을 다 빼서 인공심
폐기로 순환을 시켜야 가능한 수술이었다. 이때 체외의 혈액순환을
안정적으로 유지하기 위해서는 혈액온도를 내리는 냉각법을 써야
했다. 사람의 생사가 걸린 일이라 한치의 오차도 없도록 사전에 수
없는 동물실험을 반복해야 했다. 최초의 판막수술에서 개심술까지
세브란스병원의 모든 심장수술을 주도했던 이가 홍필훈이었다.

한국 흉부외과학의 역사를 써내려가다

1921년 홍필훈은 개신교 목사 집안의 6남매 중 넷째로 태어났다.
홍필훈은 아버지 덕분에 신문물을 일찍 접했다. 그의 아버지는 큰
딸은 음악을, 둘째 홍신영은 간호학을, 넷째인 홍필훈은 의학교육
을 받게 했다. 기독교 집안이었기에 세브란스의학전문학교를 선택

홍필훈

한 것은 자연스러운 일이었다. 졸업 후에는 평양기독병원에서 인턴 과정을 거쳤고, 평안북도 만포에서 잠시 개업을 하기도 했다. 해방이 되자, 홍필훈은 해안경비대에서 2년 동안 군복무를 했고, 제대 후에는 서울 교통병원 외과에 근무했다. 그는 흉부외과학을 공부하기 위해서는 미국유학이 필요하다고 보고 1949년 미국행을 결심했다.

미국에서는 일반외과 4년을 거쳐야 흉부외과를 공부할 수 있었다. 그는 빙햄튼 시립병원과 달라스 베일러대학병원 등에서 일반외과와 흉부외과 레지던트 과정을 마쳤고, 한국인으로서는 최초로 흉부외과 전문의가 되었다.

유학을 마친 홍필훈은 서둘러 귀국길에 올랐다. 당시 한국은 세계 최빈국 중의 하나였고, 귀국길에 무장공비의 총탄과 마주쳤을 정도로 사회적으로 불안정한 시기였다. 세브란스병원에서도 잦은 정전은 말할 것도 없고 수도가 단수되기 일쑤였다. 열악한 환경에서도 홍필훈은 많은 수술을 묵묵히 해냈고, 그가 가는 길은 곧 한국 흉부외과학의 역사를 써내려가는 길이 되었다.

원칙주의자이며 엄격한 스승

홍필훈은 귀국 후 폐절제수술을 시작하며 폐수술을 본격화했고, 개심수술을 위한 동물실험을 병행했다. 그 첫 번째 결과물이 1956년 국내 최초로 행해진 승모판 절개술이었다. 1957년에는 포츠 – 스미스(Potts – Smith) 단락술을 시도해 성공했으며, 1962년에는 저온법을 이용한 심방중격결손의 봉합에 성공했고, 1963년에는 심방중격결손증을 치료하기 위한 인공심폐기를 이용한 개심술에 성공했다. 이 모두가 한국인으로서는 최초로 시행한 것이었다.

그는 개심술의 술기와 방법을 계속 발전시키면서 치료 질병의 범위를 넓혀갔다. 심실중격결손증, 대동맥류파열, 심장판막질환 등의 치료와 활로씨 4징후의 완전교정술이 가능해졌다. 이 시기에는 심장내과 차홍도 선생의 적극적인 참여로 좌심도자법과 경심방중격도자법을 발전시켜 수술 전 정확한 진단이 가능하게 되어 심장외과가 한층 더 발전하는 계기가 되었다. 이 외에도 그는 만성 수축성 심낭염 환자의 수술 후 혈역학적 변화, 개심술 시 중심정맥압의 변화 등을 연구하며 수술 후 환자관리의 중요성을 역설했다.

제자들 사이에서 홍필훈은 원칙주의자이자 엄격한 스승으로 유명했다. 특히 환자상태에 대한 보고가 어설플 때면 "지금 독도 어드레?(지금 그게 무슨 말이야?)"라며, 불호령이 떨어지기 때문에 당직의사들은 수시로 환자상태를 체크해야 했다. 반면 환자 때문에 전화를 하면, 새벽 2시건 3시건 짜증내는 법이 없었다고 한다. 한번은 홍필훈이 밤늦게 응급환자를 데리고 수술방에 가려고 하는데, 수술

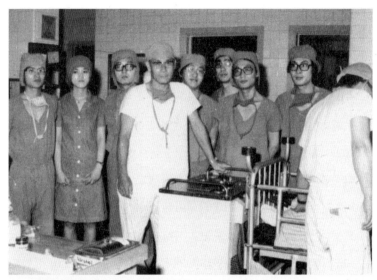

수술실에서 학생들과 함께 있는 홍필훈(1981)
가운데 흰옷을 입은 인물이 홍필훈이다.

방 문이 잠겨 있자, "왜 문을 안 열어 놨느냐?"며 발로 문을 차서 문을 부수고 수술방에 들어갔다는 일화도 유명하다.

홍필훈은 수술 전후 심장 컨퍼런스에 참여하여 수술준비 상황과 수술방법, 수술결과와 예후 등을 토론하는 절차를 중시했다. 이 회의의 발표자가 발표를 잘못할 경우에는 집도의를 다른 의사로 바꾸라는 불호령이 떨어졌기 때문에, 발표자는 잠시도 긴장을 늦출 수 없었다. 한번은 수술 후 환자가 사망한 사례를 발표하는 자리에서, 홍필훈은 집도의가 진단을 잘못했기 때문에 환자가 사망에 이르렀다며 집도의를 질책했다. 이에 대해 집도의는 "그 환자의 진단을 제가 했습니다. 부검을 해보시고 진단 잘못을 지적하시는 겁니까? 만일 진단이 잘못되었다면 제가 사표를 내겠습니다. 왜 확실한 증거도 없이, 진단이 잘못되었다고 하십니까?" 하고 방을 나와 버렸다. 다음 날 홍필훈은 집도의를 따로 불러 "내가 큰 실수를 했어. 근거 없이 진단의 문제를 거론했으니 내가 사과하네." 하며, 자신의 잘못을 선선히 인정했다. 불의와 거짓을 참지 못했던 호랑이 선생님 홍필훈은 자신의 잘못에 대해서도 겸허하게 인정할 줄 아는 진정한 스승이었다.

세브란스 흉부외과는 홍필훈이 개심술을 시작한 이후, 성인심장병 수술(홍승록), 선천성 심장수술(조범구)을 성공시키며 정착 단계로 들어섰다. 홍필훈은 세브란스 흉부외과가 잘 정착되었다고 판단, 1967년 하와이대학으로 자리를 옮겼다. 그의 뒤를 이어 홍승록이 과장으로 흉부외과를 이끌었고, 1985년부터 독립적인 교실로 승격되었다.

100주년 기념사업과 새 병원의 건설을 위하여

홍필훈이 다시 세브란스의 부름을 받은 것은 1980년도였다. 연구자로서만 살아왔던 그가 학교행정과 병원경영에 참여하게 될 것이라고는 자신도 예상하지 못한 일이었다. 1984년 홍필훈은 연세대학교 제7대 부총장 및 의료원장으로 선임되었다. 그에게 닥친 최대 과제는 연세대학교 100주년 기념사업과 연세의료원의 도약을 위해

흉부외과 교실원들(1987)
아랫줄 정가운데가 홍필훈 교수다.

준비하는 것이었다. 홍필훈은 동창회를 중심으로 후원회를 조직하여 모금에 나섰고, 목표 금액인 10억 원을 넘어 12억 원을 모금할 수 있었다. 이 기금으로 100주년 기념사업과 알렌관 건축 등의 사업을 성황리에 치러낼 수 있었다.

홍필훈에게 맡겨진 또 다른 과제는 새 병원 건립을 준비하는 것이었다. 1962년도에 완공된 세브란스병원은 20여 년간 국내 최고의 설비를 갖춘 병원이었지만, 시간이 지나면서 점차 시설이 낙후되어 새로운 병원의 필요성에 대한 공감대가 커지는 시점이었다. 홍필훈은 새로운 시대적 요구에 직면하여 250병상 규모의 새 병원 건설을 준비했다. 결국 이 안은 이사회의 승인을 얻지 못했지만, 홍필훈이 시작한 새 병원 건설 구상은 점점 그 규모가 확대되었고 2005년 4월에 이르러 결실을 볼 수 있었다. 새로 완공된 병원은 1,004병상 규모였다. 병원경영에서 실력을 인정받은 홍필훈은 정년퇴임 후 인하병원 재단이사장으로 자리를 옮겼다. 은퇴 후 홍필훈은 하와이 호놀룰루에서 여생을 보내다가 2004년 폐암으로 세상을 떠났다.

의학교육과 국민보건 향상에
기여한 조동수

조동수(1908~1994)는 일제하 세브란스의 독자적인 병리학 연구풍토가 만들어낸 세 번째 의학박사다. 그는 세브란스에서 34년을 재직하면서 한국의학교육과 소아과학의 토대를 다졌으며, 의료보험의 전면실시 등을 주장하며 의료의 사회적 역할에 관심을 가졌다.

인술의 기본정신을 강조하다

요즘 젊은 의사들은 인술보다는 물질적인 면에 너무 관심을 쏟는 것 같습니다. 우리 세대의 의사들도 돈을 무시한 것은 아닙니다만 그러나 돈 때문에 죽어가는 환자를 돌려보내는 등의 일은 없었죠. 의사가 물질에 너무 집착하면 인술의 기본이 되는 정신이 메마르게 됩니다. …… 국내의학은 선진국 수준에 거의 육박할 정도로 상당히 발전돼 있다고 봅니다. 그런데 의료정책을 펴나가는 제도적인 면에서 정부, 국민, 의료인 3자 간에 이

견이 있는 것 같아요. 정부는 장기적
인 안목에서 일관성 있는 의료정책
을 펴야겠고, 의료인들은 인술의 기
본정신을 되살리는 노력을 해야 합
니다. 국민의 입장에서는 무턱대고
종합병원을 찾는 일종의 의료사치를
삼가야 합니다.

강사시절의 조동수(1936)

1977년 7월 1일, 500인 이상의 사
업장을 대상으로 의료보험이 전격 실시되었다. 그러나 의료보험 준
비 부족과 병원들의 협조 부재로 병원들이 의료보험 환자를 소홀히
다룬다는 환자들의 볼멘소리와 의료보험 환자들이 무턱대고 종합
병원을 찾는다는 의사들의 비판이 끊이지 않았다. 이에 대해 조동
수는 의사는 인술의 기본을 갖추고 환자에게 최선을 다하는 것밖에
없다고 생각했다.

조동수는 언제나 학생들에게 의사는 인술과 봉사를 최상의 가
치로 여겨야 한다는 점을 강조했다. 의사는 권력이나 금력을 배경
삼아 절을 받을 생각을 하지 말고, 마음속에서 우러나오는 존경을
받기 위해서 항상 환자에게 최선을 다해야 한다고 가르쳤다. 학생
들 사이에서 그는 항상 말이 없고 조용한 성품의 스승이었지만, 사
회활동에는 적극적이었다. 조동수는 의과대학 학장 및 의료원장 등
학내의 주요 보직은 물론 유한양행 사장과 대한의학협회 회장 등을
거쳤다. 그는 자신의 풍부한 사회경험과 연륜을 살려 의료인과 정

부, 국민에게 쓴소리 하는 일을 마다하지 않았다.

한국 최초의 소아과학 의학박사

1908년 평양에서 태어난 조동수는 기독교에서 세운 소학교와 중학교를 다녀 어릴 때부터 기독교 신앙이 몸에 배어 있었다. 그는 어릴 때 파스퇴르 전기를 좋아했다. 실패를 두려워하지 않는 강한 신념과 의지를 가진 과학자였던 파스퇴르에 끌려 그처럼 세계적인 과학자가 되고 싶었다. 그러던 중 배재중학에서 선교사들의 영향을 받아 의학을 통해 세계적인 학자가 되고 사회에 봉사할 수 있는 사람이 되기로 결심했다. 그리고 세브란스에서 윤일선을 스승으로 만나 소아병리학계의 기대주로 성장해 나갔다.

세브란스병원의 초대 소아과 과장은 정신과 과장을 담당했던 맥라렌이었다. 1921년부터는 올리버 에비슨(Oliver R. Avison: 1860~1956)의 다섯째 아들인 더글러스 에비슨(Douglas B. Avison)이 소아과를 담당했다. 1923년부터는 미국 에모리 의대를 졸업하고 인디애나주립 대학병원에서 소아과를 전공한 구영숙이 귀국하여 세브란스병원에 근무했다. 구영숙은 미국식 소아과교육을 주도하였지만, 일본어로 교육하라는 총독부의 압력으로 1934년 사직했다.

조동수는 1933년부터 세브란스에 근무하면서 소아병리학을 공부했고, 「과민성변화에 관한 연령의 관계」를 주제로 한 논문으로 1939년 5월 한국 최초의 소아과학 의학박사가 되었다. 조동수의 박

소아과 진료를 지도 중인 조동수(1938)
왼쪽에 서 있는 인물이 조동수다.

사학위 취득은 일제하에서 한국인이 독자적으로 연구성과를 축적
해 이룬 것으로, 언론의 많은 주목을 받았다.

> 조 박사의 연구는 순전히 세브란스에서 윤 박사의 지도로 공적
> 을 쌓은 것이며, 특히 이번 연구는 소아과학계에 중요성을 띤
> 것으로 의학조선의 한 이채를 주었다.
>
> 『동아일보』 1939년 5월 24일자

이 외에도 세브란스에서 갈고 닦은 실력으로 일본 교토대학에

제출한 박사논문이 통과되었고, 32세의 젊은 나이에 소아과 주임
교수로 발탁되어 18년 동안 세브란스의 의학교육을 이끌었다. 해방
후에는 미국 일리노이대학과 컬럼비아대학에 유학해 미국식 소아
과학 교육을 국내에 도입하는 데 앞장섰다.

한국의 의학교육과 국민보건 향상에 바친 생애

1961년 박정희 군사정권은 집권의 정당성을 확보하는 방안의 하나
로 「의료보험법」(1963)을 제정·공포했다. 하지만 정부는 의료보험
을 운영할 능력이 없었고, 기업은 의료보험으로 인한 경제적 부담
을 우려했다. 게다가 「의료보험법」은 강제가입이 아닌 임의가입 방
식이었고, 실질적으로 의료보험에 가입하는 국민이 많지 않아 유명
무실한 상태였다.

일부 기업에서 근로자의 복지차원으로 특정 병원과 계약을 맺거
나 의료비를 보조하는 형태로 의료보험이 실시되고 있었지만, 의료
보험의 전면적 실시를 위해서는 기업과 국민에 대한 홍보가 필요한
시점이었다.

의사들이 사회봉사 활동에 적극 나서야 하겠습니다. 의사들은
원래 장사하는 사람과 달리 사회봉사가 본령이 아닙니까? ……
의학교육의 방향도 점차 바뀌어 왔어요. 치료에서 예방의학으
로, 그리고 오늘날엔 사회의학으로 옮겨왔지요.

의료원장 재직시절의 조동수(1962)

1972년 4월, 1만 4천여 명의 의사를 대표하는 대한의학협회 회장으로 뽑힌 조동수는 제일 먼저 의사들의 사회적 책임을 강조했다. 의사들의 적극적인 사회참여를 통해 '봉사하는 의사상'을 새로 심어보겠다는 뜻이었다. 그러나 그 이면에는 의사는 마땅히 국민전체의 보건문제에 적극적인 관심을 가져야 한다는 것이 조동수의 지론이었다. 이를 위해서는 자신이 일제강점기와 해방 직후에 두창예방운동과 결핵퇴치운동 등 위생계몽운동에 앞장섰던 것처럼, 의료보험의 실시를 위해 의사들의 적극적인 참여가 필요하다고 보았다.

당시만 해도 의료보험의 실시를 예견하는 의사는 거의 없었고, 의료보험 전면실시는 꿈과 같은 이상이었을 뿐이다. 그러나 의료보험이 실시되지 않아 병이 났어도 치료를 못 하거나 의사가 있어도

純朝鮮醫博의 母胎

尹日善博士指導로三次醫博

이번엔 趙東秀氏醫博

조동수의 박사학위 취득 기사

1939년 5월 24일자 『동아일보』에 실린 기사로, "순조선 의박의 모태, 윤일선 박사 지도로 3차 박사, 이번엔 조동수 씨 의박"이라는 제목이 보인다.

치료를 받지 못해 생겨나는 안타까운 현실을 방관할 수는 없었다. 조동수는 의학협회 회장으로서 의사라면 마땅히 국민보건에 관심을 가져야 한다는 점을 환기하며 의료보험의 조속한 실시와 확대를 주도했다. 이처럼 그의 생애는 한국의 의학교육과 국민보건의 향상을 위해 바쳐졌다. 조동수는 국내 의학교육 정착에 삶을 바친 공로를 인정받아 2011년 대한의학회가 선정하는 명예의 전당에 헌정되었다.

사료

「八道四都三港口日記」

『統署日記』

『美案』

『美原案』

『日案』

『日省錄』

『備邊司謄錄』

『高宗實錄』

『承政院日記』

『漢城旬報』

『漢城週報』

『大韓每日申報』

『朝野新聞』

『朝鮮日報』

『東亞日報』

『京鄕新聞』

『세브란스교우회보』

Foreign Missionary

Korean *Mission Field*

Korean *Repository*

김원모 완역, 『알렌의 일기』, 단국대학교출판부, 1991.

김인수 옮김, 『헤론 의사의 선교편지』, 장로회신학교 부설 한국교회사연구원, 2007.

김인수 옮김, 『알렌 의사의 선교·외교편지』, 장로회신학교 부설 한국교회사연구원, 2007.

김인수 옮김, 『언더우드 목사의 선교편지』, 장로회신학교출판부, 2002.

박형우 역, 『올리버 R. 에비슨이 지켜본 근대 한국 42년(1893 - 1935)』 상·하, 청년의
사, 2010.

박형우·여인석, 「제중원 일차년도 보고서」, 『연세의사학』 3, 1999.

알렌 지음, 신복룡 역주, 『조선견문기』, 집문당, 1999.

올리버 에비슨, 『구한말비록』, 대구대학교출판부, 1984.

저서

김명선선생 탄신100주년기념사업회, 『영원한 세브란스인 김명선』, 큐라인, 1998.

김상태, 『제중원이야기』, 웅진지식하우스, 2010.

김은신, 『한국 최초의 101장면』, 가람기획, 1998.

김학은, 『루이스 헨리 세브란스, 그의 생애와 시대』, 연세대학교출판부, 2008.

대한감염학회 편, 『한국전염병사』, 군자출판사, 2009.

릴리어스 호톤 언더우드, 『언더우드 부인의 조선견문록』, 이숲, 2008.

문창모, 『천리마 꼬리에 붙은 쇠파리』, 삶과꿈, 1996.

민경배, 『알렌의 선교와 근대한미외교』, 연세대학교출판부, 1991.

박윤재, 『한국근대의학의 기원』, 혜안, 2005.

박형우, 『연세대학교 의과대학의 연구 역사』, 연세대학교 대학출판문화원, 2014.

박형우, 『제중원』, 21세기북스, 2010.

박형우, 『한국근대서양의학 교육사』, 청년의사, 2008.

박형우, 『금파 홍석후: 한국 안과와 이비인후과의 개척자』, 연세대학교출판부, 2008.

박형우·박윤재, 『사람을 구하는 집, 제중원』, 사이언스북스, 2010.

박형우·이유복, 『알프레드 어빙 러들로의 생애』, 연세대학교출판부, 2000.

백낙준, 『한국개신교사 1832 - 1910』, 연세대학교출판부, 1995.

서준창, 『쌍천 이영춘의 생애와 사상』, 삼경문화사, 1998.

신규환, 『질병의 사회사: 동아시아의학의 재발견』, 살림출판사, 2006.

신동원, 『호환마마천연두: 병의 일상개념사』, 돌베개, 2013.

신동원, 『호열자, 조선을 습격하다』, 역사비평사, 2004.

신동원, 『한국근대보건의료사』, 한울아카데미, 1997.

언더우드 지음, 이만열 옮김, 『언더우드 한국에 온 첫 선교사』, 기독교문사, 1993.

언더우드 지음, 이광린 옮김, 『한국개신교수용사』, 일조각, 1989.

여인석 외, 『한국의학사』, 의료정책연구소, 2012.

연세대학교 간호대학 100년사 편찬위원회, 『연세대학교 간호대학 100년사』, 연세대

학교 간호대학, 2008.

연세대학교 의과대학 의학백년 편찬위원회, 『의학백년』, 연세대학교출판부, 1986.

연세대 의학사연구소 편, 『동아시아 역사 속의 의사들』, 역사공간, 2015.

연세대 의학사연구소 편, 『동아시아 역사 속의 선교병원』, 역사공간, 2015.

연세의대 신경외과 동창회 편, 『백제 이헌재 화집』, 연대의대 신경외과, 1981.

연세의대 신경외과학교실 편, 『신경외과학교실논문집(1949 - 1970)』 제1권, 제2권, 연세의대 신경외과학교실, 1982.

연세의료원 120년사 편찬위원회, 『인술, 봉사 그리고 개척과 도전의 120년』, 연세의료원, 2005.

유승흠 등편, 『우리나라 의학의 선구자』 제3집, 한국의학원, 2011.

유승흠 등편, 『우리나라 의학의 선구자』 제2집, 한국의학원, 2009.

유승흠 등편, 『우리나라 의학의 선구자』 제1집, 한국의학원, 2007.

이광린, 『한국개화사의 제문제』, 일조각, 1986.

이만열, 『한국기독교의료사』, 아카넷, 2003

이장락 지음, 『민족대표 34인 석호필』, 바람출판사, 2007.

이호영 지음, 『당주동 무화과나무: 이호영 회고록』, 청년의사, 2011.

재단법인 김명선기념재단, 『김명선교수 일화집』, 조광문화사, 1992.

정구충, 『한국의학의 개척자』, 동방도서, 1985.

한국결핵사편찬위원회, 『한국결핵사』, 대한결핵협회, 1998.

해링턴 지음, 이광린 옮김, 『개화기의 한미관계』, 일조각, 1973.

현봉학, 『나에게 은퇴는 없다』, 역사비평사, 1996.

홍성원, 『흙에 실은 사랑의 인술』, 모음사, 1993.

홍신영 지음, 『한국간호역사』, 현문사, 2004.

황상익, 『근대의료의 풍경』, 푸른역사, 2013.

『연세대학교 의과대학 산부인과교실사』, 연세대학교 의과대학, 1983.

논문

「해방과 세브란스학도대의 활동」, 『延世醫史學』 6 - 2, 2002.

노재훈, 「공중보건학의 선구자 김창세 박사」, 『延世醫史學』 1, 1997.

박윤재, 「1940 - 60년대 농촌위생연구소의 설립과 활동」, 『역사와 현실』 72, 2009.

박윤재, 「김창세의 생애와 공중위생 활동」, 『醫史學』 15 - 2, 2006.

박윤재, 「한국 농촌위생과 이영춘」, 『延世醫史學』 7 - 1, 2003.

박형우·여인석, 「해부학자 최명학」, 『의사학』 1 - 1, 1992. 12.

반병률, 「의사 이태준의 항일민족운동과 몽골」, 『역사문화연구』 박성래교수정년기념 특별호, 2005.

반병률, 「의사 이태준의 독립운동과 몽골」, 『한국근현대사연구』 13, 2000.

신규환, 「식민지 지식인의 초상: 김창세와 상하이 코스모폴리탄의 길」, 『역사와문화』 23, 2012.

여인석, 「세브란스 정신과의 설립과정과 인도주의적 치료전통의 형성: 맥라렌과 이중철의 활동을 중심으로」, 『의사학』 17 - 1, 2008. 6.

여인석, 「이중철 선생의 생애와 활동」, 『연세의사학』 9 - 1, 2005. 9.

이규식, 「일제의 농촌 침탈과 농촌위생연구소」 『醫史學』 10 - 2, 2001.

이꽃메, 「일제강점기 산파 정종명의 삶과 대중운동」, 『의사학』 21 - 3, 2012.

이애숙, 「정종명의 삶과 투쟁」, 『여성』 3, 창작과비평사, 1989.

천명선·양일석, 「1918년 한국 내 인플루엔자 유행의 양상과 연구 현황: 스코필드 박사의 논문을 중심으로」, 『의사학』 16 - 2, 2007. 12.

제중원
세브란스
이야기

초판 1쇄 인쇄 2015년 3월 25일
초판 1쇄 발행 2015년 4월 6일

글 쓴 이 신규환 · 박윤재
펴 낸 이 주혜숙
책임편집 성미애
편　　집 이보림, 남하나
디 자 인 오신곤
마 케 팅 김경희

펴 낸 곳 역사공간
등　　록 2003년 7월 22일 제6 - 510호
주　　소 121 - 842 서울특별시 마포구 동교로 142 - 11 플러스빌딩 3층
전　　화 02 - 725 - 8806~7, 02 - 325 - 8802
팩　　스 02 - 725 - 8801, 0505 - 325 - 8801
전자우편 jhs8807@hanmail.net

ISBN 979 - 11 - 5707 - 056 - 5 03900

• 책값은 뒤표지에 있습니다. 잘못된 책은 바꾸어 드립니다.
• 이 도서의 국립중앙도서관 출판예정도서목록(CIP)은 서지정보유통지원시스템 홈페이지(http://
seoji.nl.go.kr)와 국가자료공동목록시스템(http://www.nl.go.kr/kolisnet)에서 이용하실 수
있습니다.(CIP제어번호: CIP2015010223)